Das Nibelungenepos

John Evert Härd

Das Nibelungenepos

Wertung und Wirkung von der Romantik bis zur Gegenwart

Aus dem Schwedischen von Christine Palm

francke verlag

Die schwedische Originalausgabe erschien unter dem Titel: *Nibelungeneposets moderna historia. Mottagande och värderingar från tysk romantik till nutid.*

Übersetzung: Dr. Christine Palm, Uppsala

Die Deutsche Bibliothek – CIP-Einheitsaufnahme

Härd, John Evert :
Das Nibelungenepos : Wertung und Wirkung von der Romantik bis zur Gegenwart / John Evert Härd. Übers. von Christine Palm. – Tübingen ; Basel : Francke, 1996
Einheitssacht.: Nibelungeneposets moderna historia <dt.>
ISBN 3-7720-2157-3

Titelbild:
Johann Heinrich Füssli: Kriemhild zeigt Hagen das Haupt Gunthers (1805)

Dischingerweg 5 · D-72070 Tübingen

Gedruckt auf säurefreiem und alterungsbeständigem Offsetpapier.

Satz: ad hoc! Typographie, Ostfildern (Ruit)
Druck: Gulde-Druck GmbH, Tübingen
Verarbeitung: Braun + Lamparter, Reutlingen
Printed in Germany

ISBN 3-7720-2157-3

Inhalt

Die deutsche Seele hat Gänge und Zwischengänge in sich, es giebt in ihr Höhlen, Verstecke, Burgverließe; ihre Unordnung hat viel vom Reize des Geheimnisvollen; der Deutsche versteht sich auf die Schleichwege zum Chaos.

Friedrich Nietzsche

1

Schöpferisches Lesen

Erst die Begegnung mit dem Leser schenkt dem literarischen Text Leben, und es ist das subjektive Erlebnis des Lesers, das über den Wert des Textes entscheidet, immer wieder von neuem. Der Text ist nur der Träger potentieller Werte, ob und wie diese konkrete Gestalt annehmen, hängt davon ab, wie die Begegnung mit dem Leser ausfällt und von Qualitäten bei Leser und Text in gleicher Weise: „der Verfasser schreibt nur das halbe Buch, die andere Hälfte ist das Werk des Lesers" (Joseph Conrad). Worauf es ankommt, ist, daß das Buch den richtigen Adressaten findet, den verwandten Geist, für den es geschrieben wurde.[1]

Wenn dies geschieht, kann es zu einer mehr als flüchtigen Begegnung zwischen Text und Leser kommen, die Lektüre kann beim Leser eine kreative Aktivität auslösen, Gefühl und Intellekt anregen. Sich den Text anzueignen, bedeutet dann gewissermaßen ihn neu zu schaffen, eine *Re*-produktion. Man kann einen Schritt weitergehen, indem man den Satz umkehrt und (mit Wilhelm Dilthey) behauptet, daß eine solche Neu-Schöpfung geradezu eine Voraussetzung für das Verstehen bildet, denn „nur was der Geist selbst geschaffen hat, versteht er".[2]

Es ist zu beachten, daß die Reproduktion des Lesers sich ziemlich weit entfernen kann von der Vorstellung des Autors von seinem Werk und dem, was er damit bezweckt, auch wenn eine prinzipielle Wahlverwandtschaft zwischen ihm und dem Leser vorliegen sollte und obwohl der Text die Deutung natürlich in gewissen Grenzen hält. Der Leser vernimmt und versteht den Text aus einer anderen Perspektive als der, aus welcher der Verfasser ihn schrieb, seine Assoziationsbahnen verlaufen anders, er sieht das, was seinen Erwartungen entspricht, liest mehr aus dem Text heraus als der Verfasser – jedenfalls bewußt – in ihn hineingelegt hat und ist umgekehrt nicht für alle Signale des Autors empfänglich.

Wenn das literarische Werk nur im individuellen Leseakt lebt und seine Deutung erhält, so folgt daraus auch, daß der Leser voll berechtigt ist, sein Urteil über das Werk auf das eigene subjektive Gefühl zu grün-

---

[1] Arthur Schopenhauer, *Parerga und Paralipomena II*, S. 120: „Wie nun aber doch die Sonne eines Auges bedarf, um zu leuchten, die Musik eines Ohres, um zu tönen; so ist auch der Werth aller Meisterwerke, in Kunst und Wissenschaft, bedingt durch den verwandten, ihnen gewachsenen Geist, zu dem sie reden."

[2] Wilhelm Dilthey, *Der Aufbau der geschichtlichen Welt in den Geisteswissenschaften*, S. 148.

den, und er kann Anspruch darauf erheben, daß seiner Deutung uneingeschränkte Gültigkeit zuerkannt wird. Es gibt von einem literarischen Werk folglich grundsätzlich ebensoviele Beurteilungen und Interpretationen wie das Werk Leser hat. Auch dem Verfasser gegenüber kann der Leser den Vorrang seiner eigenen Deutung geltend machen, er ist zu der Behauptung berechtigt, daß er den Verfasser besser versteht, als dieser „sich selber verstanden hat".[3]

Wenn also die literarische Kritik aus der Begegnung zweier schöpferischer Kräfte im gleichen Werk entsteht und gewissermaßen als die Differenz von zwei Konzeptionen des Werkes betrachtet werden kann, so könnte daraus weiter gefolgert werden, daß die Kritik ein Teil des Werkes ist, oder es zumindest ergänzt. So dachten die Kunsttheoretiker der deutschen Frühromantik; ihrer Meinung nach war es nicht die Aufgabe der kritischen Besprechung, Dichtung zu werten, sondern durch kritische und beleuchtende Reflexionen neue Aspekte im Werk zu offenbaren. „Die Rezension ist ein Komplement des Buches", seine Behandlung in einer „höheren Instanz", sagt Novalis,[4] und Friedrich Schlegel meint: „Jedes vortreffliche Werk, von welcher Art es auch sei, weiß mehr als es sagt und will mehr als es weiß"; laut Schlegel ist es die Aufgabe des Kritikers, solche verborgene, dem Dichter selbst unbekannte Tiefen auszuloten.[5] Moderne Literaturtheoretiker wie Walter Benjamin, Jean-Paul Sartre, Theodor Adorno, Hans-Georg Gadamer, Paul de Man und Jacques Derrida denken ähnlich.

Als Folge ihrer These, daß die Kritik ein Teil des dichterischen Werkes sei, bestanden die Romantiker auch darauf, daß die Kritik ebenfalls Kunst sein müsse – „Poesie kann nur durch Poesie kritisiert werden. Ein Kunsturteil, welches nicht selbst ein Kunstwerk ist, hat gar kein Bürgerrecht im Reiche der Kunst"[6] –, und sie wiesen jeden Gedanken an eine Verbindung zwischen Poesie und literaturkritischer Wissenschaft zurück. Die moderne Literaturkritik möchte dagegen die Möglichkeit nicht ausschließen, durch wissenschaftliche Methodik eine zumindest relativ objektive Gültigkeit der literarischen Interpretation zu erreichen. Die Grundlage dafür sei zugegebenermaßen nur, was Kant „die Reflexion des Subjekts über seinen eigenen Zustand, der Lust oder Unlust", nennt, aber diese Reflexion kann, meint man, bis zu einem gewissen Grade objektiviert werden, teils weil der fachlich kompetente Leser-

---

[3] Die Sentenz „einen Autor kritisieren, heißt ihn besser verstehen, als er sich selber verstanden hat" findet sich, mit variierender Formulierung und Interpretation, u. a. bei Fichte, Schleiermacher, Friedrich Schlegel, Dilthey, Steinthal, Gadamer; nach O. F. Bollnow (*Deutsche Vierteljahrsschrift für Literaturwissenschaft und Geistesgeschichte* 18, 1940, S. 117–138) ist sie zuerst von Immanuel Kant geprägt worden.

[4] Novalis, *Vermischte Bemerkungen,* S. 480.

[5] Friedrich Schlegel, *Über Goethes Meister,* S. 466.

[6] Friedrich Schlegel, *Fragmente,* S. 22.

Deuter imstande ist, sein eigenes Erlebnis zu „durchschauen", d.h. dessen Bedingungen und Ursachen im Text der Dichtung aufzudecken, teils indem die individuellen Interpretationen in einem hermeneutischen Prozeß gegeneinander abgestimmt werden.

Man könnte diese professionelle literaturkritische Aktivität als ein Moment in einer Zwei-Wege-Kommunikation zwischen dem literarischen Werk und seinem Leser bezeichnen. Es ist richtig zu behaupten, daß das individuelle Leseerlebnis die Endstation aller Dichtung ist; aber es ist auch ein Wendepunkt. Bei der Begegnung zwischen Dichtung und Leser entsteht ein Dialog, die Botschaft des dichterischen Werkes übt eine Wirkung auf den Leser aus, läßt Saiten anklingen, löst einen kreativen Prozeß aus, der Leser gestaltet teilweise sein eigenes Erlebnis; und dieses Erlebnis hat dann, mittelbar, über den Filter einer professionellen Literaturkritik, eine Rückwirkung auf das dichterische Werk. Aus der Summe der individuellen Leseerlebnisse läßt sich als deren Quintessenz eine überindividuelle Vorstellung vom Sinn der Dichtung ableiten. Diese Idee wird dem Werk hinzugefügt und macht im weiteren Leben des Werkes einen Teil seines Inhalts und seiner Botschaft aus, neuen Lesern zur Beurteilung und Stellungnahme. Die Dichtung ist also nicht nur ein Produkt, sondern auch ein Prozeß; die „Diskontinuität und Punktualität des Erlebnisses" wird in der „Kontinuität unseres Daseins" aufgehoben.[7]

Eine absolute, d.h. zeitlose, Gültigkeit kann die von der Fachwissenschaft mehr oder weniger autorisierte Interpretation natürlich nicht beanspruchen. Die grundlegende Ähnlichkeit zwischen den individuellen Deutungen, die ihre Voraussetzung bildet, spiegelt nicht in erster Linie eine strukturelle Einheitlichkeit der menschlichen Natur wider, sondern ist historisch und sozial bedingt. Unter Menschen, die in der gleichen Zeit, Gesellschaft und Kultur leben, entwickelt sich ein mehr oder weniger ausgeprägter Konformismus in den Wertvorstellungen, und dieser „Zeitgeist", dessen formende Kraft umso stärker wirkt als der einzelne Mensch sich dessen nicht bewußt ist, fungiert auch bei dem Kunsterlebnis und bei der Kunstdeutung als formendes, regulatives Prinzip. Indem das Kunsturteil sich an eine solche *opinio communis* anpaßt, erhält es einen Wert von zeitlicher Gültigkeit, von Bis-auf-weiteres-Wahrheit. Unser Weltbild ist nicht beständig, aber solange es besteht, ist es gültig. Wir sind ein Teil davon, ja sogar sein Zentrum. Aus dieser Position heraus ist unsere Anschauung die einzig mögliche; und das, was man sieht, wird nicht in Frage gestellt. Aber früher oder später wechselt der Zeitgeist, und alle Werte werden umgewertet; Ansichten, die für eine Epoche konstitutive Gültigkeit besaßen, laufen Gefahr, von der folgenden als Vorurteile abgestempelt und abgetan zu werden.

---

[7] Hans-Georg Gadamer, *Wahrheit und Methode,* S. 92.

Ein literarisches Werk aus einer vergangenen Zeit lebt so lange, wie es die Menschen zu fesseln vermag, solange sie den Eindruck haben, daß es ihnen etwas wesentliches über ihre Realität zu sagen hat und in ihre Lebensanschauung integriert werden kann; und es lebt in seinen Deutungen, die sich mit dem Wechsel des Zeitgeistes und entsprechend den jeweiligen Perspektiven der Interpreten und ihrer Epochen verändern.

Die Geschichte einer Dichtung schreiben heißt den Dialog beschreiben, den das Werk durch die Epochen hindurch mit seinen Lesern führt.[8] Dies ist eine Grundthese in der „rezeptionsästhetischen" Literaturtheorie, so wie sie sich in den 60er und 70er Jahren konsolidiert und besonders in Deutschland festen Fuß faßt. Die Rezeptionsästhetik ist keine ganz einheitliche Theoriebildung, aber ein verbindender und konstituierender Zug ist die Abhebung von der traditionellen „positivistischen" Literaturgeschichtsschreibung, gegen deren, wie man meint, allzu einseitige Betonung des „Produktionsaspekts" von Literatur, ihre Betrachtung des literarischen Werks als eines ein für alle mal geformten Objekts, unveränderlich das gleiche für jeden Betrachter zu jeder Zeit, mit dem Anspruch auf eine Objektivität, die – das ist der rezeptionsästhetische Standpunkt – doch nur scheinbar sein kann, da das Leben des dichterischen Werkes gleichbedeutend ist mit dessen Wirkung auf den Leser.[9] Das Werk fordert ständige Deutungen, es ist „wie eine Partitur auf die immer erneuerte Resonanz der Lektüre angelegt";[10] auch der Literaturhistoriker muß es erst lesen, ehe er es verstehen und in den literaturhistorischen Zusammenhang einordnen kann;[11] und auch sein Verständnis fußt auf einem subjektiven Erlebnis. Sinn und Bedeutung des literarischen Werkes sind also, aus dieser Perspektive gesehen, nicht hinreichend beschrieben, indem man die Umstände seiner Entstehung und die Motive und Absichten des Autors offenlegt, das historische Leben des Werks offenbart sich nicht im Moment seiner Entstehung, sondern erst in der historischen Tradition seiner Interpretationen. In der Tradition erscheinen und verklingen die Potenzen einer Dichtung in einem zeitbedingt variierenden Rhythmus, und die Aufgabe des Literaturhistorikers sollte sein, diesen Rhythmus, die „Kette von Rezeptionen" (Jauss), zu beschreiben.

Der rezeptionsästhetischen Schule und besonders ihrem Hauptvertreter, dem deutschen Romanisten Hans Robert Jauss, ist, nicht zu Unrecht, vorgehalten worden, in den Fragestellungen und Forderungen allzu ultimativ und agitatorisch zu sein und die Bedeutung der aktuellen

---

[8] Vgl. Harald Weinrich, *Für eine Literaturgeschichte des Lesers,* S. 371.

[9] Vgl. Hans Robert Jauss, *Literaturgeschichte als Provokation,* S. 171.

[10] Hans Robert Jauss, a. a. O., S. 172.

[11] Hans Robert Jauss, a. a. O., S. 172.

historischen Situation für die Rezeption radikal überzubewerten.[12] Eine nuanciertere und überzeugendere Darstellung des komplizierten Verhältnisses zwischen dem literarischen Text und seinen Lesern in einem historischen Verlauf gibt der deutsche Philosoph Hans-Georg Gadamer in der großen Arbeit *Wahrheit und Methode* (1960), deren Thesen im Programm der rezeptionsästhetischen Schule eine vereinfachte und vergröberte Anwendung gefunden haben.

Gadamer weist kategorisch die Behauptung zurück, daß das subjektive Leseerlebnis ein ausschließliches oder auch nur primäres Kriterium für das Verständnis einer Dichtung sein könne. Es jedem Leser zu überlassen, den Text so zu lesen, wie es ihm gelüstet, allen seinen subjektiven, zufälligen Deutungen Legitimität zu geben, wäre „ein unhaltbarer hermeneutischer Nihilismus“. Die Kunst ist nicht, bemerkt Gadamer, eine mit allen denkbaren ästhetischen Erlebnissen zu füllende leere Form, es liegt in der Kunst „ein Anspruch auf Wahrheit, die von dem der Wissenschaft gewiß verschieden, aber ebenso gewiß ihm nicht unterlegen ist“; die ästhetische Erfahrung führt den Menschen zur Einsicht in existentielle Dinge und setzt aus diesem Grunde eine prinzipielle Kontinuität und Einheitlichkeit in Deutung und Verständnis der Kunst voraus.[13]

Daraus folgt nun keineswegs, daß das Kunstwerk im Laufe der Zeit seine Bedeutung nicht verändert, daß die Bedeutung, die sein Schöpfer ihm einmal verleihen wollte, die Wahrheit, die es für ihn besaß, statischen Charakter hat. Der Dichter ist hier keine berufene Autorität, seine Deutung des eigenen Werkes ist kein unbedingt gültiger Maßstab für unsere Interpretation. Das Werk aus seiner Perspektive heraus zu betrachten, ist eine nützliche „Hilfsoperation“, eine notwendige Phase im Verstehensprozess, kann und darf aber nicht mehr bedeuten: erstens, weil die Perspektive des Dichters – soweit wir diese überhaupt rekonstruieren können – notwendigerweise in unserer übergreifenden Perspektive einbegriffen ist, und zweitens, weil der Versuch, die eigene Perspektive auszuklammern, es uns nicht erleichtert, sondern eher erschwert, das Werk zu verstehen, d.h. seine für uns gültige Wahrheit zu sehen. Der Zeitabstand, der uns vom Dichter und seinem ersten Publikum trennt, trennt uns nicht gleichermaßen von der Dichtung selbst, er hindert uns nicht am Verstehen, er ist kein klaffender Abgrund, der überbrückt werden muß, sondern im Gegenteil eine vermittelnde Kontinuität, die uns eine „positive und produktive Möglichkeit des Verstehens“ schenkt.[14] Wie wir ja überhaupt größere Zusammenhänge durch

[12] Vgl. z. B. Friedrich Sengle, *Zur Überwindung des anachronistischen Methodenstreits in der heutigen Literaturwissenschaft.*

[13] Hans-Georg Gadamer, *Wahrheit und Methode,* S. 90ff.

[14] Hans-Georg Gadamer, a. a. O., S. 281.

einen gewissen Abstand besser sehen und verstehen, so erhellt sich uns die Bedeutung des tradierten Textes vor allem in der überblickenden Perspektive eines Überlieferungsgeschehens, „in dem sich Vergangenheit und Gegenwart beständig vermitteln".[15] Objektiv endgültig wird die Interpretation dadurch nicht, weil sie immer perspektivisch ist und der Deutungshorizont sich ständig verschiebt; andererseits ist sie nicht subjektiv in dem Sinne, daß der Leser einer späteren Generation, als Opfer des „Zeitgeistes" oder zufälliger Stimmungen, dem Text eine neue, willkürliche, im Augenblick gerade für ihn wahre Bedeutung geben könnte. Es handelt sich hier letztlich überhaupt nicht um Subjektivität oder Objektivität, sondern um ein „Korrelationsverhältnis", ein Verständnis, das von einer Traditionskontinuität abhängt, in der Altes mit Neuem ständig konfrontiert wird und in einem nicht aufhörenden Prozess verschmilzt.

Das tiefere Verständnis eines Textes aus einer alten Zeit, der seine Aktualität bis in die Gegenwart bewahrt hat, setzt also voraus, daß man ihn in seiner historischen Kontinuität, wo Konstanz und Veränderung sich in einer Synthese verbinden, studiert; es ist nicht genug, daß man sich in die Perspektive des Dichters und des ersten Publikums versetzt oder daß man den Text nur unter dem Gesichtspunkt gegenwärtiger Aktualität betrachtet.

Das persönliche ästhetische und emotionale Erlebnis der Dichtung wird durch die forschungsgeschichtliche Betrachtungsweise kaum beeinträchtigt. Die Reflexion über die Wertpluralität des Werkes und die zeitbedingte Relativität aller Interpretationen trägt höchst wahrscheinlich dazu bei, das Leseerlebnis zu differenzieren und damit interessanter und reicher zu machen. In den glücklichsten Fällen öffnet die Perspektive des Überblicks, die „diachrone Hermeneutik", den Blick für Aspekte und Qualitäten des Werkes, die in zeitgebundenen und zeitrepräsentativen Interpretationen verborgen geblieben waren, für „Botschaften", die jenseits aller historisch bedingten Reflexion liegen.

[15] Hans-Georg Gadamer, a. a. O., S. 274.

2

Ideologisierte Fiktion

Für die These, daß Dichtung kein fertiges Produkt ist, sondern ein Prozeß, und daß sie in ihren Deutungen weiterlebt, die infolge ihrer Zeitgebundenheit veränderlich sind, für diese These gibt es wohl kaum einen besseren Beleg als das *Nibelungenlied.* Das österreichische Ritterepos aus dem Hochmittelalter wurde, nachdem es jahrhundertelang in Vergessenheit geraten war, Mitte des 18. Jahrhunderts wiederentdeckt und erhielt im 19. Jahrhundert Rang und Würde eines deutschen „Nationalepos".

Für den modernen Leser ist das *Nibelungenlied* ein anderes Werk als für sein ursprüngliches Publikum. Der spätgeborene Leser begegnet dem Werk nicht direkt in dessen ursprünglicher literarischer Identität. Zwischen dem Epos und seinen heutigen Lesern steht eine Deutungskonzeption, die eher kulturpolitische und ideologische Strömungen des 19. und 20. Jahrhunderts reflektiert als die deutsche Ritterzeit und deren Ideenproblematik.

In evidenter Weise wird an der Interpretations- und Wirkungsgeschichte des *Nibelungenliedes* in moderner Zeit auch deutlich, daß Dichtungen (und ihre Deutungen) nicht nur eine widerspiegelnde, sondern auch eine beeinflussende Funktion haben.

Alle Dichtung ist perspektivisch und deshalb immer auch mehr oder weniger tendenziös. Daß ein Roman „ein wahres Bild des Lebens" gibt, muß nicht bedeuten, daß er es abfotografiert. In seinem Verhältnis zur „objektiven Realität" ist der Roman – sofern er gute Kunst ist – autonom. Was er widerspiegelt, ist eine individuell erlebte und – bewußt oder unbewußt – interpretierte Wirklichkeit, und dem Autor geht es darum, dem Leser die gleiche Daseinsperspektive zu suggerieren.

Die suggestive Kraft macht die Dichtung auch zu einem effektiven Instrument für politische Manipulation. Die Kunst wird, wie die Politik, von einer Idee geformt, und wie der Politik geht es der Kunst darum, die Menschen dahingehend zu beeinflussen, daß sie diese Idee akzeptieren. Die Kunst aber ist insofern ein bedeutenderes „Vehikel für Ideen" (Hegel), als sie im Unterbewußtsein wirkt, an Sinne und Triebe appelliert und nicht von der Vernunft kontrolliert wird. Zwischen Kunst und Vernunft existiert vielmehr ein Verhältnis der Polarität: Das Wesen der Kunst ist Irrationalismus, die Kunst ist verführerisch und dämonisch, eine „Sublimiering des Dämonischen" (Thomas Mann).[16]

[16] Vgl. auch Fritz Strich: „Die zum Heile der Menschheit mit der historischen und philosophischen Erkenntnis zunehmende Befreiung des Menschengeistes von dem Mythos bedeu-

„Der Bamberger Reiter" (Statue im Dom zu Bamberg, 1220–1237) ist die wahrscheinlich einzige Reiterstatue aus der Stauferzeit. Nach herkömmlicher Auffassung stellt sie einen historischen oder legendären Fürsten des Mittelalters dar, und es bleibt offen, wen. Das Bild des Reiters erhält eine wichtige propagandistische Funktion in der nationalsozialistischen Kulturpolitik als Symbol für das neue Deutschland. Die autorisierte Deutung ist, daß die Statue kein wirkliches Vorbild hat, sondern den jungen Helden als Typ, Ideal und höchsten Wert veranschaulichen soll. In der Deutung wird die Schönheit zur ethischen Norm erhoben: der vollendeten Form entspricht obligatorisch ein idealer Inhalt und umgekehrt; was das Bild des Reiters schön macht, ist die Kraft und Willensstärke, die er austrahlt – „die äußere Schönheit ist der gestaltete Wille" (Alfred Rosenberg).

Von Joseph Goebbels ausgewähltes Plakat, um ausländische Touristen nach Deutschland zu locken. (Aus dem „Völkischen Beobachter“ vom 28./29. Okt. 1934.)

neigt man jetzt dazu, ihn als distanzierten Ironiker zu betrachten und seine Romane – in denen stolze Ritter in Not geratene Mitmenschen, vorzugsweise schöne Frauen, retten, gegen wilde Bestien und Drachen kämpfen und zwischen ihren Abenteuern sich an König Arthurs Hof vergnügen – als bewußte Parodien auf die höfische Welt zu sehen.[21]

In den letzten Jahrzehnten des 12. Jahrhunderts verschiebt sich das Zentrum des epischen Versromans von Frankreich ostwärts, über den Rhein hinweg. Hier, an den weltlichen und geistlichen deutschen Fürstenhöfen, wird das Genre sofort äußerst beliebt, und hier erreicht es auch in kurzer Zeit – innerhalb eines Jahrhunderts – eine künstlerische Vollendung. Die deutschen Dichter übernehmen in hohem Maße den Handlungsstoff der französischen Romane, bereichern ihn aber mit einer metaphysischen Dimension, die vorher durch Abwesenheit glänzte. Die muntere Lebensfreude und die intellektuelle Ironie der französischen Vorlagen werden außerdem durch einen feierlichen Ernst abgelöst: der Leser/Hörer wird dazu ermahnt, über existentielle Fragen nachzudenken. Bezeichnend für diese Tendenz ist das Motto, das Hartmann von Aue, der vielleicht hervorragendste der mittelhochdeutschen „höfischen" Epiker, seiner Versnovelle *Der arme Heinrich* voranstellt: *Media vita in morte sumus* ‚in der Mitte des Lebens umgibt uns der Tod'[22]; das durchgehende Thema ist: Das Leben an sich hat keinen Sinn, es ist die Aufgabe des Menschen, ihm einen Inhalt zu geben.

Der klassische deutsche Ritterroman ist ein Entwicklungsroman; die erzählten Abenteuer sollen nicht nur unterhalten, sondern auch als Stadien in einem seelischen Reifeprozess des Helden verstanden werden, als läuternde Krisen, die zu der Einsicht führen, daß das ritterlich-höfische Leben seinen Preis fordert, daß seine (Vor)rechte Pflichten voraussetzen: die ritterliche Ehre hat ein Leben im Dienste der Menschheit zur Bedingung. Man braucht auf die angenehmen Seiten des Lebens nicht zu verzichten, muß aber darauf achten, seine Seele nicht zu verlieren:

Swes leben sich sô verendet,
daz got niht wirt gepfendet
der sêle duch des lîbes schulde,
und der doch der werlde hulde
behalten kan mit werdekeit,
daz ist ein nützіu arbeit.

‚Wer sein Leben so beendet,
daß Gott seiner Seele nicht verlustig geht

[21] Vgl. Karl Bertau, *Deutsche Literatur im europäischen Zeitalter,* I., S. 498–509.

[22] Seit der Barockzeit von St. Gallen ausgegangene Zuweisung an Notker I. Balbulus oder poeta, dem es aber nicht zuzuschreiben ist; vgl. Wolfram von den Steinen, *Notker der Dichter und seine geistige Welt, Darstellungsband,* Bern 1948, der von der „Beseitigung eines barocken Einfalls" spricht. (Freundlicher Hinweis von Prof. Stefan Sonderegger, Zürich.)

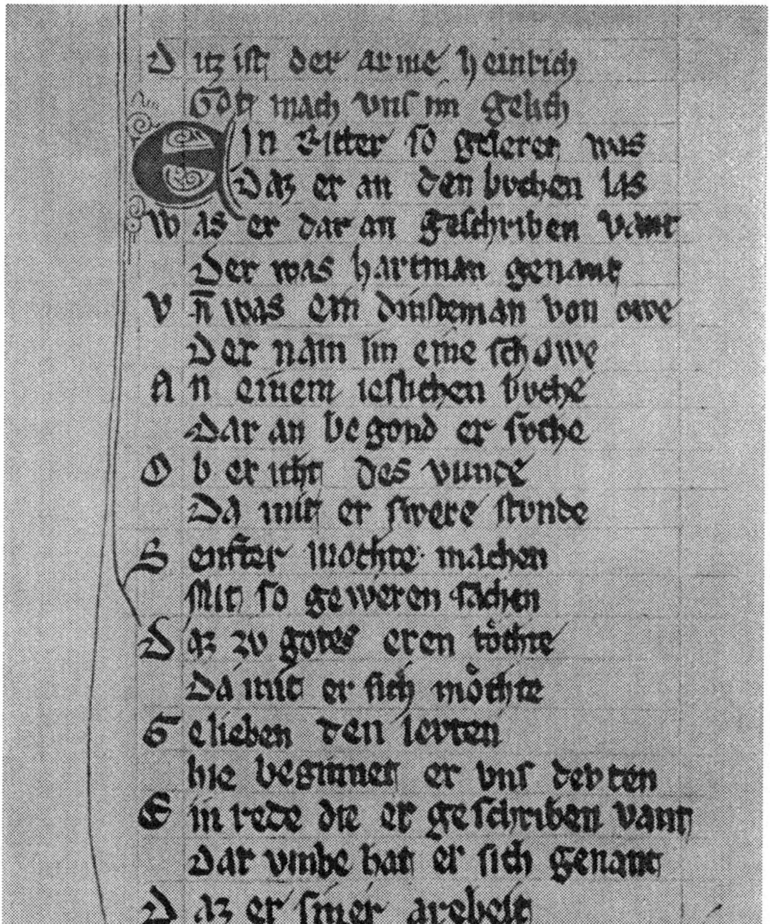

Ditz ist der arme heinrich
Got mach vns im gelich
Ein Ritter so geleret was
Daz er an den buchen las
Was er dar an geschriben vant
Der was hartman genant
Vn was ein dinstman von owe
Der nam im eine schowe
An einem ieslichen buche
Dar an begond er suche
Ob er icht des vunde
Da mit er swere stunde
Senfter mochte machen
Mit so geweren sachen
Daz zu gotes eren töchte
Da mit er sich möchte
Gelieben den leuten
hie beginnet er vns deuten
Ein rede die er geschriben vant
Dar vmbe hat er sich genant
Daz er siner arbeit
Die er an ditz buch hat geleit
Ane lon iche belibe

Die Einleitung zu Hartmann von Aues (ca. 1165 – ca. 1215) Verslegende *Der arme Heinrich.* Die beiden ersten Zeilen enthalten den Titel und ein Motto, das den didaktischen Zweck angibt: *Ditz ist der arme Heinrich / got mach vns im gelich.* Hartmanns Erzählung soll demonstrieren, daß die Gnade Gottes die Grundlage des Lebens, auch des ritterlichen Lebens, ist, und daß die Bejahung der Welt, um nicht zur Sünde zu werden, mit Selbstentsagung verbunden werden muß.

Älter als die Sigurd-Lieder der *Edda* sind szenische Darstellungen dramatischer Ereignisse in der Sage auf schwedischen Runenzeichnungen. Die spektakulärste von diesen ist die fünf Meter breite Felsenzeichnung am Ramsund in Jäder in der Nähe von Eskilstuna aus der ersten Hälfte des 11. Jahrhunderts. Die Zeichnung zeigt, wie Sigurd sein Schwert von unten durch Fafnes Leib stößt. Links auf dem inneren Bild, von drei Drachen umrahmt, sieht man weiter Regin mit abgeschlagenem Kopf und rechts davon Regins Schmiede mit Amboß, Blasebalg, Hammer und Zange. Rechts auf dem Bild steht Sigurds Pferd Grane an einen kunstvoll geritzten Baum gebunden, in dessen Wipfel zwei Vögel sitzen. In der Mitte sitzt Sigurd selbst an einem Feuer und brät Fafnes Herz für Regin an einem Zweig – wie es in der *Edda* (im *Lied vom Drachenhort*) erzählt wird:

> *Sigurd nahm Fafnirs Herz und briet es an einem Zweige. Der Saft schäumte aus dem Herzen, und Sigurd faßte mit dem Finger an, um zu versuchen, ob es gar sei. Er verbrannte sich den Finger und steckte ihn in den Mund: als aber das Blut von Fafnirs Herzen auf seine Zunge kam, da verstand er die Vogelsprache. Er hörte im Gebüsch Meisen zwitschern.*
>
> *Da sitzt Sigurd,*
> *Besudelt mit Blut,*
> *Er brät am Feuer*
> *Des Fafnirs Herz;*
> *Ratklug wäre*
> *Der Ringbrecher,*
> *Äß er den lichten*
> *Lebensmuskel.*
>
> *Da liegt Regin,*
> *Berät mit sich;*
> *Den, der ihm traut,*
> *Betrügen will er;*
> *Finster sinnt er*
> *Falschen Anschlag:*
> *Den Bruder rächen*
> *Will der Ränkeschmied.*
>
> *Einen Kopf kürzer*
> *Lasse er den kundigen Alten*
> *Zur Hel von hinnen fahren!*
> *Alles Gold*
> *Ist sein Eigen dann,*
> *So viel unter Fafnir lag.*
>
> *Weise wär er,*
> *Wollt er nützen,*
> *Den ihr Schwestern gebt,*
> *Den guten Rat:*
> *Den Raben letzter,*
> *Rasch entschlossen;*
> *Dort liegt der Wolf,*
> *Wo die Lauscher man sieht.*

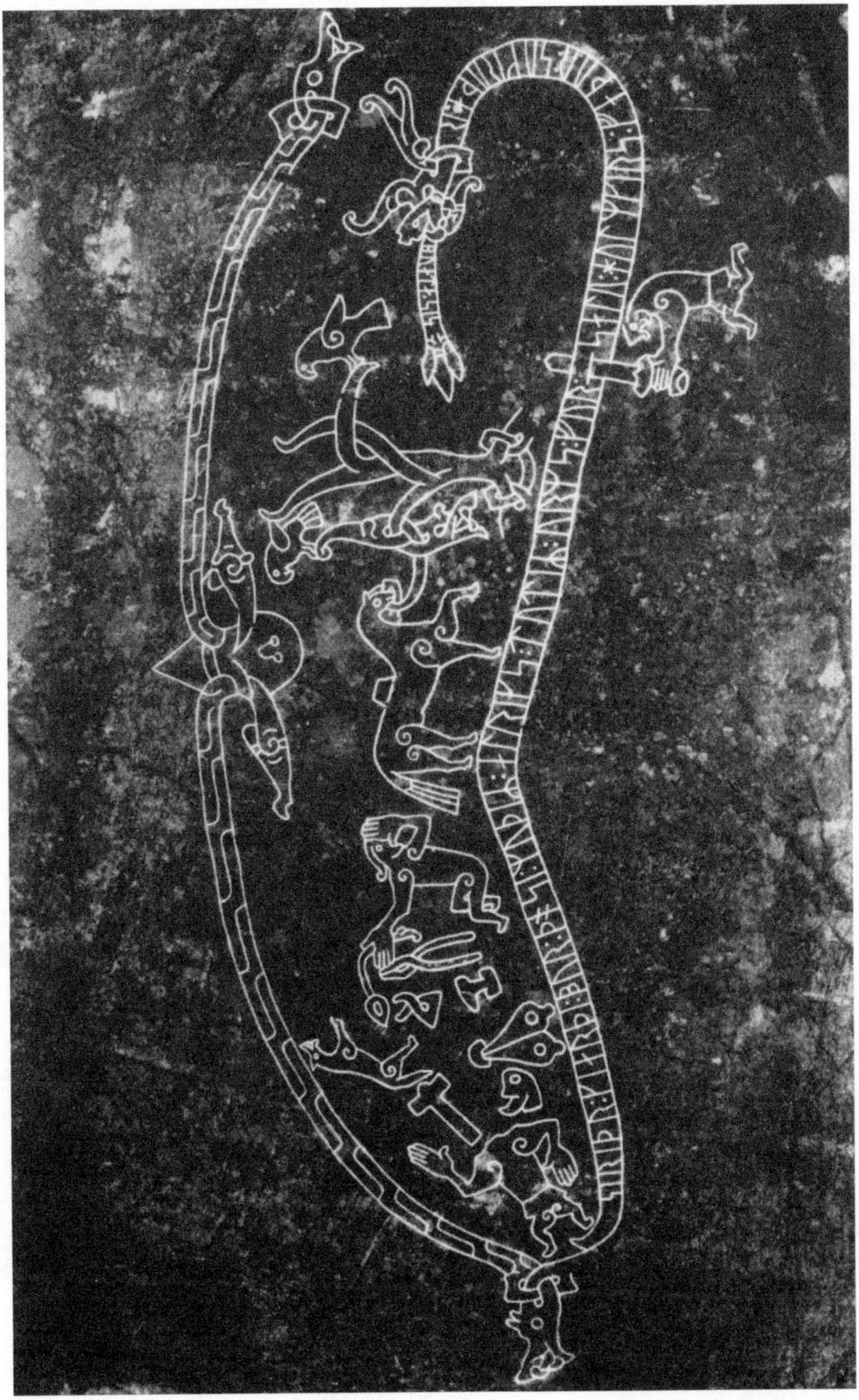

Der Hort der Niblunge:
Nicht lebt mehr Högni!
Immer war mir Zweifel,
Da wir zwei lebten:
Aus ist er nun,
Da ich einzig lebe.

Nun hüte der Rhein
Der Recken Zwisthort,
Der schnelle, den göttlichen
Schatz der Niblunge!
Im wogenden Wasser
Das Welschgold leuchte,
Doch nimmer an den Händen
Der Hunnensöhne!«[29]

Gunnar wird in die Schlangengrube geworfen:

Den lebenden Herrscher
Warf in den Hof,
Wo Schlangen krochen,
Der Krieger Schar.
Aber Gunnar,
Der edle König,
Mit der Hand die Harfe
Hochgemut schlug;
Die Saiten klangen.
So soll ein kühner
Ringvergeuder
Den Reichtum hüten.[30]

Gudruns Rache ist fürchterlich: sie tötet ihre und Atlis Söhne und gibt dem trunkenen Atle die Herzen zu essen. Darauf tötet sie auch Atle und steckt schließlich den Königshof in Brand, in dessen Flammen sie selbst den Tod findet:

Dem Feuer gab sie alle,
Die innen waren,
Den Bau der Budlunge;
Die Balken stürzten,
Die Schatzkammern rauchten,
Die Schildmaide innen
Sanken entseelt
In sengende Lohe.

---

[29] *Das Alte Atlilied,* 27–29.
[30] *Das Alte Atlilied,* 33.

Die Mär hat ein Ende;
Keine Maid tut je
In der Brünne ihr gleich,
Die Brüder zu rächen:
Drei Königen
Verkündete sie
Todesschicksal,
Eh die tapfre starb.[31]

[31] *Das Alte Atlilied*, 44f.

Die Vorgeschichte des *Nibelungenlieds* verläuft laut Heusler in zwei Strängen. Die beiden deutlich unterscheidbaren Hauptteile des Epos haben ihren Ausgangspunkt in zwei ursprünglich selbständigen fränkisch-merowingischen Heldensagen aus dem 5. oder 6. Jahrhundert, die eine mit Brünhild, die andere mit den Burgundern in der Hauptrolle.

Die Sigurdlieder der *Edda* vermitteln eine Vorstellung von der ältesten poetischen Form der *Brünhildesage*. Die Version, die Ende des 12. Jahrhunderts dem Nibelungendichter unter die Hände kam, geht auch, stark entstellt, in die norwegische *Thidrekssage* ein, eine Kompilation von Erzählungen aus der germanischen Heldensage, entstanden etwa um 1250. Durch Vergleich der *Thidrekssage* mit der *Edda* und mit dem *Nibelungenlied* läßt sich diese späte Version des Brünhildeliedes teilweise rekonstruieren. Heusler charakterisiert sie als ein Spielmannsprodukt, inhaltlich vulgarisiert, mit Spuren des Einflusses französischer Ritterdichtung; die Hauptperson ist nicht mehr Brünhild, sondern Kriemhild.

Die *Burgundersage* hat in ihrer ältesten uns zugänglichen Gestalt, der Version, die in den Atleliedern der *Edda* vorliegen, einen sekundär entstandenen Zusammenhang mit der Brünhildsage; das Bindeglied ist das Motiv des Nibelungenschatzes. Die Burgundersage ist in diesem Stadium jedoch völlig selbständig. Zu einer Fortsetzung der Brünhildsage wird sie erst, seit sie von ihrem fränkischen Ursprungsort ostwärts in bayrisch-österreichisches Gebiet gewandert ist, was irgendwann im 8. Jahrhundert geschehen sein kann. Die Ursache dessen, daß sie hier mit der Brünhildsage verbunden wird, sieht Heusler darin, daß das fränkische Bild von Etzel (Attila) als einem gierigen und grausamen Verräter völlig unvereinbar war mit dem Sagenbild von ihm in den Donaugebieten, das ursprünglich von den mit Attila militärisch liierten Ostgoten geprägt worden war. Im gotischen Sagenkreis wird Attila als ein kluger, edler und freigebiger Fürst und als Beschützer und Freund des Sagenhelden Dietrich von Bern dargestellt. In Österreich macht deshalb die Burgundersage eine Umwandlung durch, die Etzel von aller Schuld entlastet. Zwischen Etzel und Kriemhild findet ein Rollentausch statt, ermöglicht durch eine festere Anknüpfung an die Handlung der Brünhildsage. In der neuen Version ist es Kriemhild, die in verräterischer Absicht die Brüder zu sich lockt und tötet. Als eigentliches Motiv tritt ihre Begierde nach Rache für den Tod Siegfrieds, ihres Gemahls, hervor. Das von Etzels Rolle in der früheren Version übernommene Motiv der Begierde nach dem Schatz der Nibelungen lebt weiter, aber nur als verstärkende Kraft. Auch Gunther und Hagen tauschen die Rollen; da Hagen der Mörder Siegfrieds ist, ist er es auch, der in der dramatischen Schlußszene Kriemhild gegenübersteht.

Diese neue Version der Burgundersage, immer noch in der Form des Heldenliedes, wurde (laut Heusler) um 1160 von einem unbekannten

Vieles deutet darauf hin, daß das *Nibelungenlied* normalerweise im Mittelalter als Gesang vorgetragen wurde, begleitet von einem Saiteninstrument. Die Nibelungenstrophe kommt u. a. auch in dem spätmittelalterlichen *Spiel von den törichten Jungfrauen* und in der *Trierer Marienklage* vor, in beiden Fällen mit einer aufgezeichneten Melodie, die auch für das *Nibelungenlied* die ursprüngliche sein könnte und die für das Epos von Karl Bertau und Rudolf Stephan rekonstruiert worden ist. (*Zum sanglichen Vortrag mittelhochdeutscher Epen.*)

österreichischen Spielmann zu einem sechs- bis achtmal so umfassenden Leseepos erweitert; das ist die sogenannte *Ältere Nibelunge nôt*, von Heusler als ein Wendepunkt in der Entwicklung der Nibelungensage bezeichnet. Auch vom Inhalt dieses Werkes haben wir nur indirekt Kenntnis; es bildet teils die Vorlage zum zweiten Teil des *Nibelungenliedes*, teils wird sein Inhalt in der *Thidrekssage* nacherzählt.

Die These Heuslers ist, daß der Verfasser der *Thidrekssage* das etwa fünfzig Jahre ältere *Nibelungenlied* nicht gekannt hat und somit nicht als Quelle benutzen konnte. Wenn diese Annahme zutrifft (was umstritten, aber wahrscheinlich ist), kann der Textvergleich zwischen *Thidrekssage, Nibelungenlied* und *Edda* recht gut über Art und Inhalt des verlorengegangenen österreichischen Epos informieren. Die Umgestaltungen im Verhältnis zur früheren Version können in zwei Punkten zusammengefaßt werden:

(1) Das Epos hat die Versform erhalten, die auch das *Nibelungenlied* bewahrt: vier paarweise gereimte Langzeilen mit deutlicher Zäsur in jeder Zeile; die erste Halbzeile hat durchgehend vier Hebungen; in der zweiten wird die letzte Hebung mit einer Pause ersetzt, mit Ausnahme der letzten Halbzeile in jeder Strophe:

Uns íst in álten maérèn / wúnders víl geséit
von hélden lóbebaérèn, / von grôzer árebéit,
von fröuden, hóchgezîten, / von wéinen únd von klágen,
von küener récken strîten / muget ír nu wúnder hóeren ságen.

(‚In alten Sagen werden uns seltsame Geschichten über berühmte Helden und ihren schweren Kampf erzählt; über freudenvolle Feste, über Weinen und Klagen, über die Kämpfe tapferer Helden sollt ihr nun wundersame Dinge hören.')

(2) Die Sage ist in jeder Beziehung erweitert worden. Eine epische Breite hat den knappen Stil des Heldengesangs ersetzt. Vieles ist hinzugedichtet worden: die Zahl der Aktanten hat sich mehr als verdoppelt und mehrere Heldenrollen sind hinzugekommen, die Zahl der Szenen hat sich verzehnfacht. Die Erweiterung betrifft vor allem auch die Größenordnung: die Kämpfe werden nicht mehr nur von einer Handvoll Helden ausgetragen, sondern die Burgunder (die jetzt Nibelungen genannt werden) ziehen mit 1000 Mann hinaus und stoßen auf eine gewaltige Übermacht.

Die beiden Stränge der Sagentradition vereinen sich beim letzten Gestalter des Nibelungenepos, der wie seine Vorgänger anonym bleibt. Das ganze Werk ist von ihm umgeschmolzen worden. Die beiden Teile sind sowohl inhaltlich als auch und vor allem in Form und Umfang einander angepaßt worden. Die Form ist die oben exemplifizierte vierzeilige gereimte Strophe. Verglichen mit den (rekonstruierten) Versionen der Vorlagen hat sich der Umfang des gesamten Textes vervierfacht; für den ersten Teil, die Geschichte von Siegfried und Kriemhild und den Mord an Siegfried, rechnet Heusler mit der zehnfachen Textmenge.

Die Erweiterung hat mehrere Gründe. Noch einige Rollenfiguren und eine Reihe von Episoden und Abenteuern sind hinzugekommen. Der Dichter läßt auch den Erzähler weit ausschweifen, indem dieser persönliche Kommentare zu den Ereignissen beisteuert und andeutet, was kommen wird. Besonders im ersten Teil verweilt er lange bei der detaillierten Schilderung des Hoflebens in Worms, bei dessen Pracht, Glanz und strenger Etikette. Heusler bezeichnet diese Partien, „die der heutige Leser am liebsten überschlägt", als „verschönernden Zeitspiegel", in den „die Hofkreise in Wien und Passau gern geschaut haben".[34] Die Spiegelungen des ritterlichen Zeremoniells und der höfischen Konvention sind jedoch alles andere als bedeutungslose Trivialitäten, sie reflektieren das fest strukturierte soziale Wertsystem der feudalistischen Gesellschaft, und in der Vorstellung des Dichters haben sie zweifellos die Funktion, die Schilderung von Untergang und Chaos im zweiten Teil zu kontrastieren: die schöne höfische Welt wird zerschlagen, indem

[34] A. Heusler, *Nibelungensage und Nibelungenlied*, S. 104.

die elementaren, destruktiven Triebe des Menschen losgelassen werden, das ist das Grundthema des *Nibelungenlieds.*

★

Andreas Heuslers Arbeit über die Nibelungensage und das *Nibelungenlied*, die Synthese einer intensiven, zwanzigjährigen Forschung, ist ein Meisterstück philologischer Interpretation und steht auch als literarisches Kunstwerk auf einem hohen Niveau; man liest sein Buch wie einen spannenden Roman. Die Werturteile Heuslers zeigen ein stark subjektives Erleben des Epos und machen vor allem die wissenschaftsideologische Position des Autors deutlich: Heusler gehört einer Forschungstradition an, die insofern ihre Wurzeln in der Romantik hat, als sie die Vorgeschichte des *Nibelungenlieds* als weit interessanter und wichtiger erachtet als dessen künstlerische Eigenart. Er zählt die Verdienste des letzten Dichters auf und lobt sie, zeigt aber trotzdem eine Tendenz, dessen Leistung zu verringern; vor allem will er die künstlerische Selbständigkeit des Dichters gegenüber der Tradition nicht wahrnehmen. Für Heusler ist der Stoff, die tradierte Sage, das primäre. Sein Herz gehört der germanischen Sage, den Heldenliedern der *Edda*. Er sieht, aus seiner Perspektive, nicht einen Künstler, der einen übernommenen Erzählstoff nach einem festen Plan zu einem bestimmten Zweck formt, sondern ein ein für allemal skulptiertes Kunstwerk, das spätere Bearbeiter zwar äußerlich ausschmücken, aber im Grunde nicht verändern können: „So geht es bei aller überlieferungsstarken Kunst: das Dichtwerk stellt von sich aus seine Ansprüche, es hat ein gewisses Eigenleben; wieviel von der Denkart der jüngeren Zeit hineinsickern kann, hängt von Zufällen ab“.[35]

Der unveränderliche Standpunkt, die vorgefaßte Meinung, hindern Heusler daran, Strukturindikationen im *Nibelungenlied* als solche aufzufassen. Ein einziges, aber typisches Beispiel soll dies belegen. Einleitend und abschließend benutzt der Dichter die pessimistische Sentenz, daß alles Glück und alle Freude sich schließlich in Trauer verwandeln;

wie liebe mit leide ze jungest lônen kan

– dieser Vers aus der ersten *âventiure* des *Nibelungenlieds* wird fast wörtlich in der letzten wiederholt:

mit leide was verendet des küniges hôchgezît,
als ie diu liebe leide z'aller jungeste gît.

Heusler sieht hier keinen leitmotivischen Anschlag oder Schlußakkord; bewußt oder unbewußt wehrt er sich dagegen, Absichten eines Dichters

---

[35] A. Heusler, a. a. O., S. 33.

zu erkennen, die etwas anderes aus der Sage machen wollen, als diese ursprünglich war. „Das ewige Klagen" des Dichters ist für Heusler nur der Ausdruck dessen, daß dieser dem gewaltigen Stoff, den er behandelt, trotz vieler Verdienste nicht gewachsen ist: „Die Schicksale, die er erzählt, sind eigentlich zu furchtbar für sein Nacherleben. Daher sein ewiges Klagen und am Schluß das schwächliche Fazit: ‚Die Leute alle hatten Jammer und Not; in Leid endete des Königs Feier, wie ja immer Freude zu allerletzt mit Leid vergilt'. *Dazu* braucht es eine Kriemhildenrache? [...] Die nämliche Sage schließt im Eddalied mit einem Aufflammen der Begeisterung für die Rächerin. Da haben wir den Abstand der Kulturen: den zeitgenössischen Hofkrieger – und den nachgeborenen Spielmann, dem die Feder wohl leichter lief als das Schwert."[36]

[36] A. Heusler, a. a. O., S. 98.

5

Der Inhalt des *Nibelungenlieds*

Der Inhalt der 39 *âventiuren*[37] soll hier zusammengefaßt werden.

An den burgundischen Hof in Worms am Rhein, wo die königlichen Brüder Gunther, Gernot und Giselher residieren, kommt eines Morgens ein kleiner Trupp von zwölf Rittern, alle reich gekleidet und ausgerüstet; das Gold in ihren Kleidern und im Zaumzeug der Pferde leuchtet rot in der Sonne, die breiten Schilde glänzen neu, die Helme blitzen, die Schwerter reichen bis hinunter zu den Sporen und die Wurfspieße haben breite, scharfe Schneiden. Sie werden angeführt vom Königssohn Siegfried von *Santen in Niderlanden* (heute Xanten am Niederrhein), dem stattlichsten von ihnen allen. Er ist nach Worms gekommen, um Kriemhild, die Schwester der Könige, deren Schönheit in aller Munde war, zu freien.

Von den Burgundern kennt nur Hagen von Tronje, ein Verwandter der Könige und ihr erster Vasall, Siegfried näher. Er erzählt den königlichen Brüdern, die von einem Burgturm die fremden Reiter beobachten, daß Siegfried einen riesigen Schatz, den Nibelungenschatz, und eine Tarnkappe besitzt, und daß er als Jüngling einen Drachen getötet und im Drachenblut gebadet hat, wodurch seine Haut hart wie Horn wurde, so daß er fortan gegen Schwertstiche gefeit war.

Auf Gunthers höfliche Frage, was ihn nach Worms geführt habe, gibt Siegfried die überraschende Antwort, daß er mit Gunther um dessen Land kämpfen wolle. Gunther läßt sich nicht provozieren, sondern gibt nur höflich seiner Verwunderung über die unmotivierte Herausforderung Ausdruck: „*Wie het ich daz verdienet?*“, und zusammen mit seinen Brüdern bietet er statt dessen seine Gastfreundschaft an. Aber Hagen ist mißtrauisch geworden.

Siegfried bleibt in Worms und zwischen ihm und den königlichen Brüdern entsteht eine enge Freundschaft. Nachdem er die Burgunder zum Siege über Sachsen und Dänen geführt hat, wird ein Vertrag zwischen ihm und den Königen geschlossen: Kriemhild wird Siegfried versprochen; als Gegenleistung soll dieser Gunther helfen, Brünhild zur Frau zu gewinnen. Brünhild, deren Burg Isenstein (Island) jenseits des Meers liegt, besitzt die Kraft eines Riesen. Der Mann, der sie gewinnen

[37] Handschrift A: 2316, Handschrift B: 2379, Handschrift C: 2439 Strophen.

Peter von Cornelius: Titelblatt zu *Die Aventiuren von den Nibelungen.*
Cornelius' (1783–1867) Bilder zum *Nibelungenlied* – eine Serie von sieben Kupferstichen, entstanden 1812-1817, das Titelblatt etwas später, – werden mit ihrer patriotischen Tendenz richtungweisend für die Nibelungen-Illustratoren des 19. Jahrhunderts. Es ist Cornelius' ausgesprochenes Ziel, ein Werk zu schaffen, das den alten Glanz und die Herrlichkeit des deutschen Vaterlandes widerspiegelt. Die Technik knüpft bewußt und in gleicher Absicht an Albrecht Dürer an: klare, scharfe Konturen, Strichschattierung, Detailtreue.

will, muß sie erst in drei Kampfspielen besiegen; verliert er, muß er mit seinem Leben bezahlen.

Zusammen mit Hagen und dessen Bruder Dancwart segeln Siegfried und Gunther gen Isenstein, wo sie nach einer Fahrt von zwölf Tagen ankommen. Sie werden von Brünhild empfangen, die sich an Siegfried wendet und ihn willkommen heißt; aber Siegfried entgegnet, daß er in Gunthers Sold stehe – eine Lüge, die sich als folgenschwer erweisen soll. Gunther freit um Brünhild und man geht unmittelbar zu den Kampfspielen über. Siegfried, in seiner Tarnkappe, kämpft an der Seite Gunthers und besiegt Brünhild. Brünhild ahnt wohl dunkel, daß dies alles nicht mit rechten Dingen zugegangen ist, muß aber die Frau Gunthers werden und ihm an den Rhein folgen.

Zur Doppelhochzeit in Worms bricht Brünhild in Tränen aus, als sie

Kriemhild an der Leiche Siegfrieds.

Titelillustration von Julius Hübner für die *Nibelungenlied*-Ausgabe von G. O. Marbach 1840.

Wie auch die folgenden in diesem Kapitel ist das Bild der Prachtausgabe des *Nibelungenliedes* von 1840 in neuhochdeutscher Übersetzung durch Oswald Marbach, mit Holzschnitten nach Originalzeichnungen von Eduard Bendemann, Julius Hübner, Alfred Rethel und Hermann Anton Stilke entnommen.

Julius Hübner: *Der junge Held Siegfried*

Kriemhild an Siegfrieds Seite sitzen sieht – aus Scham darüber, daß die Schwester des Königs einem unfreien Vasallen vermählt worden sei, wie sie sagt. Sie fordert von Gunther eine Erklärung, die sie aber nicht bekommt. In der Hochzeitsnacht verweigert sie sich Gunther, bindet ihn an Händen und Füßen und hängt ihn an einen Nagel in der Wand, wo er zu seiner Schande hängen muß, bis das Morgenlicht durch die Fenster bricht.

Gunther muß wiederum Siegfried um Hilfe bitten und dieser wird zu einer weiteren verhängnisvollen Manipulation getrieben. In der folgenden Nacht wird Brünhild von Siegfried in einem grotesken Ringkampf bezwungen – von Gunther, wie sie ja glauben muß. Siegfried bringt ihren Gürtel und einen Ring, den er ihr unbemerkt vom Finger zieht, an sich. Gürtel und Ring macht er später Kriemhild zum Geschenk, die er auch – zu beider Unglück – in das Geheimnis einweiht.

Siegfried begibt sich mit Kriemhild in seine Heimat. Bei der Abreise erhebt Kriemhild Anspruch auf Hagen als Vasall, ein Ansinnen, das der stolze Hagen scharf zurückweist: Er habe, erklärt er, die Absicht, wie bis dahin so auch in der Zukunft seinen königlichen Herren zu dienen und sich nicht verschenken zu lassen wie irgendein Bediensteter: er empfindet die Forderung Kriemhilds als Schande und wird sie nicht vergessen.

Es folgt eine Schilderung der glücklichen und friedlichen Zeit, die Siegfried und Kriemhild miteinander in Santen verbringen. Sie wird von einer Einladung Brünhilds nach Worms beendet. Siegfried hat nicht aufgehört, Brünhild zu beunruhigen und ihr Rätsel aufzugeben.

Bei ihrer Ankunft in Worms werden Siegfried und Kriemhild mit Ehrenbezeugungen begrüßt. Die Ritter notieren mit ahnungsloser Genugtuung, wie Brünhild und Kriemhild sich bei der Begrüßung liebevoll

Siegfried, das Nibelungenschwert Balmung schwingend, im Kampf mit den Sachsen

umarmen. Die Herzlichkeit ist nichts anderes als Hofetikette und Verstellung; Mißtrauen beherrscht beide und ein schwelender Haß, der wenige Tage später ungehemmt aufflackert. Als die Königinnen gemeinsam einem Turnier zuschauen, geraten sie in Streit darüber, wer von ihren Gemahlen den höchsten Rang hat. Der anfangs scheinbar harmlose Wortwechsel entwickelt sich zu einem dramatischen Crescendo. Er endet damit, daß Kriemhild, als sie von Brünhild öffentlich desavouiert und die Frau eines Leibeigenen genannt wird, sich rächt und Brünhild das Kebsweib Siegfrieds nennt, indem sie zum Beweis Brünhilds Ring und Gürtel hochhält.

Damit beginnt die tragische Entwicklung des Geschehens – *von zweier vrouwen bâgen wart vil manic helt verlorn* ‚der Streit zwischen zwei Frauen sollte den Untergang vieler Helden nach sich ziehen'. Brünhild ist entehrt und verlangt Rache. Hagen, dessen Aversion gegen

Siegfried vom Dichter schon mehrmals angedeutet worden ist, benutzt die Gelegenheit und schreitet zur Tat. Er macht Gunther klar, daß Siegfried getötet werden muß und nimmt es auf sich, die Tat auszuführen. Gunther, der sich in einer schwierigen Lage befindet und ambivalent ist in seiner Einstellung zu Siegfried, verhält sich zuerst abweisend, läßt sich aber überreden, als Hagen sich auch noch eines Machtmotivs bedient: der Tod Siegfrieds bedeutet, daß Gunther der Herr über viele Königreiche wird.

Hagen schmiedet einen Mordplan. Er arrangiert, daß falsche Boten eine Kriegserklärung der Sachsen, die Siegfried früher besiegt hat, überbringen. Siegfried verspricht auch diesmal seinen Beistand.

Während die Ritter sich für den Feldzug rüsten, macht Hagen einen Abschiedsbesuch bei Kriemhild. In der Schilderung von Kriemhilds Verhalten während dieser Begegnung, in der Siegfrieds Schicksal entschieden wird, liegt eine eigenartige Zweideutigkeit, eine psychologische Unwahrscheinlichkeit, die den Leser stutzen und darüber nachdenken läßt, wie Kriemhilds Handeln zu deuten ist: Streng genommen wird Siegfried von ihr verraten, und geschieht das wirklich völlig unabsichtlich und ahnungslos?

Kriemhild empfängt Hagen mit Herzlichkeit. Sich auf ihre Verwandtschaft und ihre stete Loyalität ihm gegenüber berufend, möchte sie jetzt die gleiche Loyalität vergolten haben: Siegfried soll nicht das Opfer ihrer bösen Tat gegenüber Brünhild werden. Sie sagt, daß sie ihre Entgleisung bereue; aber sie erwähnt auch, daß sie sie bitter sühnen mußte, daß Siegfried sie zur Strafe verprügelt habe. Sie verlangt von Hagen noch, daß er ihren Gemahl in dem bevorstehenden Kampf beschützen soll. Auf Hagens Frage, wie dies geschehen soll, gibt sie, indem sie sich ausdrücklich auf seine Freundschaft und Treue beruft, das Geheimnis preis, an welcher Stelle Siegfried tödlich verwundet werden kann: Als er im Blut des Drachen badete, fiel ein breites Lindenblatt zwischen seine Schulterblätter, und an dieser Stelle ist er verwundbar:

„Ich meld' iz ûf genâde, vil lieber vriunt, dir,
daz du dîne triuwe behaltest ane mir.
Dâ man dâ mach verhouwen den mînen lieben man,
daz lâz' ich dich hoeren, deist ûf genâde getân.

Dô von des trachen wunden vlôz daz heize bluot
und sich dar inne badete der küene ritter guot,
dô viel im zwischen die herte ein linden blat vil breit.
Dâ mac man in versnîden – – –."

Auf die Bitte Hagens verspricht Kriemhild, mit einem dünnen Seidenfaden ein Kreuz auf Siegfrieds Kleidung anzubringen, damit Hagen seine schützende Hand über die verwundbare Stelle halten kann.

Damit hat Hagen sein Ziel erreicht und die falsche Kriegserklärung

Brünhild schleudert den Stein im Wettkampf gegen Gunther

kann zurückgenommen werden. Statt dessen wird eine Jagd veranstaltet und der Mord inszeniert: Als Siegfried sich niederbeugt, um aus einer Quelle zu trinken, stößt ihm Hagen den eigenen Speer in den Rücken.

Siegfrieds Leichnam wird während der Nacht Kriemhild vor die Tür gelegt, wo sie ihn findet, als sie zur Frühmesse gehen will. Schon ehe sie ihn erkannt hat, ahnt sie, was geschehen ist; „mit ihrer weißen Hand hebt sie das schöne Haupt Siegfrieds, rot von Blut“, und in wilder Klage bricht sie über seinem Körper zusammen. Sie ist umso verzweifelter, als sie weiß, daß sie nicht ohne Schuld ist. Kriemhild klagt Gunther und Hagen des Mordes an; Hagen ignoriert sie und Gunther lehnt jede

Wie die Königinnen einander schalten

Schuld ab und behauptet, Siegfried sei das Opfer von Räubern geworden.

Nach langer Zeit versöhnt sich Kriemhild mit Gunther durch die Vermittlung der jüngeren Brüder, aber nicht mit Hagen, und sie sinnt ständig auf Rache. Siegfrieds Morgengabe an sie, der unermeßliche Nibelungenhort, kann ihr dabei dienlich sein, und mit reichen Gaben gewinnt sie Verbündete unter Rittern und Kämpen. Hagen sieht die Gefahr und warnt Gunther, der sich jedoch weigert, seiner Schwester noch mehr Unrecht zuzufügen. Hagen aber scheut sich nicht davor, seine Schuld zu vergrößern. Eigenmächtig, gegen den Willen der Brüder, be-

Der Mord an Siegfried

raubt er Kriemhild des Schatzes und versenkt ihn im Rhein. – So endet der erste Teil des *Nibelungenlieds.*

Der zweite Teil beginnt damit, daß Markgraf Rüedeger, König Etzels Vasall und langjähriger Freund der burgundischen Könige, nach Worms kommt, um für Etzel um Kriemhilds Hand anzuhalten. Dreizehn Jahre sind vergangen seit dem Mord an Siegfried, aber Kriemhilds Wille zur Rache ist ungebrochen. Da Etzels Heiratsantrag ihr eine Möglichkeit dazu zu eröffnen scheint, gibt sie ihm nach langem Zögern ihr Jawort. Sie versichert sich auch listig des Versprechens Rüedegers, ihr immer zur Seite zu stehen. Hagen allein versteht, was Kriemhild im Sinn hat und versucht, die Brüder zur Verhinderung der Heirat zu überreden, aber seine Einwände verhallen ungehört.

Die Hochzeit steht in Wien und wird mit einem prachtvollen Fest siebzehn Tage lang gefeiert; aber Kriemhild vergießt heimlich heiße Tränen beim Gedanken an Siegfried und die glücklichen Tage am Rhein. Von Wien aus ziehen Etzel und Kriemhild weiter in östlicher Richtung nach Etzelnburg (wahrscheinlich das heutige Esztergom in Ungarn), wo sie in der Folge, wie es scheint, lange in Harmonie und Frieden leben. Durch ihre Milde und Großzügigkeit erwirbt sich Kriemhild viele Freunde. Etzels Glück erreicht einen Höhepunkt, als Kriemhild ihm nach sieben Jahren einen Sohn gebärt.

Aber das Glück Kriemhilds ist nur äußerer Schein, die Trauer und der Haß lassen ihr keine Ruhe, der Wunsch, sich an Hagen zu rächen, verfolgt sie ständig, und schließlich schmiedet sie einen Plan: *„daz geschaehe, ob ich in möhte bringen in daz lant!"* Nach weiteren sechs Jahren überredet sie den nichtsahnenden Etzel dazu, die Burgunder zu einem Ritterfest an seinen Hof zu laden. Sie schärft den Boten ein, dafür zu sorgen, daß Hagen unter den Gästen ist.

Die königlichen Brüder in Burgund nehmen die Einladung an, obwohl Hagen energisch abrät; als er aber von Gernot und Giselher feige genannt wird, ist er derjenige, der die Reise am eifrigsten betreibt. Unter seiner festen Führung reisen die Burgunder (im zweiten Teil auch Nibelungen genannt) von Worms nach Vergen (heute Pförring) entlang der Donau nach Etzelnburg. An der Donau hat Hagen ein abenteuerliches Erlebnis, als er nach einem Fährmann sucht. Zwei Meerweiber offenbaren sich ihm und geben ihm den Rat, in Gunthers Land zurückzukehren: der Besuch in Etzels Reich wird den Tod für alle Burgunder bedeuten. Hagen nimmt die Warnung ernst, seine düsteren Vorahnungen haben sich bestätigt, er kennt nun sein und der Burgunder Schicksal; aber zurückzukehren kommt für ihn nicht in Frage. Diese Episode ist einer der wenigen transzendentalen Aspekte im *Nibelungenlied.*

Auf dem Wege wird in Bechelâren (heute Pöchlarn), wo Rüedeger residiert, Station gemacht. Hier werden die Burgunder mit herzlicher Gastfreundschaft empfangen, und hier wird auch Rüedegers Tochter dem König Giselher verlobt.

Jenseits der ungarischen Grenze kommt Dietrich von Bern mit seiner Gefolgschaft den Burgundern entgegen. Dietrich warnt sie: „Kriemhild trauert noch immer um den Helden Siegfried!"

In Etzelnburg werden sie von Kriemhild empfangen, die jedoch nur dem am Mord an Siegfried unschuldigen Giselher die Hand reicht. Hagen versteht die Drohung, die darin liegt, und antwortet mit einer anderen Symbolhandlung: er zieht den Riemen an seinem Helm fester. Als Kriemhild haßerfüllt den Schatz der Nibelungen, der ihr gehört, verlangt, erhält sie die herausfordernde Antwort, er habe an seinem Schild, seinem Panzerhemd, seinem glänzenden Helm und dem Schwert in seiner Hand genug zu tragen und der Schatz ruhe auf dem Grund des Rheins, und das bis zum Jüngsten Tag. Mit Hohn und Trotz provoziert Hagen die Entwicklung, die er als unabwendbar erkennt.

In den zehn letzten *âventiuren* wird in einem beschleunigten, fast atemberaubenden Tempo der Untergang der Burgunder geschildert. Kriemhild unternimmt gleich am ersten Tag mehrere Versuche, die Hunnen zum Anfall zu hetzen. Während der Nacht halten Hagen und sein Waffenbruder, der muntere Spielmann Volker, vor dem Saal der Burgunder Wache. Um die ermüdeten und überreizten Männer aufzumuntern, spielt Volker für sie auf seiner Fiedel, erst kraftvoll und wild,

Kriemhild empfängt ihre Brüder und Hagen.

Sie küßte Giselheren und nahm ihn bei der Hand.
Als das Hagen sah von Tronje, den Helm er fester sich band.

daß es im Hause widerhallt, dann aber wiegt er sie mit milderen und lieblicheren Tönen in den Schlaf. Die Helme der Hunnen blitzen draußen im Dunkel vor der Halle.

Am folgenden Morgen läßt Hagen die Burgunder bewaffnet zur Messe gehen, mit dem düsteren Kommentar, daß es wahrscheinlich das letzte Mal sei: *„ir vernemet mezze nimmer mêr!"* Nach der Messe wird ein Turnier arrangiert, bei welchem Volker einen hunnischen Reiter niedersticht. Der entstehende Tumult legt sich erst, nachdem Etzel eingegriffen hat.

Am Abend des zweiten Tages kommt es zum offenen Kampf. Blödelin, der Bruder Etzels, den Kriemhild für ihre Sache gewonnen hat, attakkiert mit seinem Heer die burgundische Mannschaft, während die Ritter in Etzels Saal beim Festmahl sitzen. Ein Burgunder, nämlich Dancwart,

Hagen und Volker halten Nachtwache vor der Halle der Burgunder. Mit seiner Fiedel spielt Volker die erschöpften und unruhigen Männer in den Schlaf.

Da tönten seine Saiten, daß all das Haus erscholl;
Seine Kraft und sein Geschicke, die waren beide voll.
Süßer und sanfter zu geigen hub er an:
So spielt' er in den Schlummer gar manchen sorgenden Mann.

der Bruder Hagens, schlägt sich bis zum Rittersaal durch und meldet den Überfall. Das ist das Signal, das Hagens aufgestaute Wut auslöst, er zieht sein Schwert und schlägt Kriemhilds und Etzels Sohn Ortlieb den Kopf ab; der Kopf des Sechsjährigen fällt Kriemhild in den Schoß.

Ein offener Kampf bricht aus, ein grausames Blutbad – *ein mort vil grimme unde grôz*. Dancwart und Volker stehen an der Tür und hindern die Hunnen daran, zu entkommen. Dietrich von Bern erwirkt den freien Abzug für das Königspaar und für seine Goten, aber alle Hunnen werden erschlagen und ihre Leichen die Treppe hinuntergeworfen.

Die Hunnen fallen mit einem neuen Heer an. Die Verteidiger sind er-

Unter dem Geleit von Dietrich von Bern verlassen Etzel und Kriemhild die königliche Halle, in der der heftige Kampf zwischen Hunnen und Burgundern rast.

schöpft und möchten den Kampf beenden. Kriemhild verspricht ihnen freies Geleit, wenn sie Hagen ausliefern, was sie aber entrüstet ablehnen. In der Nacht läßt Kriemhild den Saal in Brand stecken. Die Burgunder schützen sich mit ihren Schilden gegen herunterstürzende Balken. Um ihren Durst zu stillen, trinken sie, auf Hagens Anweisung, das Blut der Gefallenen und bekommen dadurch frische Kräfte.[38] Rüedeger wird

[38] Es ist verführerisch und vielleicht auch sachlich nicht ganz unbegründet, dieses effektvolle Motiv mit einer Angabe bei dem gotischen Geschichtsschreiber Jordanes (6. Jahrhundert)

von Kriemhild und Etzel dazu getrieben, seiner Vasallenpflicht zu genügen und sein einst gegebenes Versprechen Kriemhild gegenüber zu halten und am Kampf gegen seine Freunde, die Burgunder, teilzunehmen. Nach einem ausgedehnten Kampf fällt er vor Gernots Schwert, das er ihm selbst geschenkt hatte.

Dietrich von Bern hat sich bisher aus dem Kampf herausgehalten. Tief empört über die Nachricht, daß Rüedeger, sein Freund, getötet worden sei – „eine Tat, über die sich nur der Teufel freuen kann!" –, sendet er seinen Waffenmeister Hildebrand zu den Burgundern, um Rüedegers Leichnam zu fordern. Die übrigen Goten schließen sich an und werden ebenfalls in den Streit hineingezogen. Alle außer Hildebrand fallen. Die Trauer und der Zorn lassen Dietrich schließlich selbst eingreifen. Im Zweikampf besiegt er zuerst Hagen und dann Gunther, die einzigen Überlebenden von den Burgundern. Gebunden übergibt er sie an Kriemhild.

Nun hat Kriemhild endlich ihren Todfeind in der Gewalt und sie kann die Rache üben, nach der sie so lange gedürstet hat. Sie stellt sich vor den gebundenen Hagen und fordert noch einmal den Schatz der Nibelungen, dessen er sie beraubt hatte. Hagen antwortet, er habe geschworen, niemandem zu verraten, wo der Schatz liegt, so lange noch einer seiner Herren am Leben sei. Kriemhild läßt ihren Bruder Gunther töten: sie hält Hagen sein Haupt hin und fordert von neuem ihren Schatz zurück. Als sie nur Hohn erntet, zieht sie, bevor jemand sie daran hindern kann, das Schwert an Hagens Seite, das einmal Siegfried gehört hatte – *„daz truoc mîn holder vriedel, dô ich in jungest sach"* –; und der Kopf des Mörders fällt durch das Schwert des Ermordeten. Kriemhild wird daraufhin von Hildebrand erschlagen. – *Hie hat daz maere ein ende: daz ist der Nibelunge nôt* ‚Hier ist die Geschichte zu Ende: das war der Kampf der Nibelungen'.

---

in seiner Schilderung der katalaunischen Hunnenschlacht (im Jahre 451; vgl. oben S. 23) in Verbindung zu bringen. Jordanes berichtet, daß auf dem Schlachtfeld ein Bach von dem Blut der Gefallenen zu einem Fluß angeschwollen sei und daß die Verwundeten ihren Durst darin gestillt hätten. Dieses Motiv ist von der Art, daß es sehr wohl durch die Jahrhunderte hindurch in der Tradition der Burgundersage weitergelebt haben kann.

Illustration von Julius Schnorr von Carolsfeld zu einer Ausgabe von Karl Simrocks neuhochdeutscher Übersetzung des *Nibelungenlieds* von 1867

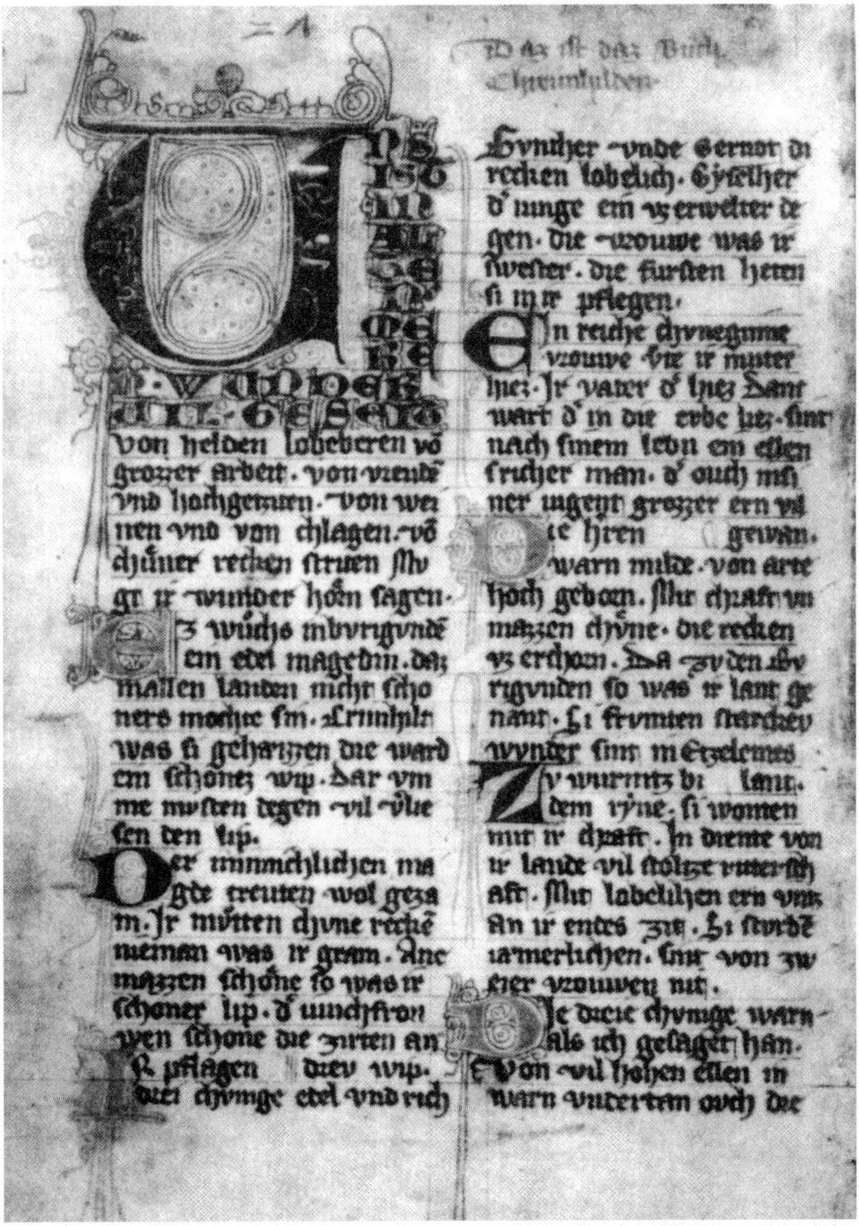

Die erste Seite des *Nibelungenlieds* in der Handschrift D aus der ersten Hälfte des 14. Jahrhunderts, heute in der Bayerischen Staatsbibliothek in München (Cgm 31)

6

Eine zeitgenössische Interpretation

Das *Nibelungenlied* ist der Nachwelt in nicht weniger als 35 bekannten Handschriften erhalten geblieben. Mit Ausnahme von Wolfram von Eschenbachs *Parzifal* ist keine andere deutsche Dichtung des Mittelalters auch nur annähernd so oft abgeschrieben worden.[39] Von den Handschriften sind neun vollständig oder fast vollständig. Die Mehrzahl ist im 13. und 14. Jahrhundert entstanden und in süddeutschen und österreichischen Schloßbibliotheken und -archiven gefunden worden.

Die Texte lassen mittels philologischer Analyse drei unterschiedliche redaktionelle Bearbeitungen erkennen, die repräsentiert werden von den Handschriften A (entstanden zwischen 1275 und 1300), B (aus der Mitte des 13. Jahrhunderts; die meisten Textausgaben fußen auf dieser Handschrift) und C (aus der ersten Hälfte des 13. Jahrhunderts). Von diesen drei Textversionen, die nicht unmittelbar voneinander abhängen, galt in der frühesten Phase der Nibelungenforschung A, später lange B als die „echteste" Version, d.h. als die dem verlorengegangenen Original am nächsten stehende. Eine methodisch zunehmend verfeinerte textkritische Analyse hat jedoch gezeigt, daß die Versuche, für die Handschriften ein sogenanntes Stemma, ein Abstammungsschema, zu finden, wahrscheinlich auf falschen Prämissen aufbauen. Ein „Grundtext" muß existiert haben, aber allem Anschein nach hat dieser keinen autoritativen Status gehabt. Jede Handschrift hat individuelle Züge und muß als relativ selbständiger literarischer Text beurteilt werden; ihr „Redakteur" hat in einem Spannungsfeld zwischen dem Text der Vorlage und der lebendigen mündlichen Tradition gearbeitet, aus der die literarische Fiktion des Nibelungenstoffs entstanden ist.[40] Aus dieser Perspcktive heraus ist

---

[39] Handschriften oder Fragmente von Handschriften tauchen immer noch auf. Der bisher letzte Fund wurde 1983 gemacht: beim Registrieren von altem Urkundenmaterial im Bayrischen Staatsarchiv in München wurden Pergamentblätter entdeckt, die zum Einbinden verwendet worden waren und Teile eines Nibelungentextes enthielten. (Der Text wurde von Hans-Friedrich Rosenfeld, mit einem ausführlichen philologischen Kommentar versehen, unter dem Titel *Die Rosenheimer Fragmente der Handschrift Q des Nibelungenliedes* herausgegeben.)

[40] Vgl. Helmut Brackert, *Beiträge zur Handschriftenkritik des Nibelungenliedes*, S. 169ff. – Die These Brackerts ist auch deshalb interessant, weil sie eine Erklärung für die besondere Sprachform im *Nibelungenlied* zu bieten scheint. Der formelhafte Stil, bei welchem, „in einer kalkulierten Automatik", der sprachliche Ausdruck, die Metrik, der Reim und die ganz spezielle Lexik „funktionell zusammenwirken", könnte vor dem Hintergrund von Brackerts

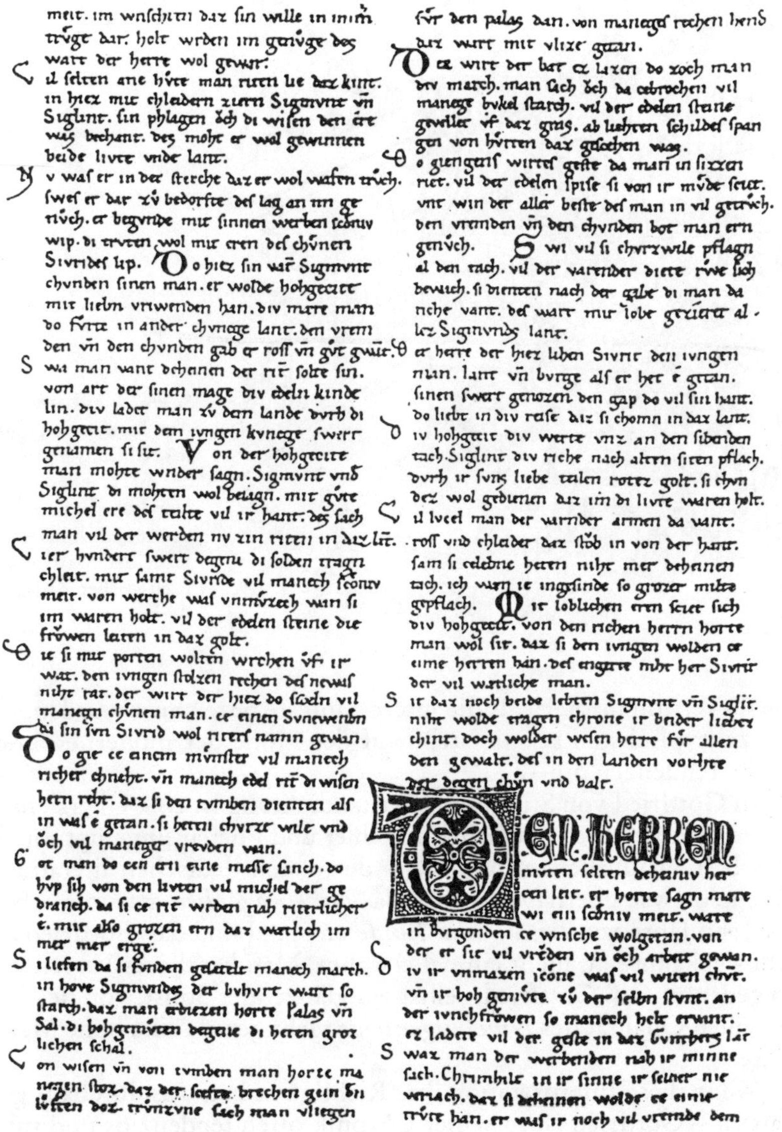

Eine Seite der Nibelungenhandschrift B aus der Mitte des 13. Jahrhunderts. Die Handschrift befindet sich seit 1773 in der Stiftsbibliothek in St. Gallen. Um die Mitte des 16. Jahrhunderts war sie im Besitz des schweizerischen Historikers Aegidius Tschudi und noch früher hat sie einem Grafen von Werdenberg gehört. Das Schloß Werdenberg liegt südöstlich vom Bodensee, einige km südlich von Schloß Hohenems, in dessen Bibliothek die Handschriften A und C wiedergefunden wurden.

Siegfrieds Ankunft in Worms
Aus der einzigen illustrierten Nibelungenhandschrift, der sog. Hundeshagenschen Handschrift vom Anfang des 16. Jahrhunderts (heute in der Staatsbibliothek Preussischer Kulturbesitz, Berlin)

die C-Version insofern als die interessanteste bezeichnet worden, als sie am zeittypischsten sei: sie stehe auf der Höhe der modernen literarischen Tendenzen um 1200.[41]

In Gottfried von Straßburgs Tristandichtung ist eine Übersicht über die zeitgenössischen deutschen Erzähler und Poeten eingefügt. In dieser ziemlich ausführlichen Chronik – der ersten deutschen literaturkritischen Analyse überhaupt – wird das *Nibelungenlied*, das immerhin etwa zehn Jahre vor *Tristan und Isolde* entstand und das Gottfried zweifellos gekannt hat, nicht einmal erwähnt. Man hat dieses Verschweigen so gedeutet, daß Gottfried, selbst ein glänzender Stilist, von der künstlerischen Qualität des *Nibelungenlieds* nicht gerade eine hohe Meinung hatte.

Wenn diese Interpretation ihre Richtigkeit hat, was durchaus glaubhaft ist – Gottfried ist in seiner Chronik offen tendenziös und tut beispielsweise Wolfram von Eschenbach als dilettantischen Pfuscher ab –,

These als „Literarisierung eines mündlichen Erzählstiles" (Wachinger) bezeichnet werden; vgl. hierzu auch Michael Curschmann, *Nibelungenlied und Nibelungenklage;* Burghart Wachinger, *Die Klage und das Nibelungenlied*; Stefan Sonderegger, *Gesprochene Sprache im Nibelungenlied.* – Curschmann rechnet auch mit einer Tradierungsphase vor dem „Grundtext", in der die Variabilität des Textes noch weiter gegangen sei als in der schriftlich überlieferten Tradition.

41 Vgl. Karl Bertau, *Deutsche Literatur im europäischen Mittelalter*, I., S. 744.

so ist Gottfried doch kaum repräsentativ für die große Mehrheit des literarischen Publikums seiner Zeit und dessen Geschmack. Die Menge der überlieferten Handschriften, oft äußerst sorgfältig gearbeitet, mit dekorativen und farbenfrohen Vignetten, ist ein eindeutiger Beweis für die große Beliebtheit, deren sich das *Nibelungenlied* erfreute.

Natürlich war es vor allem die Dramatik des Stoffes, die das Publikum anzog. Das *Nibelungenlied* ist ein spannungsgeladener Roman – nervenkitzelnde Unterhaltung mit nicht wenigen Einschlägen von Gewaltpornographie. Es könnte deshalb verständlich sein, daß der anspruchsvolle Ästhet Gottfried sich mit schweigender Verachtung von dem Werk abwandte.

Aber das *Nibelungenlied* ist alles andere als ein Trivialroman, dessen Wirkung auf den Leser in dem Augenblick aufhört, in dem er das Buch weglegt; ganz im Gegenteil – und hier kann man sich auf eine Autorität berufen –: „der Wert des Werkes wächst, je länger man es betrachtet" (Goethe). Der Dichter des *Nibelungenlieds* ist als Dramatiker mit Shakespeare wesensverwandt. Die starken Effekte, die den Leser erschüttern, sind genausowenig wie die Gewalt in *Hamlet* und *Macbeth* Selbstzweck, sondern wirkungsvolle Mittel. Die Handlungsstruktur wird von einer darunterliegenden Idee geprägt, und die geahnte Substruktur, die Kausalität unter der Oberfläche, in den Symbolhandlungen und im Unausgesprochenen des Dialogs, zwingen den Leser, aktiv zu lesen, fordern zum Nachdenken und Deuten, zur Tiefenanalyse, auf. Es gibt auch mehrere Interpretationsmöglichkeiten, der Spielraum für schöpferisches Lesen und individuelle Deutungen ist groß – wie die Wirkungsgeschichte des Epos zeigt, gefährlich groß: Das Risiko ist nicht von der Hand zu weisen, daß das Engagement den Leser die Interpretationsgrenze, die der Text trotz allem setzt, überschreiten läßt.

Wie wurde das *Nibelungenlied* in seiner eigenen Zeit aufgefaßt? Welche Wirkung hatte die Dichtung auf das Publikum der sozialen Oberschicht, für die es, wie man wohl annehmen muß, in erster Linie gedacht war?

Die Fragen sind interessant, aber nicht leicht zu beantworten; der Weg über die Introspektion ist voller Gefahren.

Es ist uns jedoch eine ziemlich ausführliche zeitgenössische Auslegung der Idee und des Zwecks des *Nibelungenlieds* erhalten geblieben, und diese ist umso interessanter, als sie offenbar fast kanonische Gültigkeit besaß und sogar die Texttradition beeinflußt zu haben scheint. Sie wird dargelegt in der sogenannten *Klage*[42], einem Werk von ca. 4000 Verszeilen, das eine Art freistehenden Epilog zum Epos bildet. Der unbekannte Verfasser, der nicht mit dem Dichter des *Nibelungenlieds* oder

[42] So der ureigene Titel: *Ditze liet heizt Diu Klage.*

mit einem der Handschriftsredakteuren identisch ist, referiert und zerlegt die Entwicklung des Geschehens und beschreibt vor allem die Klage Etzels und Dietrichs über jeden einzelnen gefallenen Helden am Ende des Kampfes. Der Stil ist weit unter dem Niveau des *Nibelungenlieds*, äußerst einfach, sogar dürftig, mit vielen Wiederholungen und Schablonen. Der Grundton ist sentimental elegisch. Die Versuche des Autors, dem Jammer und den Klagen der Überlebenden eine Dimension zu verleihen, die dem tragischen Ausmaß der Katastrophe entspricht, hat an einigen Stellen – jedenfalls für einen modernen Leser – fast den Effekt einer Parodie. Freunde und Feinde ohne Unterschied werden beweint – jedoch mit einer bemerkenswerten Ausnahme: Hagen wird als das Böse in Person verurteilt, als der Grund allen Unglücks wegen seines Treuebruchs, als er „in großer Tücke" Kriemhild zur Witwe machte und ihr Eigentum stahl:

dô er vrowen Kriemhilt nam ir man
und ir guot an gewan
in grôzen untriuwen.
– – –
waz het Sîfrit, ir man,
im ze leide getân?
der wart âne sculde ermort.

Das Böse in Hagen wird auch als die Ursache des Schicksals der Burgunder betrachtet, daß ihnen das Freudenfest zum Untergang gedieh; so zerstören, heißt es – und das ist die Quintessenz der Interpretation –, die bösen Mächte, wenn man ihnen freien Lauf läßt, des Lebens Freude und Harmonie. Kriemhild – wie auch Siegfried – wird Übermut zum Vorwurf gemacht, im übrigen jedoch wird sie von aller Schuld reingewaschen. Ihre Rache wird als Geste ihrer Treue zu Siegfried betrachtet. In diesem Zusammenhang wird die Darstellung jedoch polemisch, woraus man vielleicht den Schluß ziehen kann, daß unter den ersten Lesern des *Nibelungenlieds* die Meinungen geteilt waren über Kriemhilds Person: wer meint, schreibt der Autor, daß Gott die Seele Kriemhilds nicht entgegennehmen wollte und sie die Qualen der Hölle erleiden muß wegen ihrer Sünden, der möge selbst die Bestätigung dessen in der Hölle suchen:

daz si der helle swaere
habe von solhen schulden
– – –
daz got unse herre
ir sêle niht enwolde.
der daz bewaeren solde,
der müese zuo der helle varn.

Die Entstehung der *Klage* liegt zeitlich nahe an der schriftlichen Fixierung des *Nibelungenlieds;* einer Hypothese zufolge ist die *Klage* schon vor der Handschriftentradition entstanden und hat möglicherweise diese sogar begründet.[43] Der Text ist als Epilog in sämtlichen Haupthandschriften enthalten und muß also von den Lesern/Hörern als zum Werk gehörend betrachtet worden sein. Der Bearbeiter der C-Handschrift scheint die Konsequenzen daraus gezogen und die Tendenz seiner Textversion derjenigen angepaßt zu haben, die in der Interpretation des Epilogs ihren Ausdruck findet.[44]

---

43 Vgl. Michael Curschmann, a. a. O., S. 119; Burghart Wachinger, a. a. O., S. 99; Karl Bertau, a. a. O., S. 745.

44 Vgl. Karl Bartsch, *Untersuchungen über das Nibelungenlied*, S. 320; die Hs. C zeigt nach Bartsch (S. 319) in hinzugedichteten Strophen auch „wörtliche Berührungen“ mit dem Text der *Klage*.

7

Das *Nibelungenlied* als kunstideologischer Katalysator

Die Rezeptionstradition des *Nibelungenlieds* bis zum heutigen Tag ist nicht ungebrochen. In der Zeit des Humanismus hört die Nachfrage nach mittelalterlichen Ritterromanen auf, und von der Mitte des 16. Jahrhunderts bis zur Mitte des 18. Jahrhunderts schläft das deutsch-österreichische Heldenepos einen Dornröschenschlaf. Als es zu einem neuen Dasein erweckt wird, geschieht das in einem ganz anderen Ideen- und Kulturzusammenhang, als der, in dem es geboren wurde und sein erstes Leben verbracht hatte, und unter Aktualisierung ganz anderer Qualitäten.

Das Verdienst, daß die in Schloß- und Klosterbibliotheken verborgenen und vergessenen Handschriften in der zweiten Hälfte des 18. Jahrhunderts ans Licht der Öffentlichkeit gezogen wurden, gebührt dem Züricher Geschichtsprofessor Johann Jacob Bodmer (1698–1783). In die Literaturgeschichte eingegangen ist Bodmer vor allem wegen seiner für seine Zeit kontroversiellen Literaturauffassung. Im Gegensatz zur herrschenden rationalistischen Lehre gab er der Überzeugung Ausdruck, daß die Dichtkunst sich der Phantasie und dem Wunderbaren nicht verschließen dürfe. Mit dieser Einstellung lag es nahe, daß er sich für die deutsche Dichtung des Mittelalters interessierte, die, wie er als einer der ersten hervorhob, in Schwaben in der ersten Hälfte des 13. Jahrhunderts eine Blütezeit erlebt hatte.

Als ein direktes Resultat der von Bodmer eingeleiteten Suchaktion nach mittelalterlichen Handschriften entdeckte einer seiner Freunde und Wahlverwandten, der junge Arzt Jacob Hermann Obereit, am 28. Juni 1755 im Schloß Hohenems südöstlich des Bodensees eine Abschrift des *Nibelungenlieds* aus dem 13. Jahrhundert, und zwar diejenige, die heute die Bezeichnung C trägt.[45] Teile dieser Version wurden

[45] In einem Brief an Bodmer berichtet Obereit von seinem Fund: „Eben gestern habe ich unvermuthete Gelegenheit bekommen, eine kurze Reise nach Hohen-Ems zu machen, woselbst heute unter andern die Bibliothek in Augenschein genommen, und so glücklich gewesen, daß ich fast unter den ersten Büchern, so in die Hände bekommen, zwei alte eingebundene pergamentene Codices von altschwäbischen Gedichten gefunden, darvon der einte, sehr schön deutlich geschrieben, einen mittelmäßig dicken Quartband ausmacht, und ein aneinanderhangend weitläufig Heldengedichte zu enthalten scheint, von der burgondischen Königin oder Princessin Chriemhild, der Titel aber ist ‚Adventuren von den Gibe-

1757 von Bodmer unter dem Titel *Chriemhilden Rache, und Die Klage; zwey Heldengedichte Aus dem schwaebischen Zeitpuncte* herausgegeben.[46] Bodmer schließt in dieser Ausgabe die *âventiuren* aus, die der Erzählung vom Kampf zwischen den Burgundern und den Hunnen vorausgehen, mit der Begründung, daß es nur in der Schilderung von Kriemhilds Rache die Einheit und Geschlossenheit der Handlung gebe, die Voraussetzung für eine starke poetische Wirkung seien; der Dichter sei hier, laut Bodmer, von einem „mächtigen Instinkt" getrieben worden, das Vorhergehende dagegen habe er in der Manier seiner Zeit erzählt, mit biographischer, aber unpoetischer Vollständigkeit. In der Einleitung zieht Bodmer auch einen Vergleich mit Homer, der in einer Hinsicht zum Vorteil des deutschen Epos ausfällt: der Nibelungendichter verleihe seinen vornehmsten Gestalten Gefühle der Ehre, Großzügigkeit und Redlichkeit, die man bei Homers Helden nicht im gleichen deutlichen Licht finden könne. Bodmers Enthusiasmus für das Werk ist jedoch im großen und ganzen mäßig, und er sieht keine Veranlassung dazu, es jemals im vollen Umfang herauszugeben; überhaupt ist es, meint er, ein Vorteil für den Ruf des „schwäbischen Zeitalters", wenn nicht alles aus dieser Zeit, was sich unter dem Staube verbirgt, ans Tageslicht gezogen wird.

Bodmers Pioniertat weckte keine merkbare Resonanz beim gebildeten deutschen Lesepublikum. Umso stärker war die Reaktion, wenn auch mit einer Verspätung von reichlich einem Jahrzehnt, auf die vollständige Textausgabe (in welcher die erste Hälfte der Handschrift C, die zweite der Handschrift A entnommen ist), die ein Freund und Schüler Bodmers, Christoph Heinrich Myller, 25 Jahre später vorlegte.[47]

Die Erklärung für das wachsende Interesse liegt in der Brechung zwischen älteren und neueren Ideenströmungen, die die deutsche kulturideologische Debatte in den letzten Jahrzehnten des 18. Jahrhunderts prägt: Die bislang vorherrschenden rationalistischen Grundsätze werden in Frage gestellt und eine neue irrationale Kunstauffassung setzt sich immer mehr durch.

Das *Nibelungenlied* wirkt bei diesem Prozeß als Katalysator. Für die aufgeklärten Rationalisten konnte der Text als Dokument aus dem Mittelalter wohl ein gewisses sprachliches und historisches Interesse beanspruchen, aber sie fanden den bloßen Gedanken provozierend, daß ein Produkt des finsteren Mittelalters für gebildete und ästhetisch an-

lungen', und das ganze Buch ist in Adventuren als in Capitel oder viel mehr Sectionen eingetheilt." (Zitiert nach Helmut Berndt, *Das 40. Abenteuer*, S. 21.)

46 Von Bodmer liegen auch eine Umdichtung des 2. Teils des *Nibelungenlieds* in Hexametern unter dem Titel *Die Rache der Schwester* und eine freie Übersetzung einiger Abschnitte im Balladenton vor.

47 *Der Nibelungen Liet, ein Rittergedicht aus dem XIII. oder XIV. Jahrhundert.*

Der Künstler im Gespräch mit Bodmer. Gemälde von Johann Heinrich Füssli, 1779–80

Die Schweizer Johann Jacob Bodmer und Johann Heinrich Füssli sind beide, jeder auf seine Weise, Vordergrundgestalten in der modernen Nibelungenrezeption. Füssli ist der erste von den bildenden Künstlern, die sich nach der Wiederentdeckung dem *Nibelungenlied* widmeten; zusammen mit Ernst Barlach ist er auch der bedeutendste der zahlreichen Illustratoren des Epos. Sein erster Kontakt mit dem Werk geschah durch Bodmer, dessen Teilausgabe *Chriemhilden Rache* eine starke Wirkung auf ihn ausübte, aber erst die vollständige Textausgabe von Christoph Heinrich Myller 1782 löste seine künstlerische Produktivität aus.

Füssli als Schweizer steht völlig außerhalb der deutschen patriotisierenden Tradition, seine Zeichnungen und Gemälde mit Nibelungenmotiven zeugen durchgehend von selbständiger, eigensinniger Problematisierung und Analyse. Das Bild von Kriemhild an der Bahre Siegfrieds (s. nächste Seite), geplagt von Alpträumen, indiziert beispielsweise eine Interpretation von Kriemhilds Rolle und Schuld am Verrat von Siegfried, die erst spät und nur sporadisch in der Nibelungenliteratur auftaucht.

spruchsvolle Menschen einen literarischen Wert haben könne. „Nach fünf Jahrhunderten ständigen Voranschreitens will man uns raten, in dieses Dunkel zurückzukehren," heißt es in einer säuerlichen Anmeldung von Myllers Ausgabe durch Johann Christoph Adelung, den bekannten Sprachforscher und eifrigen Anhänger der Aufklärung. Adelung bezeichnet das Nibelungenepos als eine zähe und umständliche Chronik, geschmacklos und unpoetisch.[48] Ein reines Vernichtungsurteil fällt Friedrich der Große, „der Philosoph auf dem Throne" (fraglich bleibt wohl, ob er das Deutsche des Mittelalters lesen und deuten konnte); in einem Brief an den Herausgeber bezeichnet der König die ihm gewidmete Ausgabe als „nicht einen Schuß Pulver werth"; der Brief endet:

> In meiner Büchersammlung wenigstens würde ich dergleichen elendes Zeug nicht dulten, sondern herausschmeißen. Das mir davon eingesandte Exemplar mag dahero sein Schicksal in der dortigen großen Bibliothek abwarten. Viele Nachfrage aber verspricht solchem nicht Euer sonst gnädiger König Fritz.[49]

---

[48] in: *Magazin für die Deutsche Sprache*, 2, 1784, S. 137–159, 142.

[49] Es ist nicht ganz gesichert, daß dieser Brief sich wirklich auf Myllers *Nibelungenlied*-Ausgabe bezieht; auf jeden Fall dokumentiert er aber die Ansichten Friedrichs II. über die deutsche Dichtung des Mittelalters. (Mit ähnlich starken Worten verurteilt Friedrich auch Shakespeares Dramen – von dem Romantiker Friedrich Schlegel als „der Höhepunkt der modernen Poesie" bezeichnet –: „lächerliche Farcen, eines kanadischen Wilden nur wür-

Die Bilder mit Kriemhild und Hagen resp. – vor allem – Brünhild und Gunther enthalten ein häufig wiederkehrendes Motiv bei Füssli: die Demütigung des Mannes durch die Frau, der Mann als hilfloses Opfer ihres Hohnes, ihrer Dämonie und naturgegebenen Grausamkeit.

August Wilhelm Schlegel, 1767–1845

Im schärfsten Kontrast gegen die für die Epoche sicher ziemlich repräsentative Reaktion Adelungs und Friedrichs des Großen steht die enthusiastische Beschreibung des *Nibelungenlieds* durch den Romantiker August Wilhelm Schlegel in einer Vorlesung über „die romantische Literatur“ von 1803, die über Generationen hinaus die deutsche Nibelungenrezeption entscheidend beeinflußt:

> Allein nicht bloß ein Wunderwerk der Natur ist dieses Heldengedicht: nach allen meinen Ansichten muß ich es auch für ein erhabenes Werk der Kunst erklären, dergleichen seitdem noch nie wieder in deutscher Poesie aufgestellt worden. Auf die äußerlichen Zierrathen mag sich ein sogenanntes gebildetes Zeitalter besser verstehen, mit unendlichen Feinheiten mag eine gelehrte Kunst ergötzen: aber der Kern aller Poesie bleibt doch immer was aus dem Gemüthe kommt und ins Gemüthe dringt, der innerste Mensch selbst. [...] Eine sehr naheliegende Vergleichung ist die mit der Ilias. Freilich steht Homer

dig, ein tolles, geschmackloses Gemisch aus Hohem und Niedrigem, von Hanswurstiaden und Tragik“.)

in verklärtem Lichte da, als der Vater der gesammten griechischen Bildung. [...] Unsre mythische Vorwelt hingegen steht wie eine Felsentrümmer da, die bei einem Erdbeben stehen geblieben, die spätere Geschichte ist durch eine große Kluft davon getrennt. [...] In dem geflügelten Wohllaut der Sprache, [...] auch in der Ruhe und Besonnenheit, der Reinheit der epischen Form, ist Homer unerreichbar. Was aber Lebendigkeit und Gegenwart der Darstellung, dann die Größe der Leidenschaften, Charaktere und der ganzen Handlung betrifft, darf sich das Lied der Nibelungen kühnlich mit der Ilias messen, ich würde sagen, es thut es ihr zuvor, wenn man es nicht zum Gesetz machen müßte, nie ein Meisterwerk auf Unkosten des andren zu loben. [...] Ja, in der Art, wie die geheimen Triebfedern angedeutet werden ohne sie auszusprechen, wie auch die verkleinernde Seite, der irdische Antheil an den Gesinnungen, ohne Nachtheil der erhabnen Schönheit, nicht dargelegt, sondern nur dem schärfer spähenden Blicke leise eröffnet wird, in dem unermeßlichen Verstande einer Charakteristik [...] ist etwas, das ich durchaus mit nichts Anderm zu vergleichen weiß als mit den Abgründen von Shakespeares Kunst. Das Ganze der Composition ist zugleich compact, und in dem Ebenmaß eines festen Gliederbaues auf das Klarste überschaulich, und wiederum unergründlich geheimnisvoll. Von dem Anfange mit der frischesten Jugendblüthe und einer zwiefachen heroischen Brautwerbung schreitet die Verkettung der Begebenheiten mit innerer Nothwendigkeit bis zu der furchtbaren Katastrophe unaufhaltsam fort. [...] Man spottet mit Recht über die sogenannte poetische Gerechtigkeit: und wie es gewöhnlich genommen wird, daß jeder den Lohn für seine Thaten in irdischem Wohl- oder Übelergehen am Ende des Gedichts in baar ausgezahlt erhalte [...] ist es allerdings etwas sehr Plattes. Allein in einem höheren Sinne, nämlich als Darstellung eines tiefen Verhängnisses, welches über die Handlungen des Menschen waltet, und in den zurückfallenden Wirkungen ihren Werth oder Unwerth abbildet, ist sie zum Ernst der epischen und tragischen Poesie sogar ein wesentliches Erforderniß, und die Sittlichkeit der Dichtung beruht darauf. Diese ist nun im Lied der Nibelungen von der größten Strenge und Reinheit. [...] Wenn das Epos die umfassendste Gattung ist, welche eine aus ihrem Gesichtspunkt vollständige Weltansicht fordert, so scheint man diesen Namen dem Liede der Nibelungen nicht versagen zu können. [...] Diese kolossale Tragödie endigt mit dem Untergange einer Welt, es sind die letzten Dinge des Heldenzeitalters, und zwar so, daß man sich *nach* den Nibelungen weiter kein mythisches Epos aus diesem Cyklus denken kann, die übrigen Heldengedichte desselben müssen frühere Vorfälle behandelt haben.[50]

[50] August Wilhelm Schlegel, *Vorlesungen über schöne Literatur und Kunst*. III, S. 120ff.

Der überschwengliche und fast einstimmige Enthusiasmus bei den Dichtern und Denkern der Romantik – in der Nachfolge August Wilhelm Schlegels – kann einfach aber adäquat so erklärt werden, daß das Epos in der Deutung, die sie ihm aus ihrer Perspektive geben, vollständig mit ihrer Anschauung und Kunstideologie harmonisiert und in diese integriert werden kann. Es findet hier eine dialektische Wechselwirkung statt: im gleichen Maße, wie die romantische Kunstideologie sich entwickelt und verändert, verändern sich auch das Erlebnis und die Deutung des Nibelungenepos, und umgekehrt hat die Diskussion über das Epos einen befruchtenden und steuernden Einfluß auf die Entwicklung der romantischen Anschauung. Es ist frappierend, wie die gleichzeitig exakte und vage Beschreibung August Wilhelm Schlegels bereits die Polaritäten enthält, zwischen denen sich die romantische Nibelungendiskussion in Zukunft bewegen soll.

8

Die romantische Vision vom Mittelalter

Heinrich Heine, der als erster die Geschichte der deutschen romantischen Schule schrieb, beschreibt die Romantik als „die Wiederentdekkung der Poesie des Mittelalters, wie sie sich in dessen Liedern, Bild- und Bauwerken, in Kunst und Leben manifestiert hatte".[51] Von dieser Beschreibung kann man sagen, daß sie wahr ist in dem Sinne, daß sie eine wesentliche Seite der Romantik hervorhebt, daß sie aber, abhängig davon, wie sie im weiteren interpretiert wird, entweder unvollständig ist oder sich im Kreise bewegt.

Der Enthusiasmus für das katholische Mittelalter ist eine wichtige Tendenz in der romantischen Anschauung, aber nur eine von vielen. Andererseits ist die Verbindung zwischen diesen Tendenzen so eng, daß man beinahe von Identität sprechen kann: sie lassen sich alle von einer übergreifenden Idee ableiten. Man könnte diese Idee als eine Vision eines menschlichen Zustandes der Vollkommenheit umschreiben, eine höhere, oder innere, „ideelle" Wirklichkeit, die in einem von Epoche zu Epoche wechselnden, dialektischen Verhältnis zur äußeren, „realen" Wirklichkeit steht.

In der „aufgeklärten" Welt ihrer eigenen Zeit sahen die Dichter und Theoretiker der Frühromantik keine menschliche Vervollkommnung, keine ideelle Transzendenz. Deshalb flüchteten sie in die Vergangenheit und fanden dort, im Erlebnis der Poesie, Philosophie, Religion und Politik des europäischen Mittelalters, eine „goldene Zeit", eine Vereinigung von Ideal und Wirklichkeit, eine „Zeit, wo alle Künste im Verein blühten und das Leben selbst so schön und poetisch war".[52] In ihren Beschreibungen dieser Epoche wird kein großer Wert auf historische Authentizität gelegt, es handelt sich vielmehr um eine Form der Empathie und um den Versuch, der romantischen Vision in einer subjektiven Deutung Gestalt und Inhalt zu verleihen.

Eine solche rein programmatische Funktion hat der Aufsatz *Die Christenheit oder Europa* von Friedrich von Hardenberg, mit dem Dichternamen Novalis, der romantischste aller Romantiker genannt. Deutlicher als in einer theoretischen Analyse tritt hier, in der Form einer literarisch-utopischen Beschreibung der kulturellen und politischen

[51] Heinrich Heine, *Die romantische Schule*, S. 11.

[52] Friedrich Schlegel, *Geschichte der europäischen Literatur*, S. 183.

In der romantischen Kunstideologie ist die Religion eine wichtige Komponente. Sie ist nicht wie in der Aufklärung gleichbedeutend mit einfacher Vernunftsmoral, sondern wie im frommen katholischen Mittelalter eine „Anschauung von Universum", ein naiv passives „Empfanges des Universums" (Friedrich Schleiermacher). Die Religion ist deshalb auch rein begrifflich untrennbar vom Erlebnis der Natur.
Das Bild: *Waldlandschaft mit betendem Ritterpaar.* Ölgemälde von Karl Friedrich Lessing 1836.

Entwicklung Europas vom Hochmittelalter bis zur Aufklärung, die Botschaft und Mission der romantischen Bewegung hervor.

Das strukturelle Muster seiner Schrift und auch mehrere grundlegende Gedankengänge, wie daß die Geschichte ein organischer Prozeß sei, mit einer Wechselwirkung zwischen Polaritäten, und daß Anarchie eine Voraussetzung für Erneuerung bilde, hat Novalis aus einem Aufsatz von Friedrich Schlegel: *Über das Studium der griechischen Poesie.*

Die vielen Übereinstimmungen zwischen Friedrich Schlegel und Novalis machen die Unterschiede umso interessanter: sie markieren eine Entwicklung in der frühen Romantik. Während der Aufsatz Schlegels die ästhetische Bildung und die Poesie zum Thema hat, stellt Novalis die Religion in den Mittelpunkt seiner Betrachtungen. Auch wenn man bedenkt, daß die Begriffe Poesie und Religion in der Vorstellungswelt der Romantik eine weitere Bedeutung haben als heutzutage und sich teilweise decken – beide entstehen, „wenn eine heilige Seele vom

Novalis (Friedrich von Hardenberg), 1772–1801
Radierung nach einer Zeichnung von Eduard Eichens (1845)

„Novalis war groß, schlank und von edlen Verhältnissen. Er trug sein lichtbraunes Haar in herabfallenden Locken. Der Umriß und der Ausdruck seines Gesichtes kam sehr dem Evangelisten Johannes nahe, wie wir ihn auf der herrlich großen Tafel von A. Dürer sehn. Seine eigentlichen Studien waren seit vielen Jahren Philosophie und Physik gewesen. In der letzten sind seine Wahrnehmungen, Combinationen und Ahndungen oft seiner Zeit vorausgeeilt. In der Philosophie hatte er vorzüglich Spinoza und Fichte studiert, aber er suchte nachher eine eigene Bahn, die Philosophie mit der Religion zu vereinigen. Er hatte nur wenige Dichter gelesen und sich mit der Kritik und den hervorgebrachten Systemen der Dichtkunst nicht beschäftigt. Er verlangte von der Poesie das Nächste, Gemüth und Begeisterung. Jene Erzählungen, die wir in neuern Zeiten Märchen genannt haben, kamen mit ihrer wunderlichen Weise seinen Vorstellungen am meisten entgegen, er sah in ihnen tiefern Sinn und suchte ihn auf die vielseitigste Art in eigenen Dichtungen auszusprechen. Ihm war es zur natürlichsten Ansicht geworden, das Gewöhnlichste, Nächste als ein Wunder, und das Fremde, Übernatürliche als etwas Gewöhnliches zu betrachten, so umgab ihn das alltägliche Leben selbst wie ein wundervolles Märchen, und jene Region, die die meisten Menschen nur als ein Fernes, Unbegreifliches ahnden oder bezweifeln wollen, war ihm wie eine liebe Heimat.“ (Ludwig Tieck)

Universum berührt wird“ (Schleiermacher) –, ist diese Abweichung bedeutungsvoll.

Ein prinzipiell noch wichtigerer Unterschied ist, daß Schlegel das goldene Zeitalter der Poesie in die griechische Kultur verlegt und diese in *einer* Persönlichkeit seiner eigenen Zeit regeneriert sieht, nämlich in Goethe und seiner Poesie, während Novalis sein geistiges und politisches Ideal im katholischen Staat des Mittelalters verwirklicht findet und diesen in Europa wiedergeboren sehen will.

Die europäische Geschichte wird von Novalis als eine dialektische Evolution beschrieben, eine Pendelschwingung zwischen den beiden Polen hell und dunkel, zwischen Verfall und Wiedergeburt. Der Grund für den Untergang des ersten Reiches, des mittelalterlichen Idealstaates, ist der Protestantismus; die Bibelübersetzung Luthers ist der moderne Sündenfall; die Reformation bedeutete den Tod der Christenheit, die Kirche wurde weltlichen Fürsten ausgeliefert, aus der Religion wurde vernünftelnde Philantropie, Bibelglaube und Philologie; die Konsequenz der Aufklärung und der Volksbildung war der Verlust des Sinnes für Poesie und alles Irrationale. Aber der Endpunkt der Aufklärung ist die Revolution, und aus ihrem Chaos wird das „dritte Reich", die *civitas dei* des Augustinus, der Gottesstaat, entstehen. „Wahrhafte Anarchie ist das Zeugungselement der Religion. Aus der Vernichtung alles Positiven hebt sie ihr glorreiches Haupt als neue Weltstifterin empor."

Novalis' Aufsatz ist in stilistischer und kompositorischer Hinsicht ein Meisterwerk in hochgestimmter poetischer Prosa; die Lektüre vermittelt ein ähnliches Erlebnis wie das Hören von Musik, sie erzeugt etwas von der „Ekstase", die Novalis als eine notwendige Sinnesverfassung für den reflektierenden und nicht nur chronistischen Historiker erachtete.

In diesem Erlebnis könnte auch die Erklärung für die gefährliche Wirkung des Aufsatzes liegen – gefährlich deshalb, weil die Schrift leicht als Manifest für eine irrationale politische Anschauung und nicht nur für eine Kunstideologie gehalten werden kann: „Wie unschuldig das Märchen gemeint sein mochte [...]: es war ihm gerade genug von dem verführerischen Schein historischer Wahrheit beigemischt, es war so geistvoll ersonnen und so hinreißend, so enthusiastisch vorgetragen, daß es für minder klare und nüchterne Köpfe nothwendig gefährlich werden mußte".[53] Verführerisch ist nicht zuletzt der nationalistische Unterton: Novalis' Vision ist eine europäische Staatengemeinschaft unter einem absolutistischen theokratischen Regime, eine Antithese zur Französischen Revolution, und die Erwartung, daß das geistige Erwachen und die Veränderung von Deutschland ausgehen und daß Deutschland die Führung übernehmen soll:

> Deutschland geht einen langsamen aber sichern Gang vor den übrigen europäischen Ländern voraus. Während diese durch Krieg, Spekulation und Parthey-Geist beschäftigt sind, bildet sich der Deutsche mit allem Fleiß zum Genossen einer höhern Epoche der Cultur, und dieser Vorschritt muß ihm ein großes Uebergewicht über die Anderen im Lauf der Zeit geben.

---

[53] Rudolf Haym, *Die romantische Schule*, S. 466. H. A. Korff, *Geist der Goethezeit*, III, S. 328, bezeichnet Novalis' Aufsatz als „die Urzelle der romantischen Geschichtsauffassung, aber noch mehr die Urzelle der romantischen Politik".

Daß der nationalistische Unterton in Novalis' Aufsatz nicht politischer, sondern geistiger Natur ist, macht es nicht weniger angelegen, ihm in einem historisch-politischen Zusammenhang Beachtung zu schenken: es findet sich hier einer von mehreren Ausgangspunkten in der romantischen Weltanschauung für die Entwicklung der deutschen Politik in irrationalistischer Richtung.

Eine ähnlich national-historische Perspektive in Kunst und Literatur ist auch der Ansatzpunkt für die Brüder Friedrich und August Wilhelm Schlegel.

Im *Gespräch über die Poesie* ermahnt Friedrich die Dichter, zu den Quellen der eigenen Sprache und Dichtung zurückzufinden und „die alte Kraft, den hohen Geist wieder frei zu machen, der noch in den Urkunden der vaterländischen Vorzeit vom Lied der Nibelungen bis zum Fleming und Weckherlin bis jetzt verkannt schlummert".[54] Im Aufsatz *Reise nach Frankreich* blickt er sehnsuchtsvoll zurück auf eine vergangene deutsche poetische und politische Blütezeit; eine Reihe von romantischen Vorstellungen und Schlüsselbegriffen werden hier in einer lyrischen Betrachtung über das Mittelalter miteinander verbunden:

> Die Reise von da [Weimar] bis Frankfurt führt durch größtenteils angenehme und mannigfaltige, ja sogar schöne Gegenden, aber keine derselben kommt dem Eindrucke gleich, welchen die *Wartburg zu Eisenach* mir gegeben hat. Schöneres hab' ich in Deutschland nichts gesehen, als diese Burg auf einem einzelnen, ehedem ganz waldumkränzten Berge, rundum von Felsen und Tälern und Hügeln umschlossen. Der Anblick des Abends ward noch durch ein heraufsteigendes Gewitter verschönt, vielleicht auch durch den Ruhm des Namens und durch die Erinnerung an die Zeiten, da die Poesie hier in voller Blüte stand, und durch ganz Deutschland das allgemeine Element des Lebens, der Liebe und der Freude war. Nur der *Rhein* hat noch einen gleichen Eindruck auf mich machen können. [...] Wenn man solche Gegenstände sieht, so kann man nicht umhin, sich zu erinnern, was die Deutschen ehedem waren, da der Mann noch ein Vaterland hatte. Man fühlt es recht und glaubt zu verstehen, beim Anblick solcher Felsenschlösser, wie die Wartburg, warum die Alten auf den Höhen des Landes in ihren Burgen lebten und welche Lebensfreude damit verbunden war. Seitdem nun die Menschen herabgezogen sind zueinander und sich alles um die Landstraßen versammelt hat, gierig nach fremden Sitten wie nach fremdem Gelde, stehen die Höhen und Burgen verlassen und die Kunst scheint verloren, dieses herrliche Land auf die edelste und angemessenste Art zu bewohnen und zu beherrschen.

[54] Friedrich Schlegel, *Gespräch über die Poesie*, S. 491.

Auf Berges Höhen / Da wohnten die Alten, / Die Alten, die Ritter des herrlichen Landes! / In Eisen gewaffnet / Aus steinernen Burgen, / So schauten sie mutig zu Tale hernieder, / Wo rund die Wälder allgrüne, / In Sonne und Nebel gekleidet, / Aus tausend Röhren Erfrischung duften, / In ewgem Sturme Lieder rauschen, / Fernher / Wie aus hohen Nordens dunkelm Geheimnis.

Voll von Gedanken und selig / Stehet der Mann / Im glühenden Sommer am Gitter, / Schauet verfolgend / Die schwindenden Züge, / Nichtiger Wolken, / Riesengebilde und Rätsel; / Dazwischen den fröhlichen Schwarm des Geflügels, / Und lächelt in Freuden. / Wie breit und langsam / Der Strom sich windet, / Bald schwarz, bald silbern / Durch grünende Anger, / Die lustigen Dörfer zur Seite, / Und zierliche Städte, / Mit schlanken Türmen und Glockenspiele; / Langsam dann im Tal gezogen / Auf allen Straßen und Wegen / Orientes Reichtum in vollem Triumphe, / Wagen und Männer, / Elephanten und Mohren, / Blühende Stein' und farbige Früchte, / Indiens goldenster Segen.

Wenn der Frühling grünet, / So schweift er im Walde; / Bald im Schwarm der Gefährten, / Bald vertieft er sich einsam, / Wo kein Tritt mehr tönt, / Wo das Reh nicht mehr flieht, / Das bedeutend ihn anschaut / Aus sittsam verständigen Augen. / Wohl bemerkt er das Zeichen, / Denn himmlisch naht ihm / Aus Waldesgrüne / Die hohe Frau seines Herzens, / Die schweigend redet, / Statt nichtiger Worte / Volle Blumen ihm reichend / Zum Bunde der Treue. / Und beide vom Dufte bezaubert, / Im Schatten der Linde versunken, / Schauen in selige Augen, / Ruhen dem Frühling im Schoße. / Freudig umarmt den Helden die Tugend, / Und inmitten der Freuden / Gürtet sie ihn mit gewaltigem Schwerte, / Alle Laster zu tilgen. / Mutig nimmt er die Waffen, / Froh der Freuden kehrt er am Abend / Zu seinem Felsen wieder, / Wo die Freunde zusammen / Deutscher Freuden sich freuen. / Wenn aber die braune Erde erstarrt ist, / Die Flüsse leuchten wie Eisen, / In weißem Lande die Wälder schimmern; Dann horchen bei fröhlichem Feuer / Sie alten Geschichten, / Wie Zwerge künstlich in Höhlen leben, / Sehen im Geiste / Dort unten die dunkelste Tiefe / Von Lichtern durchschienen, / Voll Schätze und Märchen.

So lebten die Ritter, die Alten, / Die Männer des herrlichen Landes! / Und schieden sie endlich, / So nahm sie Michael freundlich / In starkem Arme, / Von leuchtendem Eisen umkleidet, / Und trug sie gen Himmel / Zu Christus und Karl dem Großen. / Voll Andacht kniete der Ritter / Und neigte das Haupt, / Ganz brünstig zu schauen / Den himmlischen Purpur der Liebe, / Das Blut der ewigen Hoffnung, / Bis segnend die Hand des Heilands ihn rührte. / Kräftig ermannt er sich dann, / Und tritt voll Ehre zu dem alten Karl, / Daß der Greis ihm die Hände schüttelt, / Und Roland und Reinald gebietet, / Ihm volle Becher des Trostes zu reichen.

> Diese Poesie ist nun verschwunden und auch die Tugend, die mit derselben verschwistert war. Statt des *furor tedesco*, dessen in den italienischen Dichtern so oft erwähnt wird, ist nun die Geduld unsre erste Nationaltugend geworden und nebst dieser die Demut zum Gegensatz jener ehedem herrschenden Gesinnung, wegen welcher noch zur Zeit Karls des Fünften ein Spanier, der mit ihm dieses Land durchreiste, die Deutschen *los fieros Alemanes* nennt.
>
> Aber was uns betrifft, so wollen wir festhalten an dem Bilde oder vielmehr an der Wahrheit jener großen Zeiten, und uns nicht verwirren lassen durch die gegenwärtige Armseligkeit, unter welcher dieses große Volk nicht weniger erliegt, wie andre minder bedeutende. Vielleicht wird der schlummernde Löwe noch einmal erwachen und vielleicht wird, wenn wir es auch nicht mehr erleben sollten, die künftige Weltgeschichte noch voll sein von den Taten der Deutschen.[55]

August Wilhelm Schlegel bezeichnet in seinen Berliner Vorlesungen 1803–04 zwar die „romantische Poesie", womit er die des Mittelalters meint, als zu echter Kunst vollendete, nicht nur national und zeitlich begrenzte, sondern universale und unvergängliche Poesie,[56] und er betont, daß es gelte, die verschiedenen Nationalitäten zu vereinen, sich in alle zu versetzen und auf diese Weise einen kosmopolitischen Mittelpunkt für den menschlichen Geist zu schaffen,[57] aber er hebt im gleichen Atemzuge hervor, daß dieser Mittelpunkt in der deutschen Nation liege; Deutschland sei „das Mutterland" Europas: wenn der Orient die Region sei, von der die Regeneration des Menschengeschlechts ausgegangen sei, so sei Deutschland der Orient Europas; hier sei oft der Same zur Umgestaltung der Welt gesät worden.[58] Analog zu Novalis betont Schlegel auch, daß die zukünftige Poesie die gleiche „tiefe Wahrheit" und „hohe Gesinnung" haben müsse wie die Dichtungen, die „wir als die ursprünglichsten, als das älteste Denkmal deutscher Art betrachten müssen",[59] und dieser Aspekt ist es, unter dem er das *Nibelungenlied* präsentiert und interpretiert.

Einige Jahre später, während der französischen Besetzung und der Befreiungskriege, wird es ein offen zugestandener Zweck, die nationale Dichtung der Frühzeit, in erster Linie das alte Heldenepos, die „germanische Ilias", zur politischen Propaganda zu benutzen. 1807 deklariert August Wilhelm Schlegel, daß er als Autor fortan ein einziges Ziel habe, nämlich den Deutschen im Spiegel der Vorzeit das Bild ihres alten Ru-

---

55 Friedrich Schlegel, *Reise nach Frankreich,* S. 57–61.

56 August Wilhelm Schlegel, *Vorlesungen über schöne Literatur und Kunst*, III, S. 7.

57 August Wilhelm Schlegel, a. a. O., III, S. 33.

58 August Wilhelm Schlegel, a. a. O., III, S. 34f.

59 August Wilhelm Schlegel, a. a. O., III, S. 86.

fes, ihrer ehemaligen Würde und Freiheit vorzuhalten, und jeden schlummernden Funken von Nationalbewußtsein zu schüren.[60]

Damit ist die ungebrochene, bis in unsere Zeit währende politisch-propagandistische Deutungstradition des *Nibelungenlieds* eingeleitet. Wir kommen später darauf zurück.

---

[60] In einem Brief an Luise von Voss; vgl. Josef Körner, *August Wilhelm Schlegels Nibelungenstudien*, S. 81.

9

Romantische Kunstideologie und Npostheorie

Die Interpretation des *Nibelungenlieds* durch die Romantiker als vaterländische Urkunde, Denkmal einer geschwundenen deutsch-germanischen Heldenzeit, prägt künftig die Rezeption des Werkes in Deutschland. Typisch romantisch ist dagegen die Deutung des Epos als symbolische Gestaltung zeitloser Ideen, menschlicher Urerlebnisse und der „deutschen Volksseele“ in ihrer organisch-historischen Entwicklung.

Das Verhältnis der Romantik zur „aufgeklärten“ Kulturideologie, die sie mit der Zeit ablöst, stützt die These vom dialektischen Widerspruch: die Kunst- und Literaturauffassung der Romantik hat ihren Ursprung in der Aufklärung, steht deren Ideen jedoch diametral entgegen.

Es ist der erkenntnistheoretische Idealismus Immanuel Kants – seine Beweisführung, daß die Welt nur eine Welt der Phänomene ist, geprägt von unseren Sinnen und nicht umgekehrt, daß Zeit und Raum keine absolute Gültigkeit besitzen, sondern nur Anschauungsformen der Menschen sind, die, teilweise über Fichte, dem spekulativen Idealismus und der symbolischen Kunstauffassung der Romantik den Weg bereiten. Aber die Romantiker sind der Meinung, daß Kant nicht die notwendigen Schlüsse aus seinen Thesen zieht; er bleibt, sagt August Wilhelm Schlegel, mit seinem transzendentalen Idealismus auf halbem Wege stehen.[61] Die Einsichtskritik nimmt dem Glauben an eine vernünftige Weltordnung und Entwicklung jede Grundlage. Der Welt der Sinne kann keine objektive Wahrheit mehr zugesprochen werden. Unsere Wirklichkeit ist nach Schelling keine absolute, sondern ein „Akzidens“, eine zufällige Form, die sich nur durch die Zeit von anderen möglichen Wirklichkeiten – „Welten“ – unterscheidet.[62]

Mit der veränderten Auffassung von der Verbindlichkeit der Wirklichkeit hängt eine nicht weniger radikale Umwertung von Bedeutung und Zweck in der Kunst und Dichtung zusammen.

In der Poetik der Aufklärung war das „Schöne“ an Geschmacksregeln gebunden, und die Erlebniskriterien wurden als Einsichtskriterien definiert; es wurden im Prinzip die gleichen Anforderungen an die freien Künste gestellt wie an die exakten Wissenschaften, nämlich die nach Faktizität und funktionaler Präzision. Kant liefert zwar den Beweis, daß

[61] August Wilhelm Schlegel, *Vorlesungen über schöne Literatur und Kunst*, I, S. 89.
[62] F. W. J. Schelling, *Philosophie der Kunst*, S. 39.

das eine Irrlehre ist, daß das Schönheitserlebnis durch ein Kunstwerk nicht darin besteht, daß ein Künstler Regeln und Vorschriften befolgt, sondern im individuellen Erlebnis des Betrachters – „in der Reflexion des Subjekts über seinen eigenen Zustand: der Lust oder Unlust“[63] –, aber auch er geht aus von einer Form (oder einem Schein, einer Vorstellung) von Zweckmäßigkeit beim Objekt, dem Kunstwerk, die dem ästhetischen Urteil zugrunde liege. Die Schönheit der Natur, das Wohlbehagen, das wir bei ihrer Betrachtung empfinden, beruht laut Kant darauf, daß wir eine innere Ordnung zu sehen meinen, ein allgemeines Prinzip hinter den unendlich wechselnden Erscheinungsformen der Natur. Nicht die Natur als solche, sondern das Erlebnis einer Einsicht in ihr Wesen schenkt uns ein Lustgefühl. Auch wenn die Einsicht nur in unserer subjektiven Vorstellung existiert und nicht wirklich vom Objekt veranlaßt wird, ist sie trotzdem notwendig und zweckmäßig, weil sie unser Bedürfnis nach Rationalität befriedigt. Wenn nun ein Anschauungsobjekt ein Lustgefühl in uns erweckt, indem wir seiner Form gewahr werden, so müssen wir, so Kant, daraus den Schluß ziehen, daß die „Schönheit“ des Gegenstandes darauf beruht, daß unsere „ästhetische Vorstellung“ davon zweckmäßig ist für unser intellektuelles Wahrnehmungsvermögen.[64]

Gegen diesen rationalistisch trivialen Schluß wenden sich die Romantiker. Sie sehen kein Kausalverhältnis, ja überhaupt keine Verbindung zwischen Schönheit und Zweckmäßigkeit in der Natur, auch nicht in der Bedeutung, die Kant diesem Begriff beimißt. August Wilhelm Schlegel macht darauf aufmerksam, daß die Natur sehr wohl auf eine für unsere Einsicht und Wahrnehmung günstige Weise beschaffen sein kann, ohne uns deshalb als schön zu erscheinen; wir können überhaupt von der Natur keine Schönheit erwarten: wenn man von der Natur ausgeht, wirkt die Existenz des Schönen nur zufällig; es ist die menschliche Kunst, die die Schönheit der Natur zu einer Notwendigkeit macht; die künstlerische Veranlagung des Menschen treibt ihn dazu, Schönheit in der Natur zu suchen und zu finden.[65]

Die Schönheit ist die höchste Potenz der Kunst. Als solche fällt sie laut der Kunstdoktrin der Romantik mit dem Wahren zusammen, das jedoch, wohlgemerkt, nicht zu verstehen ist als Einsicht in die empirische Welt, die nämlich nur eine Scheinwelt, „im wahrsten Sinne Nicht-Wirklichkeit“[66] ist, sondern als transzendentale Wahrheit, das absolut Mögliche, die unendliche Wirklichkeit.

---

[63] Immanuel Kant, *Kritik der Urteilskraft,* S. 379.
[64] Immanuel Kant, a. a. O., S. 260–267.
[65] August Wilhelm Schlegel, a. a. O., I, S. 88f.
[66] F. W. J. Schelling, *Werke*, III, S. 39.

Die Gemälde von Caspar David Friedrich (1774–1880) können als Ausdruck für die grenzüberschreitende romantische Anschauung interpretiert werden. Der Künstler bezweckt keine getreue Abbildung der Natur, sondern die Vermittlung eines Sinneseindrucks, ein Erlebnis der Unendlichkeit. Auf dem Bild *Zwei Männer den Mond betrachtend* (um 1819) wenden die beiden männlichen Gestalten im Vordergrund dem Bildbetrachter den Rücken zu, sie sind wie er Betrachter, ihr Erlebnis wird damit auch seines. Die Aufmerksamkeit ist auf den fernen Mond gerichtet, das Symbol für die geheimnisvolle, magische Natur: der Mond scheint in einer Wolke wider, das Wirkliche verflüchtigt sich und übrig bleibt das Zeichen – was ist „wirklich", was „unwirklich"?

Schönheit existiert also in der Natur, wo die Natur das Unendliche widerspiegelt. Dieser transzendentalen Wahrheit Ausdruck zu verleihen ist für die Romantiker Aufgabe und Inhalt der Kunst; zu „romantisieren" bedeutet, das Gewöhnliche und Wohlbekannte „qualitativ zu potenzieren", zu sublimieren und dem „Endlichen einen unendlichen Sinn" zu geben.[67] Der geniale Dichter bildet die Natur in ihren wechselhaften Formen nicht ab, sondern er *schafft* analog zur Natur. Dabei steht er, sagt Schelling, unter dem Einfluß einer Macht, die ihn zwingt, Dinge auszusprechen oder darzustellen, die er nicht völlig durchschaut,

[67] Novalis, hier zitiert nach Paul Kluckhohn, *Das Ideengut der Romantik*, S. 185.

und deren Bedeutung unendlich ist; „der Grundcharakter des Kunstwerks ist also eine bewußtlose Unendlichkeit".[68]

Das Endliche kann nur dann mit dem Unendlichen verbunden werden, wenn es als Symbol gedeutet wird; deshalb muß alle Kunst symbolischen Charakter haben. Laut Schelling erfüllt das durch die Zeiten überlieferte Volksepos, dessen Grundlage der Mythos ist, diese Forderung eher als das Werk individueller Dichter. Der Mythos ist absolute Poesie, der Gegensatz zwischen dem Endlichen und dem Unendlichen, zwischen Form und Wesen, ist hier aufgehoben, die Symbolik bedeutet Identität.[69] Der Mythos ist die erste Anschauung des Universums, eine Gestaltung der ewigen Ideen in Urbildern.[70] Die ältesten Mythen eines Volkes enthalten auch eine prognostische Wahrheit, indem sie „wie durch prophetische Antezipation auch künftigen Verhältnissen und den menschlichen Entwicklungen der Zeit zum Voraus angemessen oder adäquat" sind.[71]

In einer zeitgebundenen Entwicklung verliert sich nach Schellings Meinung der ursprünglich mythisch-poetische Stoff in einem historischen. In den ältesten überlieferten indischen, persischen, griechischen und germanischen Heldenepen ist die Schilderung wunderbarer und großartiger Ereignisse aus der „heroischen" Zeit mit dem mythischen Urstoff vermischt worden und läßt keine Unterscheidung mehr zu: „Wie in diesen Epen die Natur in einem zarten Schimmer, so wirken auch sie wie durch einen Nebel, durch den hindurch wir eine ferne Urwelt und einzelne hohe Gestalten ahnen können, die sich vor einem dunklen Hintergrund bewegen".[72] Werke dieser Art, schreibt Wilhelm Grimm, können in späteren Zeiten nicht mehr entstehen:

> Wunderbare Werke ungenannter Dichter, erfüllt von reiner Poesie, tiefsinnig und unausmeßbar, bewahren sie das Bild eines jugendli-

---

[68] F. W. J. Schelling, a. a. O., II, S. 291ff. (In der romantischen Sprachtheorie, so wie sie von Wilhelm von Humboldt dargestellt wird, bildet die Sprache jene Macht: die Sprache ist eine formende und lenkende Kraft und vermittelt nicht nur zwischen Individuen, sondern auch zwischen der endlichen und der unendlichen Natur.)

[69] F. W. J. Schelling, a. a. O., III, S. 291ff. und S. 53f.

[70] F. W. J. Schelling, a. a. O., III, S. 64. – Die romantische Mythentheorie sollte nicht als leere Phantastereien abgetan werden. Hier wie in anderen Fällen haben die intuitiven Spekulationen der Romantik nicht nur dadurch die spätere wissenschaftliche Entwicklung befruchtet, daß sie Impulse gegeben haben, sondern sie sind auch in gewisser Weise von der Entwicklung bestätigt worden. Die Thesen von den mythischen Motiven als symbolischen Manifestationen menschlicher Urerlebnisse nehmen die Theorie von einem „kollektiven Unbewußten" der modernen Tiefenpsychologie voraus, einer allen Menschen gemeinsamen psychologischen Grundlage, die symbolische Vorstellungen, „Archetypen", „geschaffen aus dem Urstoff der Offenbarung" (C. G. Jung), beinhalten, die in Mythen, Sagen und Fabeln, in Träumen und Dichtung Gestalt annehmen.

[71] F. W. J. Schelling, a. a. O., III, S. 61.

[72] F. W. J. Schelling, a. a. O., III, S. 61.

Friedrich Wilhelm Schelling, 1775–1884, dessen „Naturphilosophie“ auf eine entscheidende Weise dem romantischen Mystizismus den Weg bahnt.

> chen, in unverletzter Sitte kraftvoll blühenden Lebens. Sie verkünden zugleich den Untergang dieser Herrlichkeit und es scheint nicht, als ob spätere, wenn auch in anderer Hinsicht begabte Zeiten, in welchen jener einfache Zustand und das Gefühl frischer Jugend verschwunden ist, fähig seyen, Werke dieser Art hervorzubringen.[73]

Die weitere Entwicklung wird von einer wachsenden Historisierung und Profanisierung des Epos gekennzeichnet, das Mythische wird zurückgedrängt und verliert immer mehr an symbolischer Bedeutung für die Menschen, bis es schließlich nur noch als poetische Verzierung empfunden wird; oder um es mit einer Metapher von Jacob Grimm zu sagen: im Strom des Epos durch die Zeiten sinkt das Mythische allmählich auf den Grund und die Poesie fließt statt dessen mit der Geschichte zusammen.[74] Das Epos ist jedoch auch weiterhin der Träger einer symbolischen Wahrheit: Wie alle Dichtung, die in und mit dem Volke lebt, spiegelt das Epos das Volk in seinem inneren und äußeren Leben, in seinen Vorstellungen und Träumen, in seiner Weisheit; im volkshaften, poetisch-historischen Epos offenbart sich die Seele des Volkes.[75]

---

[73] Wilhelm Grimm, *Die deutsche Heldensage*, S. 383.
[74] Jacob Grimm, *Gedanken: wie sich die Sagen zur Poesie und Geschichte verhalten*, S. 40f.
[75] So Ludwig Tieck im Vorwort der *Minnelieder aus dem schwäbischen Zeitalter*.

Das Volksepos ist also in der Anschauung der Romantik weder rein mythisch noch rein historisch. Seine Bilder sind nicht wahr im Hinblick auf die historisch-faktische Wahrheit, auch nicht, was ihren prognostischen Wahrheitswert betrifft, wie laut Schelling die mythischen Urbilder es sind. Dieser spätere Standpunkt – am deutlichsten vertreten von Jacob Grimm – muß hervorgehoben werden, weil er der Interpretation des Mythos durch die Nationalsozialisten diametral entgegengesetzt ist, denn dort raubt die Symbolik dem Menschen die individuelle Wahrheit.

> Nach meiner meinung wird es feststehen, daß das epos, ja jeder rechte mensch einen doppelten theil an sich trage, einen göttlichen und menschlichen. Jener hebt die poesie über die bloße geschichte (in der oft alle lust niedergebrannt ist und nur kahle mauern stehen), dieser nähert es letzter wieder, indem er sie nie ohne historischen hintergrund läßt, und ihr einen frischen erdgeruch verleihet, der nichts eingebildetes, sondern etwas wahrhaftes ist. [...] Dieses verhältnis des mythus zur geschichte ist mit anderen worten das des schicksals zu der freiheit. Wer nun das menschliche im epos läugnet, der würde alles auf eine lastende nothwendigkeit zurückführen, da doch vielmehr das nothwendige und freie durch ein ebenfalls unauszugründendes wunder in unserm leben, wie himmlische und irdische wahrheit in derjenigen, welche ich die epische genannt habe, unabtrennlich gebunden sind, sich beide untereinander erquicken und tränken.[76]

[76] Jacob Grimm, *Gedanken über Mythos, Epos und Geschichte,* S. 84f.

10

Produktive Rezeption

Es ist ein Paradox, daß der Enthusiasmus der Romantiker für das *Nibelungenlied* eigentlich gar nicht dem *Nibelungenlied* selbst gilt. Nicht das österreichische Ritterepos an sich ist von Interesse, sondern das, wofür diese Dichtung ein letztes Zeugnis ist.

Die Nibelungenforscher der Romantik machen keinen prinzipiellen Unterschied zwischen der uralten Nibelungensage und dem *Nibelungenlied* des Mittelalters. Das Epos ist für sie mit Selbstverständlichkeit ein Ganzes, ein Organismus, der im Strom der Zeit lebt. Sie sehen das *Nibelungenlied* als dessen letzte Manifestation, als das letzte Glied einer langen Entwicklung. Der Wert des Werkes wird gemessen am Grad seiner Treue gegenüber der alten Sage, er liegt also vor allem in der Dokumentationskraft, nicht so sehr in der eventuellen selbständigen Tendenz. Das *Nibelungenlied* spiegelt, heißt es, etwas von dem poetischen Glanz des ursprünglichen Epos wider, es trägt aber auch deutliche Merkmale eines Verfallsprodukts. Das Epos ist aus seiner Bahn geschleudert und vulgarisiert worden, mit dem mythischen Grundelement ist die sublime Poesie verschwunden, und was bleibt, ist ein psychologisch motiviertes Intrigenspiel.

August Wilhelm Schlegel meint eigentlich auch nicht den überlieferten mittelhochdeutschen Text, wenn er das *Nibelungenlied* als ein „Wunderwerk der Natur", vergleichbar mit dem homerischen Epos, bezeichnet, sondern die „Idee", die das Werk vermittelt, „die Idee einer Dichtung, noch umstrahlt vom Zauberglanz des Wunderbaren".[77] Gegen den erhaltenen, tradierten Text hat Schlegel gewisse Einwände: um „poetisch genießbar" zu werden, müsse er sprachlich „erneuert" und „dem alten epischen Stil" angepaßt werden, was sich Schlegels Meinung nach auch sehr gut machen ließe, da die Form, in welcher das Werk vorliege, ohnehin nicht die ursprüngliche sei.[78]

Der Mangel an Respekt vor der Form des literarischen tradierten Textes, den August Wilhelm Schlegel mit seiner Aufforderung, das *Nibelungenlied* zu modernisieren, ausdrückt, ist ein Charakteristikum der älteren romantischen Schule und zieht eine klare Trennungslinie zu einer jüngeren Richtung in der Romantik, vertreten vor allem von Jacob

[77] August Wilhelm Schlegel, *Vorlesungen über schöne Literatur und Kunst,* II, S. 222.
[78] August Wilhelm Schlegel, a. a. O., S. 222.

Grimm. In diesem antithetischen Gegensatz kann man, etwas vereinfacht, den Ausgangspunkt einer Spaltung der deutschen Nibelungenrezeption in zwei unterschiedliche Kategorien sehen, eine literarisch produktive und eine wissenschaftlich-philologische.

Für den Sammler Jacob Grimm sind die überlieferten literarischen Texte aus dem Mittelalter fast sakrosankt. In der Literaturtheorie der Frühromantik dagegen ist die Freiheit, den literarischen Text umzuformen und zu entwickeln, ein festes Prinzip – nota bene: für den genialen Poeten, nicht für den Durchschnittsmenschen. Man unterscheidet zwischen Poesie einerseits und Text als Form der Poesie andererseits. Die Poesie an sich ist universal, zeitlos und essentiell immer die gleiche:

> Denn es gibt doch nur Eine Poesie, die in sich selbst von den frühesten Zeiten bis in die fernste Zukunft, mit den Werken, die wir besitzen, und mit den verlorenen, die unsere Phantasie ergänzen möchte, so wie mit den künftigen, welche sie ahnden will, nur ein unzertrennliches Ganze ausmacht.[79]

Daß die Poesie unendlich ist, bedeutet auch, daß sie progressiv ist, daß sie ständig fortschreitet; daraus folgt, daß ihre Formen fragmentarisch, zufällig und wechselhaft sein müssen. Es gibt einen kausalen Zusammenhang zwischen dem „Streben nach unendlicher Realität" und der Forderung nach „Auflösung der vollendeten Form" (Friedrich Schlegel). Die Dichtung ist offen und unvollendet und man darf sich nie mit ihr zufrieden geben.

In Übereinstimmung mit diesem Prinzip ist in Ludwig Tiecks berühmter Edition der *Minnelieder aus dem schwäbischen Zeitalter* (aus dem Jahre 1803; betrachtet als ein Grundstein in der germanistischen Wissenschaftsgeschichte) die Treue zum tradierten Text dem Streben untergeordnet, einen hohen Grad an Lesbarkeit und ein Leserengagement zu erreichen. Tieck „modernisiert" den Text der Handschrift, indem er Passagen und Sprachformen wegläßt, die er für schwerverständlich für den Leser hält, und führt Zeichensetzung, Strophen- und Versgliederungen ein. Sein Wunsch ist, daß Text und Leser einander auf halbem Wege entgegenkommen, die Horizonte der alten und der neuen Zeit sollen in einem einzigartigen Leseerlebnis miteinander verschmelzen: „So erklärt und ergänzt die alte Zeit die neue und umgekehrt. Wenn es uns vielleicht unmöglich fällt, die alte Poesie ganz auf ihre eigentümliche Art zu verstehen und zu fühlen, so macht wieder die Entfernung

---

[79] Ludwig Tieck, im Vorwort zu den *Minneliedern aus dem schwäbischen Zeitalter.* Vgl. auch F. W. J. Schelling, *Werke*, III, S. 296: Die Poesie an sich muß gleichsam außerhalb der Zeit sein, unberührt von der Zeit, sie muß deshalb alle Zeit, „alles Sukzessive", in den Gegenstand legen und selbst „über dem Strom des Sukzessiven schweben", ohne von ihm berührt zu werden.

Minnelieder
aus
dem Schwäbischen Zeitalter
neu bearbeitet und herausgegeben
von
Ludwig Tieck.
mit Kupfern
Berlin 1803.
In der Realschulbuchhandlung.

Titelseite der ersten Auflage von Ludwig Tiecks *Minneliedern.*

Mit dieser Ausgabe mittelalterlicher deutscher Minnelyrik bahnt Tieck „den ersten einladenden Pfad durch die romantische Wildnis, durch den grünen, rauschenden Wald der älteren deutschen Poesie“ (H. A. Korff); Tiecks *Minnelieder* sind laut Korff ein Gegenstück zu Novalis Europa-Aufsatz: für Novalis ist das Mittelalter die gelobte Zeit der Religion, für Tieck die der Poesie.

ein innigeres Verständnis möglich, als es die Zeitgenossen selbst fassen konnten.“[80]

Als Tieck (im obigen Zitat) von der Poesie spricht, die verlorengegangen ist, aber mit Hilfe der Phantasie ersetzt werden kann, ist es sehr gut möglich, daß er auch an eigene Pläne einer Neudichtung des Nibelungenepos denkt. In einem Brief an einen Verleger aus dem Jahre 1802 legt er diese seine Absicht dar:

---

[80] Ludwig Tieck, a. a. O., Einleitung; vgl. Hans-Georg Gadamer, oben S. 13f.

[81] Ludwig Tieck an Friedrich Frommann; zitiert nach *Dichter über ihre Dichtungen*, II, S. 276f.

> Ich habe mich in diesem Jahr sehr fleißig mit dem Studium der alten deutschen Literatur beschäftigt und sehe ein, daß, wenn man einige der Hauptwerke erneuern u. erwecken wollte, man dadurch der ganzen neuern Poesie ein Fundament geben könnte. Keins von diesen Werken hat einen so alten u. großen Charakter als das *Lied der Nibelungen*, welches ich sehr studiert habe, auch vieles andere dazu gelesen, u. zu diesem Behufe auch jetzt Dänisch, Schwedisch u. Isländisch lerne: aus diesem Gedicht, wenn man die Nordische Mythologie daran knüpft, kann vielleicht eine Art von Ilias und Odyssee werden, u. ich fühle eine wahre Begeisterung, diese neue Bearbeitung u. Umdichtung über mich zu nehmen, ich bin auch überzeugt, daß jetzt kein anderer es so machen kann, als ich, weil nicht leicht jemand die Studien dazu gemacht hat.[81]

Leider wurde die „Restauration" des vollständigen Nibelungenepos, eine Verschmelzung der Erzählungen des *Nibelungenlieds*, der *Edda* und der *Völsungasaga* in Form eines „Volksbuches", die Tieck plante, der er mehrere Jahre an Studien und Vorbereitungen widmete und für die er auch die künstlerischen Voraussetzungen hatte, niemals in die Tat umgesetzt. Die Lust an der Vollendung des Vorhabens wurde ihm durch Friedrich von der Hagens *Nibelungenlied*-Übertragung von 1807 genommen: der Stoff büßte durch diese Übertragung an Neuigkeitswert und Frische für das Publikum ein, von Tieck als Grundvoraussetzung für einen Erfolg betrachtet.[82]

Das Volksbuch, wenn es zustande gekommen wäre, wäre höchstwahrscheinlich ein Zwischending zwischen Übersetzung, poetischer Bearbeitung und kongenialer Neudichtung geworden.Tiecks Dichterkollege Baron Friedrich de la Motte-Fouqué wählt in der Trilogie *Der Held des Nordens,* deren erster Teil, *Sigurd der Schlangentödter*, 1808, die beiden anderen, *Sigurds Rache* resp. *Aslauga,* 1810 vorlagen, ein anderes Modell, um das alte Nibelungenepos bekannt und zugänglich zu machen. Zusammen mit von der Hagens Übertragung leitet dieses Werk die lange Reihe deutscher Nibelungenübersetzungen und -umdichtungen ein.[83] Wahrscheinlich von August Wilhelm Schlegel dazu angeregt, entscheidet sich Fouqué dazu, sich inhaltlich sehr eng an die nordische Sagentradition, wie diese in der *Völsungasaga* vorliegt, anzulehnen,

---

[82] Als einen Nachklang von Tiecks Nibelungenstudien kann man wohl seine Novelle *Runenberg* auffassen, eine mythische Sage von der Zauberkraft und dem Fluch des Goldes: das Gold, das der Mensch aus der Tiefe des Berges hervorholt, berauscht seine Sinne, macht ihn Morgenrot und Abendrot, den Wald und den Vogelgesang vergessen, es macht ihn zu seinem Sklaven und stürzt ihn ins Verderben.

[83] Bis 1983 96 Übersetzungen und 147 Umarbeitungen als Drama oder Roman, vier Opernlibretti, eine Operette, und dazu eine sehr große Anzahl Balladen und Gedichte mit einzelnen Helden oder Szenen des Epos als Gegenstand (die Zahlenangaben nach Siegfried Grosse, *Zur Rezeption des Nibelungenliedes im 19. Jahrhundert*, S. 315f.

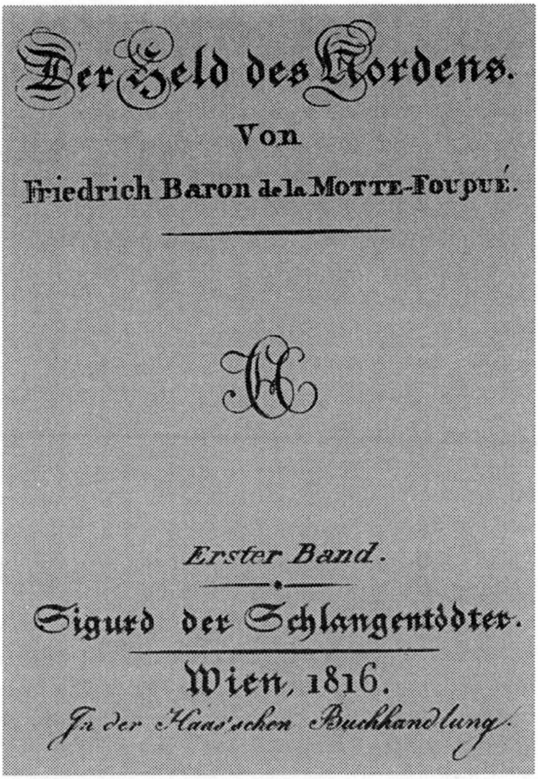
Der Held des Nordens.

Von

Friedrich Baron de la Motte-Fouqué.

Erster Band.

Sigurd der Schlangentödter.

Wien, 1816.

In der Haas'schen Buchhandlung.

Titelseite des ersten Teils der Umdichtung der Nibelungensage von Friedrich de la Motte-Fouqué

während jedoch die Form ganz seine eigene ist: Blankverse, unterbrochen von lyrischen Partien, alliterierenden Gedichten und ‚Edda-Strophen', in variierenden Versmaßen. Zum Ehrgeiz, auf diese Weise die alte germanische Poesie neu zu beleben, gesellt sich auch, typisch für seine Zeit, eine (im Vorwort offen dargelegte) politische Absicht: die germanischen Helden sollen als Vorbilder für ihre späten Nachkommen betrachtet werden. Sigurd und seine Freunde waren Männer von großer Handlungskraft; eine „verwandte Regung", ein „Sehnen nach der Tat", will Fouqué in einer schweren Zeit seinen Landsleuten einflößen. Er widmet sein Werk Fichte, dessen *Reden an die deutsche Nation* kurz zuvor (1808) erschienen waren.

Fouqués Lesedrama wurde, wie das meiste von seiner Hand, vom breiten Publikum sehr hoch geschätzt und auch von sachverständigen Beurteilern gelobt. Fouqué „kleidet die Elephantengerippe der Gotteslehre aus Norden in lebendiges Fleisch, und die Colossen schreiten und blicken", heißt es in einer positiven Rezension von Jean Paul. Adalbert von Chamisso war geneigt, den *Helden des Nordens* höher zu schätzen als das *Nibelungenlied.* Friedrich Schlegel hatte das Gefühl, in dem von dem „Geist Odins" beseelten Werk die nordische Dichtkunst „in ihrer ganzen Herrlichkeit und Schöne" zu vernehmen.[84] Aber auch kritische Stimmen wurden laut. Jacob Grimm, der von vornherein alle Versuche, das Epos der Zeit anzupassen und neu zu gestalten, grundsätzlich zurückwies, verurteilte Fouqués Drama als poetisches Blendwerk ohne tieferen Wert. Heinrich Heine lobte als Kenner die Kunstfertigkeit des Autors, monierte aber in der ihm eigenen bösartig-ironischen Weise die pathetischen Übertöne und den Mangel an psychologischer Vertiefung und Differenzierung. Zum Bilde der Hauptperson Sigurd notiert Heine beispielsweise, daß dieser stark ist „wie die Felsen von Norweg und ungestüm wie das Meer, das sie umrauscht", und daß er so viel Mut hat „wie hundert Löwen und so viel Verstand wie zwei Esel".[85]

Das Interesse der Nachwelt für Fouqués Nibelungendrama beschränkt sich wohl darauf, daß es Richard Wagner als Ideenquelle diente, als dieser vierzig Jahre später sein Musikdrama *Der Ring des Nibelungen* konzipierte. Auf dieses Werk, das bekannteste aus der produktiven Nibelungenrezeption, werden wir später zurückkommen und es in seinem Zusammenhang mit der politischen Ideologisierung des *Nibelungenlieds* betrachten.

Von weniger spektakulärem Effekt als Richard Wagners Monumentalwerk, aber von literarisch entschieden höherem Wert – Wagners Drama ist ohne Musik kaum spielbar – ist die wenige Jahre jüngere (1855–1860) Gestaltung des Nibelungenstoffes in drei Teilen durch Friedrich Hebbel: *Die Nibelungen.* I. *Der gehörnte Siegfried;* II. *Siegfrieds Tod*; III. *Kriemhilds Rache.*[86]

Hebbel greift nicht wie Wagner auf die ältesten Quellen der Sage, die Gesänge der *Edda*, zurück, ihn fasziniert vielmehr das mittelhochdeutsche Ritterepos, das er in dramatischer Form den Menschen seiner eigenen Zeit näherbringen will. Die Bedeutung der eigenen schöpferischen Leistung verringert er, er nennt sich „nur einen Dolmetscher" des Dichters des *Nibelungenlieds.*[87]

---

84 Vgl. Max Kämmerer, *Der Held des Nordens von Friedrich de la Motte-Fouqué*, S. 16ff.

85 Heinrich Heine, *Die romantische Schule*, S. 113–116.

86 Für Hebbel wie für Wagner gilt, daß der Antrieb für die Umdichtung des *Nibelungenlieds* bzw. der Nibelungensage teilweise politischer Natur ist: Hebbel wollte sein Werk als einen Beitrag zur Einigung der Nation und zum Zusammenhalten gegen den äußeren (französischen) Feind und als einen moralischen Maßstab für alle Deutschen verstanden wissen (vgl. Lerke von Saalfeld, *Die ideologische Funktion des Nibelungenliedes*, S. 193). Wenn sein Drama zweifellos auch eine solche Bedeutung gehabt hat und im Dritten Reich auch politisch ausgenutzt wurde, so ist seine politisch-ideologische Wirkung jedoch nicht vergleichbar mit derjenigen, die von Richard Wagners *Ring* ausgegangen ist.

87 Briefanmerkung von 1861; vgl. Helmut de Boor, *Friedrich Hebbel: Die Nibelungen. Deutung und Dokumentation*, S. 20. – Die hohe Wertschätzung der Kunst des Nibelungen-

Diese Beschreibung ist aber allzu bescheiden. Auch wenn eine weitgehende Übereinstimmung zwischen dem mittelalterlichen Epos und der dramatisierten Umdichtung herrscht – eine akribische Philologie hat dies festgestellt, und zwar nicht nur in der Handlungsstruktur, sondern bis in den Wortlaut hinein –, so hat Hebbels Werk trotzdem den Rang einer selbständigen Schöpfung (so wie das *Nibelungenlied seinen* Quellen gegenüber). Entscheidend ist, daß die tragende Idee in Hebbels Umdichtung seine eigene ist. Sie ordnet sich völlig Hebbels „tragischer Ästhetik" unter, seiner Konzeption vom prinzipiellen Inhalt und Zweck der Dramatik. Diese Konzeption baut teils auf der (wahrscheinlich von Schopenhauer beeinflußten) Vorstellung von einem herrschenden tragischen Weltprinzip, teils auf einer stark von Hegels Geschichtsphilosophie geprägten Geschichtsauffassung, nach der die Geschichte sich in einer ständigen Entwicklung von einer These über die Antithese zur Synthese befinde. In Hebbels Dramentheorie hat die Tragödie die Aufgabe, in einer symbolischen Fiktion das tragische Grundprinzip und die dialektischen Entwicklungsformen des Daseins miteinander zu verschmelzen. In Übereinstimmung mit dieser Regel wählt Hebbel in seinen Tragödien Stoff und Gestalten aus historischen Wendepunkten. So auch in seiner Version des Nibelungendramas, dessen Handlung im Unterschied zu der des *Nibelungenliedes* in die Zeit des Übergangs vom Heidentum zum Christentum verlegt ist. Die Entwicklungs- und Bedeutungsstruktur ist im Prinzip dieselbe wie in Novalis' geschichtsphilosophischem Essay (vgl. oben S. 69–72) und auch in Richard Wagners Nibelungenepos. Aus dem Konflikt zwischen zwei Weltanschauungen entwickelt sich eine Katastrophe, und aus der Katastrophe entsteht eine neue Ordnung, deren Repräsentant bei Hebbel Dietrich von Bern ist. Im Finale des Dramas übergibt König Etzel ihm die Krone, die Macht und die Verantwortung –

> *„Herr Dietrich, nehmt mir meine Krone ab*
> *Und schleppt die Welt auf Eurem Rücken weiter!"*

– und Dietrich, germanischer Held und demütiger Christ in einer Person, nimmt Krone und Auftrag entgegen, indem er den anruft, dessen Erlösungstod eine neue Ära der Weltgeschichte einleitete:

> *„Im Namen dessen, der am Kreuz erblich!"*

---

dichters durch Hebbel wird mehrmals expressiv in Tagebuchaufzeichnungen ausgedrückt; hier nur ein Beispiel dafür: „[...] daß der Schöpfer eines solchen Gedichts bis auf den Namen vergessen werden konnte. Das geht mir über den Untergang Babylons und Ninives."

11

Kunstpoesie oder Volksdichtung?

Der Unterschied in der Auffassung von der Gültigkeit der tradierten literarischen Form zwischen August Wilhelm Schlegel und Jacob Grimm hat seinen Grund in ihren verschiedenen Kunstanschauungen, in der Auffassung vom Wesen der Poesie und vor allem in der Deutung der Begriffe Volksdichtung und Kunstdichtung.

Die frühe romantische Schule akzeptiert nicht Friedrich Schillers strikte Unterscheidung[88] zweier poetischer Kategorien, einer „naiven", „unbewußten" Naturpoesie und einer „sentimentalen", „absichtlichen" Kunstdichtung. Ohne Natur kann zwar keine Poesie entstehen, sagt Friedrich Schlegel, aber Natur ohne Absicht ist einfältig, platt und trivial: „das schöne, poetische, idealische Naive muß zugleich Absicht und Instinkt sein".[89] Als Schiller Shakespeare als einen typisch „naiven" Dichter anführt, bezeichnet August Wilhelm Schlegel das als „eine große Naivität", laut Schlegel ist Shakespeare „ein Abgrund" an Absicht, Bewußtheit und Reflexion.[90] Andererseits ist Kunstdichtung nicht nur Absicht; der geniale Dichter legt mehr in sein Werk hinein als er beabsichtigt, sein Werk ist nicht nur das seine, es reflektiert eine Identität von bewußtem und unbewußtem Schaffen, „eine unbewußte Unendlichkeit".[91]

Schillers Essay über naive und sentimentalische Dichtung war ein Beitrag zu einer ausgedehnten kunsttheoretischen Diskussion – eingeleitet 1759 mit Edward Youngs Schrift *Conjectures on original composition* und Johann Georg Hamanns *Sokratischen Denkwürdigkeiten* aus dem gleichen Jahr –, die eine Umwertung der Werte der Kunst beinhalten von einer Beurteilung der Literatur als zweckmäßiger, d.h. ästhetisch dem Publikum angepaßter, Form zu einer Interpretation der Kunst als Abdruck des Erlebnisses des Künstlers mit Symbolcharakter.

Im Sturm und Drang erhält diese Polarisierung auch eine historische Interpretation. Nach Johann Gottfried Herder spiegelt die Entwicklung der Poesie die des Menschen. In einem ursprünglichen Zustand wird das Dasein des Menschen mehr vom Gefühl als von der Vernunft gesteuert;

---

[88] Im Aufsatz *Über naive und sentimentalische Dichtung* (1795/96).
[89] Friedrich Schlegel, *Fragmente,* S. 30.
[90] August Wilhelm Schlegel, *Vorlesungen über schöne Literatur und Kunst,* II, S. 376.
[91] F. W. J. Schelling, *Werke,* II, S. 291.

die ursprüngliche Naturpoesie – die „echte" Poesie – ist der Ausdruck eines Gefühlserlebnisses; dieses schwindet, wenn die Vernunft das Leben bestimmt: „Die Ausbreitung der Wissenschaft verengert die Künste, die Ausbreitung der Poetik die Poesie, endlich haben wir Regeln statt poetischer Empfindungen, wir borgen Reste aus den Alten und die Dichtkunst ist tot".[92]

Für die Gebrüder Schlegel ist diese diachrone Unterscheidung zwischen poetischen Grundformen prinzipiell genauso unakzeptabel wie die generelle Distinktion Schillers. Ihre These ist, daß die Dichtung in allen Zeiten die gleiche ist, daß nur die Zeiten sich ändern; und daß Natur und Kunst bei dem genialen, inspirierten Dichter eins werden. Es ist also kein Widerspruch, wenn für August Wilhelm Schlegel das *Nibelungenlied* sowohl ein Wunder der Natur ist als auch ein in der deutschen Dichtung einmaliges Kunstwerk (vgl. oben S. 67f.). In gleicher Weise ist Homers Poesie für Friedrich Schlegel Kunst *und* Natur: eine Poesie, die bei einem allumfassenden, schöpferischen Geist, absichtlich und doch auch unbewußt, aus seiner Natur heraus, sich zu sublimer Schönheit und Urbildlichkeit formt.[93]

Jacob und Wilhelm Grimm schließen sich jedoch ohne Vorbehalt der Lehre Herders von der Entwicklung der Poesie an. Die Brüder Grimm verwenden ihr Leben darauf, die anonyme Volksdichtung zu sammeln, zu pflegen und gründlich zu erforschen, die „Nationaldichtung", die sie wie Herder als von der Kunstpoesie wesensverschiedene, überlieferte Naturpoesie betrachten. Ihr Verhältnis zur Volkspoesie ist fast religiös:

> Nur die Nationaldichtung ist vollkommen, weil sie ebensowohl, wie die Gesetze auf dem Sinai, von Gott selber geschrieben ist; sie hat keine Stücke wie Menschenwerk.[94]

Aufgrund dieser Vorstellung vom Wesen der Volkspoesie ist es verständlich, daß die Brüder Grimm sich gegen das wenden, was sie als Manipulation der Volkspoesie betrachten. Sie kritisieren Achim von Arnim und Clemens Brentano, weil diese in ihrer Volksliedsammlung *Des Knaben Wunderhorn* nicht „das alte als alt stehenlassen" wollten,[95] weil sie kompiliert und stilisiert hätten und damit die Volkslieder ihrer Echtheit beraubt hätten: Die „Restaurationen" Brentanos „stammen von der Hand eines Kunstdichters, der sich dem Ton des Volksliedes wohl an-

---

[92] Johann Gottfried Herder, hier zitiert nach Hermann August Korff, *Geist der Goethezeit*, I, S. 141.

[93] Friedrich Schlegel, *Geschichte der Poesie der Griechen und Römer*, S. 145; vgl. auch *Fragmente*, S. 31: „Wenn er [Homer] auch keine Absichten hatte, so hat doch seine Poesie und die eigentliche Verfasserin derselben, die Natur, Absicht."

[94] Wilhelm Grimm, brieflich an Clemens Brentano; hier zitiert nach Werner Hoffmann, *Clemens Brentano*, S. 231.

[95] Jacob Grimm brieflich an seinen Bruder, 1809.

Wilhelm Grimm

Jacob Grimm

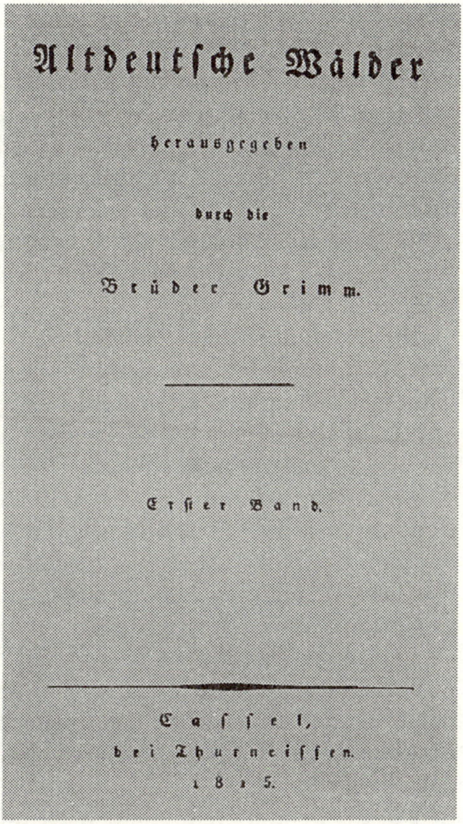

Altdeutsche Wälder

herausgegeben

durch die

Brüder Grimm.

Erster Band.

Cassel,

bei Thurneissen.

1815.

Ihre Studien zur volkstümlichen Poesie und ihrer Geschichte publizierten die Brüder Grimm in einer eigenen Zeitschrift: *Altdeutsche Wälder*

Die Brüder Jacob (1785–1863) und Wilhelm (1786–1859) Grimm sind auf der ganzen Welt berühmt und geschätzt für ihre Sammlung von Volksmärchen, betitelt *Kinder- und Hausmärchen* (1812–1814), ein Werk, das eine unermeßliche Bedeutung erhielt und mit der Zeit auch den Begriff „die Gebrüder Grimm" mit einem Märchenschimmer überzogen hat. Das Sammeln und Herausgeben von Volksmärchen macht jedoch nur einen geringen Teil des kulturhistorischen Wirkens der Brüder Grimm aus. Vaterlandsliebe und das leidenschaftliche Interesse an der Erforschung der Volkspoesie in allen ihren Erscheinungsformen, in Märchen und Sage, in der Sprache, in den Sitten, Gebräuchen und Gesetzen des Volkes ist die Triebfeder aller ihrer Aktivitäten. Die Volkspoesie ist in der romantischen Vorstellungswelt der Brüder Grimm eine unmittelbare Äußerung der Volksseele, eine wahre und echte Ursprungspoesie, deren Wesen deutlicher hervortritt, je länger zurück man sie verfolgen kann.

passen, aber ihn niemals so treffen kann wie der Handwerker oder Bauernbursche, der Wortlaut oder Melodie variiert".[96] Die Grimmsche These ist, daß die „Herrlichkeit der alten Poesie" nicht in neuem poeti-

96 Jacob Grimm brieflich an Clemens Brentano; hier zitiert nach Werner Hoffmann, a.a.O., S. 321.

schen Kleid auferstehen kann; nur historisch, unberührt, kann sie erlebt werden.[97]

Die Brüder Grimm (besonders Jacob) weisen also August Wilhelm Schlegels Vorschlag, das *Nibelungenlied* zu übersetzen und stilistisch umzuarbeiten, zurück: „Was eine ästhetische Bearbeitung dieses Gedichts betrifft, so muß ich aufrichtig meine Meinung gestehen, daß von einer solchen kein großer Gewinn zu erwarten ist“[98]; im Gegenteil: „Das Epos ist so lauter und so verletzbar, daß ein einziges gemachtes Wort gleich auf den ganzen Ton wirkt, wie ein Tropfen Saft in einem Glas hellen Wassers“.[99]

Ihr Urteil über den Versuch Friedrich von der Hagens, das *Nibelungenlied* sprachlich zu verjüngen – in einer Sprachform, die nie existiert hat, einem Konglomerat von mittelalterlichem und modernem Deutsch – ist folglich hart: eine Modernisierung, die schlechter ist als das Original und trotzdem nicht modern. Der Eindruck, schreibt Wilhelm, den diese „Ackomodation“ erweckt, ist derselbe wie der, den man bei der Betrachtung eines alten Bildes hat, dessen ursprüngliches Muster durch die dünne Schicht aufgetragener Farben hindurchschimmert; der Kontrast hat alle feineren Nuancen weggewischt, und nur die Idee, der große Gedanke in der Komposition, ist erhalten geblieben.[100]

Die unterschiedlichen kunstideologischen Positionen August Wilhelm Schlegels und der Brüder Grimm beeinflussen auch ihre Stellungnahme in der in der Nibelungenforschung immer zentraler werdenden Frage nach der Entwicklungsgeschichte des Epos und der Entstehung des *Nibelungenlieds.*

Für die Brüder Grimm gilt wie ein Glaubenssatz, von dem sie keinen Schritt zurückweichen, daß das Volksepos, wie auch das Volkslied, keine individuellen Autoren kennen, sondern daß sie ein Produkt der Natur sind, einer unbewußten, schöpferischen Kraft in der Tiefe des Volkes: „das Epos dichtet sich selbst“.[101] Wie das in der Praxis vor sich geht, „bleibt unerklärlich, aber ist doch nicht geheimnsivoller wie das, daß sich die Wasser in einen Fluß zusammentun, um nun miteinander zu fließen“.[102]

---

97 wie Anm. 95.

98 Jacob Grimm, *Über das Nibelungen liet*, S. 6.

99 Jacob Grimm in einer Besprechung von F. F. Hofstätter, *Altdeutsche Gedichte*; in: Jacob Grimm, Wilhelm Grimm, *Schriften und Reden*, S. 136–141.

100 Wilhelm Grimm, *Kleinere Schriften*, I, S. 73.

101 Jacob Grimm, *Von Übereinstimmung der alten Sagen*, S. 568.

102 Jacob Grimm, brieflich an Achim von Arnim (1811). – Mit einem ähnlichen poetischen Bild beschreibt der Bruder Wilhelm die Entwicklung des Volksepos: „Es wird kein Wasser zur Quelle getragen, aber aus den Wolken und dem Thau fällt es zu dem aus der Tiefe hervordringenden und mischt sich damit.“ (S. Julius Zacher, *Briefwechsel über das Nibelungenlied von C. Lachmann und Wilhelm Grimm*, S. 200.)

Friedrich Heinrich von der Hagen (1780–1856)

Ihm wurde die Ehre zuteil, 1810 in Berlin zum Inhaber des ersten Lehrstuhls im neuen akademischen Fach Germanistik ernannt zu werden. In der Geschichte der Nibelungenphilologie steht er jedoch – wie August Wilhelm Schlegel, und beide ziemlich unverdienterweise – ganz im Schatten der Brüder Grimm und Karl Lachmanns. von der Hagens neuhochdeutsche Übertragung wurde trotz ihrer Unvollkommenheit sehr bedeutungsvoll: durch sie konnte sich das gebildete Deutschland am Anfang des 19. Jahrhunderts besser mit dem Epos vertraut machen. Außer der Übertragung publizierte von der Hagen vier mittelhochdeutsche Ausgaben des *Nibelungenlieds.*

Für die ältere, aristokratisch individualistische Romantik ist es undenkbar, daß „das Volk“ eine solche Würde an poetischer Kraft entwickelt. August Wilhelm Schlegel weist die mystizistische These der Brüder Grimm mit rationalistischen Argumenten zurück: „Die Sage und volksmäßige Dichtung war allerdings das Gesamteigentum der Zeiten und Völker, aber nicht eben so ihre gemeinsame Hervorbringung“; „das Erhabene und Schöne kann nur ein Werk ausgezeichneter Geister sein“. Es ist wie wenn wir einen hohen Turm in schönen und harmonischen Proportionen sich über die Wohnstätten der Menschen erheben

Karl Simrock

Für die „klassische“ neuhochdeutsche Nibelungenübersetzung zeichnet Karl Simrock (1802–1876) verantwortlich; entstanden 1827 ist sie danach in ständig neuen Auflagen herausgegeben worden, bis zum Jahre 1954 etwa neunzig an der Zahl.

sehen: wir begreifen, daß es viele Bauarbeiter sind, die die Steine herbeigetragen haben, „aber die Steine sind nicht der Turm, diesen schuf der Entwurf des Baumeisters“.[103]

Der Verfasser des *Nibelungenlieds* ist August Wilhelm Schlegels Meinung nach „ein sehr kunstfertiger und bis in die feinsten Details hinein sorgfältiger Dichter“.[104]

★

Wer hatte recht, August Wilhelm Schlegel oder die Brüder Grimm?

Die Frage ist vielleicht falsch gestellt. Es geht hier weniger um Recht oder Unrecht, sondern mehr um Perspektivität. Der Disput zwischen A. W. Schlegel und den Grimms reflektiert eine Veränderung des Zeit-

---

[103] August Wilhelm Schlegel in seiner Rezension des ersten Bandes der Zeitschrift *Altdeutsche Wälder* der Brüder Grimm.

[104] August Wilhelm Schlegel, *Aus einer noch ungedruckten historischen Untersuchung über das Lied der Nibelungen*, S. 19.

geistes, eine ideenhistorische Verschiebung. Wilhelm Scherer schreibt in seiner Monographie über Jacob Grimm, daß das Urteil der Wissenschaftsgeschichte in der Streitfrage mit Schlegel zugunsten Grimms ausgefallen sei.[105] So sah Scherer die Dinge. Aber er verwechselt das Vorurteil *seiner* Zeit mit Objektivität. Zu seiner Zeit – er lebte von 1841 bis 1886 – war man der Meinung, das *Nibelungenlied* sei eine leicht überarbeitete Zusammenfassung von ursprünglich separaten Gesängen, im und vom Volk entstanden und in einer Tradition des Volkes durch die Zeiten hindurch weiterentwickelt. Heutzutage ist die vorherrschende Meinung, daß das *Nibelungenlied* nicht aus einem unbewußt schaffenden Kollektiv hervorgegangen, sondern in jedem Stadium seiner Entwicklung das Werk eines individuellen Dichters ist. Diese Auffassung liegt der These Schlegels näher als der der Brüder Grimm.

Festzuhalten ist, daß Jacob und Wilhelm Grimm durch ihren wissenschaftlichen Professionalismus und ihre Autorität auf lange Zeit die weitere Entwicklung der Nibelungenstudien in Deutschland prägten und daß diese eine immer stärkere historisch-philologische Richtung nimmt. Es bleibt aber auch festzuhalten, daß die Tendenz dabei ist, daß die Ideengrundlage der Brüder Grimm, ihre romantische Vision, immer mehr verblaßt, die Philologie zum Selbstzweck wird.

---

105 Wilhelm Scherer, *Jacob Grimm*, S. 301.

12

Die „Liedertheorie“ Karl Lachmanns

In der Geschichte der Nibelungenstudien sind die Jahreszahlen 1815 und 1816 besonders signifikant: Sie bezeichnen den Abschluß resp. die Einleitung zweier Rezeptions- und Forschungsstadien. 1815 publizierte August Wilhelm Schlegel seine Kritik an der extremen Naturpoesie-These von Jacob und Wilhelm Grimm, der entsprechend kein „Kunstdichter“ seine Hand an das Nibelungenepos gelegt hätte. Das war A. W. Schlegels letzter wesentlicher Beitrag zur Nibelungendiskussion. 1816 erschien eine Schrift eines jungen Philologen namens Karl Lachmann unter dem Titel *Über die ursprüngliche Gestalt des Liedes von der Nibelungen Noth*. Durch diese Arbeit wurde die These der Brüder Grimm in ihrem wichtigsten Teil, dem von der Entstehung des *Nibelungenlieds*, befestigt und erhielt den Status einer wissenschaftlichen Doktrin. Zum ersten Mal erfährt das *Nibelungenlied* in dieser Arbeit auch eine strikt wissenschaftlich-philologische Behandlung.[106]

Karl Lachmann kam von der klassischen Philologie zu der des mittelalterlichen Deutsch, und es ist auch eine klassisch-philologische Arbeit, die Ausgangspunkt und Muster seiner Untersuchung über die Textstruktur des *Nibelungenlieds* bildet.

Ganz im Geiste Johann Gottfried Herders und der Romantik hatte der klassische Philologe Friedrich August Wolf 1795 in einer Schrift mit dem Titel *Prolegomena ad Homerum* bezweifelt, daß Homer der Dichter der *Ilias* und der *Odyssee* gewesen sei und behauptet, daß diese Werke nur späte und sekundäre Kombinationen kleinerer Gedichte seien, die zu unterschiedlichen Zeiten entstanden und teils Produkte der Phantasie des Volkes, teils das Resultat der Tätigkeit von Sängerschulen und umherwandernden sogenannten Rhapsoden seien.

Wolfs Argumente waren rational – Monumentalwerke wie *Ilias* und *Odyssee* können nicht, behauptete er, in einer schriftlosen Zeit entstanden sein, sie setzen Aufzeichnungen voraus und sind demnach bedeutend jünger als die Gesänge, die sie enthalten –, aber die Tendenz in seiner Untersuchung ist ohne Zweifel durch die romantische Zeitströmung bedingt.

---

[106] 1816 ist auch das Jahr der ersten szenischen Bearbeitung des Nibelungenstoffes: im Drama *Die Nibelungen*, von Friedrich Rudolf Hermann (publiziert 1816 in Auszügen, vollständig 1819).

Karl Lachmann

Karl Lachmann (1793–1851) zählt zu den Gründern der Germanistik. Lachmann beherrschte die klassische und die deutsche Philologie gleich meisterhaft und die Kombination förderte sein Werk in beiden Disziplinen: „die klassische Regel gab seinen Schritten auf dem deutschen Gebiet frühe Stetigkeit und bewahrte sie vor allem Straucheln; aus dem noch jugendlichen, kaum übernächtigen Wachstum und Trieb des deutschen Altertums konnte er wagende Kühnheit schöpfen für jene klassischen, bisher reich, zuweilen einseitig entfalteten, einigemal schon ermüdeten Gesetze" (Jacob Grimm)

Die Schrift rief unmittelbar starke Reaktionen hervor, positive und negative, je nach dem kunstideologischen Standpunkt der Beurteiler. Im romantischen Lager wurde sie mit großem Enthusiasmus begrüßt. Friedrich Schlegel preist sie als ein „Urbild historischer Forschung" und legt sie seiner Darstellung der griechischen Poesie in einer entwicklungsgeschichtlichen Perspektive zugrunde.[107] Da Wolfs revolutionäre Hypothese mit der romantischen Grundauffassung im Einklang steht, wird sie nicht in Frage gestellt, und weil der gleichen Auffassung nach kein Artunterschied zwischen dem griechischen und dem germanischen Epos, die Entstehung betreffend, besteht, wird die These ohne Vorbehalt auch auf die Nibelungensage und das *Nibelungenlied* übertragen. Eine gerade und deutliche Linie verläuft von Friedrich August Wolf zu Ludwig Tieck und von Tieck weiter zu Jacob Grimm in deren Deklara-

[107] Friedrich Schlegel, *Geschichte der Poesie der Griechen und Römer*, S. 158.

tionen: Es „möchte bei den Nibelungen ebenso vergeblich sein, nach einem einzigen Verfasser zu fragen als bei der *Ilias* und *Odyssee*"[108] – „Mir ist undenkbar, daß es einen Homer oder einen Verfasser der Nibelungen gegeben habe"[109].

Der Lachmannschen Untersuchung liegt also kein neuer und origineller Gedanke zugrunde. Sein Anliegen ist es, im Text des *Nibelungenlieds* Beweise für eine schon ziemlich verbreitete Vorstellung vom organischen Heranwachsen des Epos zu finden. Aus einer wissenschaftshistorischen Perspektive betrachtet ist diese Zielsetzung – eine Idee empirisch zu belegen – jedoch bemerkenswert. Sie markiert eine wichtige Entwicklungstendenz: die von spekulativer Theorie zum faktensammelnden Positivismus. Für die romantischen Dichter und Denker waren empirische Fakten grundsätzlich den Ideen untergeordnet und nicht umgekehrt. Die Untersuchung Karl Lachmanns kündigt einen forschungsideologischen Paradigmenwechsel an.

Als Resultat seiner sorgfältigen Analyse kann Lachmann festhalten, daß der Text des *Nibelungenlieds* inhaltlich und formal nicht konsistent ist, er enthält nicht wenige Widersprüche, abrupte Übergänge und unmotivierte Wiederholungen. Diese Tatsache deutet Lachmann als Stütze für die Annahme, daß die Gestalt, in welcher das Werk von der Mitte des 13. Jahrhunderts bis in die moderne Zeit überliefert wurde, aus einer noch unterscheidbaren Zusammenfügung von ursprünglich separaten, romanzenartigen Gesängen entstanden sei.[110] In einer späteren Arbeit präzisiert Lachmann seine Auffassung: Das *Nibelungenlied* setzt sich zusammen aus zwanzig ursprünglich selbständigen Gesängen mit unterschiedlichen Entstehungszeiten. Diese Gesänge sind im letzten Jahrzehnt des 12. Jahrhunderts gesammelt und aufgezeichnet, zwecks größerer Konformität und Kohäsion bearbeitet und schließlich miteinander zu einem großen Werk verbunden worden.[111]

Das Urteil der modernen Nibelungenforschung über Lachmann ist ziemlich hart. Gegen die Durchführung und die philologische Analyse hat man keine Einwände, wohl aber gegen die, wie man meint, tendenziöse Interpretation der Analyse. Was man ihm vor allem zur Last legt, ist die Bereitschaft, allzu rigoros wissenschaftlich und logisch zu sein, vom Phänomen der poetischen Freiheit abzusehen und alle Belege von Inkonsequenzen im Text für seine eigenen Zwecke zu deuten.[112] Auch

---

[108] Ludwig Tieck im Vorwort zu den *Minneliedern aus dem schwäbischen Zeitalter.*

[109] Jacob Grimm, brieflich an Achim von Arnim (1811).

[110] Karl Lachmann, *Über die ursprüngliche Gestalt des Gedichts von der Nibelungen Noth*, S. 1.

[111] Karl Lachmann, *Zu den Nibelungen und zur Klage. Anmerkungen.*

[112] Vgl. Andreas Heusler (*Nibelungensage und Nibelungenlied*, S. 174) über den Dichter des *Nibelungenlieds* und über Lachmanns Mangel an poetischer Einfühlung: „Seine [des Dichters] Logik ist die des Gefühlsmenschen und gemäßigten Impressionisten. Man versteht,

in den Fällen, wo angenommen werden kann, daß eine von der Tradition bedingte Schichtung von Erzählelementen oder eine Fuge zwischen ursprünglich separaten Gesängen vorliegt, kann die Tradition sehr wohl eine andere gewesen sein als die von Lachmann postulierte. Auch die Textwahl Lachmanns als Grundlage für die Analyse macht einen *ad hoc*-Eindruck: Ausgehend von einer vorgefaßten Meinung über die Vorgeschichte des *Nibelungenlieds* hält er die Handschrift, die die meisten kompositorischen Mängel aufweist, für die älteste und damit quellenkritisch wichtigste, nämlich die Handschrift A. Die spätere Forschung hat diese als jünger als die B- und C-Redaktionen klassifiziert, als ungenau abgeschrieben und mit einem gekürzten Text.

Die zeitgenössischen Nibelungenforscher erkannten jedoch im großen und ganzen Lachmanns sogenannte *Liedertheorie* an, die also auch der schon etablierten These von der Entstehung des *Nibelungenlieds* entsprach; jedoch mit Einwänden, einzelne Punkte betreffend. In der Streitfrage zwischen August Wilhelm Schlegel und den Brüdern Grimm über Art und Ausmaß der Leistung des letzten Dichters/Redigierers hatte Lachmann es vermieden, eindeutig Stellung zu nehmen, was ihm herbe Kritik von beiden Seiten eintrug: aus dem Kreise um Schlegel, weil er die Bedeutung des Dichters unterbewertet hätte, von Jacob und Wilhelm Grimm, weil er die Existenz einer steuernden individuellen Dichterpersönlichkeit überhaupt vorausgesetzt hätte.

Auch Karl Lachmanns Annahme eines Urtextes für das *Nibelungenlied* widersprach der Auffassung der Brüder Grimm vom Wesen des Epos, die darin bestand, daß die Gestalt des Epos immer wechseln muß, weil es im Volk und vom Volk gedichtet wird, so wie auch die Sprache, die Sitten und die Denkarten des Volkes wechseln. Dementsprechend bewahrt, nach Jacob Grimm, jede Gestaltung die Originalität des Epos; dieses ist wie das Meer: überall das gleiche, und trotzdem anders an jedem Strand.[113] Es ist interessant, festzustellen, daß die Brüder Grimm mit dieser Auffassung dem heutigen Standpunkt, die verschiedenen Nibelungenhandschriften seien mehr oder weniger selbständige literarische Texte, sehr nahekommen.[114]

---

daß es ihm traurig gehn mußte, als ein so unlyrischer Verstandesmensch wie Karl Lachmann an ihn herantrat und ihm vorrechnete, er sei gar nicht Einer, sondern eine Vielheit, sonst hätte er nicht all die Gedankenlosigkeiten begehn können!" Mit kongenialer Dichterintuition weist auch Friedrich Hebbel die These Lachmanns zurück: das *Nibelungenlied* auf viele Dichter zurückzuführen wäre mit der Behauptung vergleichbar, „ein Apfel sei nicht das Produkt eines Baums, sondern eines Waldes" (Tagebuchaufzeichnung).

113 Jacob Grimm, *Rede über Lachmann*, S. 125.

114 Vgl. Kap. 6.

13

Das *Nibelungenlied* als historisches Dokument

„Ich weiß es aber wenig anders zu sagen, als daß meine geschichtliche Neugierde diese Richtung nie genommen, daß ich kein Gedicht durchlesen könnte, um Data über seine Entstehung zu sammeln, ja daß mir sogar in Stunden, wo mir eins recht wohlgefällt, ganz gleichgültig ist, wer es gemacht hat. Dieses Gefühl habe ich [...] insbesondere bei den Nibelungen."[115]

So einfach und konkret bekundet der Poet Achim von Arnim in einem Brief an seinen Freund Jacob Grimm 1810 seine Unlust – die er höchstwahrscheinlich mit vielen anderen romantischen Literaten und Literaturfreunden teilte – darüber, wie die Diskussion um das *Nibelungenlied* verlaufen war, daß es nicht länger um das ging, was Arnim für das einzig wichtige hielt, nämlich das Erlebnis des *Nibelungenlieds* als Dichtung.

Für die Kunstideologen und Philologen der Romantik liegt, wie schon bemerkt, der Wert des *Nibelungenlieds* wesentlich in der Identifikation mit dem uralten Epos. Es fällt ihnen gar nicht ein, bewußt die ältere Sagentradition wegzudenken und das *Nibelungenlied* isoliert zu studieren, unter seinen eigenen Voraussetzungen. Das *Nibelungenlied* ist, grob vereinfacht, eine alte Heldensage mit einem neuen Ideengehalt, und die Romantiker sind allzu fasziniert von der Sage, um auch den Ideengehalt zu entdecken. Es sind nicht die Gedanken und Intentionen des hochmittelalterlichen Dichters, denen man nachspürt, sondern es ist die archetypisch-symbolische Weisheit des ursprünglichen Epos. Der Weg zum Verständnis des eigenen Themas und der „Botschaft" des *Nibelungenlieds* wird auch durch das Phantombild versperrt, das die Identifikation mit der Sage schafft.

Die Bereitschaft, das *Nibelungenlied* als selbständiges Kunstwerk zu studieren und zu analysieren, wird nicht größer, als das Zeitpendel schwingt und die Romantik ins Biedermeier übergeht und als Positivismus und Empirie die spekulative Theorie als führendes wissenschaftliches Prinzip ersetzen.

Das 19. Jahrhundert ist das Jahrhundert der Naturwissenschaften. Naturwissenschaftliche Forschungsprinzipien und Methoden prägen in

---

[115] Achim von Arnim, hier zitiert nach Josef Körner, *Nibelungenforschungen der deutschen Romantik*, S. 139.

zunehmendem Maße auch die humanistischen Disziplinen. Das Sammeln von Daten und die Exaktheit in der Analysemethode stehen höher im Kurs als Deutung, Kritik und ästhetische Wertung. In der Literaturwissenschaft steht, wie während der Romantik, das historische Studium im Vordergrund, aber aus anderen Gründen als damals. Die Tendenz ist, die Literatur als Naturobjekt und ihre Entwicklung als einen Naturprozeß zu betrachten, eine Evolution, gelenkt von strikter Kausalität. Bei dieser Sehweise erscheint die Entwicklung wichtiger als das Produkt, das literarische Werk. Die kritische Analyse, die Interpretation, ist nicht primär von Interesse und erfüllt außerdem nicht die Forderungen nach wissenschaftlicher Objektivität, die man sich angelegen sein läßt, aufrechtzuerhalten.

Diese allgemeineuropäische Entwicklungstendenz erhält in Deutschland einen besonderen Charakter im Kulturklima der Biedermeierzeit (vom Wiener Kongress 1814/15 bis zur Revolution von 1848), einer Periode, die teilweise von der Romantik geprägt war, aber ohne deren Theoriegrundlagen und dynamische Ideen. Das Biedermeier kann als eine Reaktion der Kleinbürgerlichkeit auf die Romantik bezeichnet werden, jedoch ohne deren weiten Horizont; eine Flucht vor der großen Politik und den Ideologien in die Museen, Bibliotheken und Gartenidylle.

Wie die Romantik hat das Biedermeier den Blick auf die Vergangenheit Deutschlands gerichtet, steht aber der romantischen metaphysischen Interpretation der Geschichte ablehnend gegenüber. Das spiegelt sich auch in der Nibelungenrezeption wider. In der romantischen Perspektive war das Epos teils Träger einer mythischen Wahrheit – nämlich der, daß der Glanz des Goldes die Menschen blendet, verführt und zerstört[116] –, teils ein Ausdruck dafür, wie das Volk seine Geschichte erlebt, keine buchstäbliche, aber eine symbolisch wahre Deutung des historischen Geschehens: was im Epos erzählt wird, hat sich nie so ereignet, wie es erzählt wird, aber die Erzählung spiegelt das Typische, das wahrer ist als die akzidentielle Wirklichkeit. Die Position des Biedermeier

[116] Der romantische Deutungseifer bleibt bei den weniger seriösen Enthusiasten nicht auf das Hortmotiv begrenzt; Phantasie und Assoziationen erhalten freien Spielraum, und so gut wie jedem Ereignis und jeder Gestalt des *Nibelungenlieds* wird eine mythensymbolische Bedeutung zugesprochen. Vor allem ist Siegfried der Gegenstand ungehemmt spekulativer Deutungen: er hat die Mächte des Lichts, das Gute im Kampf mit dem Bösen, die allgewaltige Weltkraft, den Weltgeist zu personifizieren, er wird mit Odin und Balder, mit Mithras, Apoll und dem Erzengel Michael und dem Adam des Schöpfungsmythos identifiziert: „unser Siegfried unter der Linde, mit dem Drachen, den beiden Frauen und dem Gold, [...] ist also die Ur- und Stammsage des Menschengeschlechts vom Paradies und dem Sündenfall, davon, wie Sünde und Tod durch die Schlange, die Frau und das Gold in die Welt kamen" (Friedrich von der Hagen, *Die Nibelungen, ihre Bedeutung für die Gegenwart und für immer*, S. 66f.).

Das
Nibelungenlied
als Volksbuch.

In neuer Verdeutschung
von
Heinrich Beta.

Mit einem Vorwort
von
F. H. von der Hagen.

Mit Holzschnitten von F. W. Gubitz und unter dessen Leitung gefertigt.

Erste Abtheilung.

Berlin, 1840.
Vereins-Buchhandlung.

ist erdverbundener: die Spekulationen über Volksseele und mythische und historische Poesie werden in der Regel beiseite gelassen, man interessiert sich mehr für die historische Identität als für die symbolische Repräsentanz in Figuren und Handlung. Über die Tatsache, daß Literatur auch dann eine erfundene Welt ist, wenn „wirkliche" Menschen und historische Ereignisse als Motiv gewählt werden, macht man sich kaum Gedanken.

Der erste Versuch zu zeigen, „wie alle die höchsten Helden" des *Nibelungenlieds* „der teutschen Geschichte angehören",[117] wurde schon 1814 in einer Schrift mit dem Titel *Über das Geschichtliche im Nibelungenlied* gemacht. Der Autor, Karl Wilhelm Göttling, legt, mit zeittypischer vaterländischer Rhetorik, eine auf historischen Identifikationen bauende Chronologie des Heldenepos vor:

> Werfen wir nun einen Blick auf das Ganze, so leuchtet daraus offenbar hervor, daß das Gedicht, gleich einer teutschen Eiche, durch ein Jahrtausend hindurch gewachsen, und immer die Zweige kräftig erneut hat. Der heilige Rhein mußte des Baumes Wurzeln tränken. Erster Stamm des Liedes war Gonthahars heldenmüthiger Fall durch

[117] Karl Wilhelm Göttling, *Über das Geschichtliche im Nibelungenlied*, S. 5.

Heinrich Betas Ausgabe des *Nibelungenlieds* als „Volksbuch“ 1840 ist ein typisches Biedermeierprodukt. Die Illustrationen von Friedrich Wilhelm Gubitz brechen völlig mit der früheren heroisierenden Tradition. Am deutlichsten wird die Tendenz zur Idylle in der Darstellung von Kriemhild; das Furiose, Erschreckende in ihrer Persönlichkeit wird abgeschwächt, der Zeichner bildet am liebsten Situationen ab, in denen man sie als milde und harmlose großbürgerliche Hausfraus sehen kann; sogar in dramatischen Szenen wie der des Verrats an Siegfried gegenüber Hagen tritt sie auf, als folge sie den Regeln des großbürgerlichen Lebensstils im Biedermeier.

> die Hunnen. Einen wackeren Ast treibt er später in Dietrich von Bern, dessen Preis in Aller Mund war; neben ihm drang der Thüringer Hermanfried als ein nicht unwürdiger Heldenzweig hervor, der sich in die kleineren, Hawart und Iring, theilte. Weiter und höher schoß indeß der Stamm in üppigster Fülle bis zur Krone im Siegfried, und saftige Heldenäste trieb die Kraft des Rheinstroms in Brunhild, Chriemhild, Hagen u. s. w. bis zu Karls' des Großen Zeit. Nach ihm fand der gefürchtete Sachsenheld Wittekind in Lüdger eine Stelle, und der treue Rüdiger ward noch die späteste schöne Heldenblüthe, bis der teutsche Heldenkreis des Nibelungenliedes endlich scharf und kantig abgesteckt wurde durch den letzten Dichter.[118]

Die Schrift Göttlings ist die erste in einer langen Reihe von Publikationen derselben Art, in denen Helden und Handlung des Epos auf Menschen und Ereignisse in der deutschen Geschichte zurückgeführt werden.

Das Interesse konzentriert sich in diesen Darstellungen in der Regel auf die Begebenheiten und die Gestalten im ersten Teil des *Nibelungenlieds.* Der reale historische Hintergrund der Schilderung des Kampfes zwischen Hunnen und Burgundern, die den zweiten Teil beherrscht, war offenbar und bedurfte keiner weiteren historischen Dokumentation. Die Abenteuer bis zu Siegfrieds Tod verknüpft man allgemein mit den blutigen merowingischen Familienfehden im 6. und 7. Jahrhundert.[119] Siegfried kann dann mit dem Merowingerkönig Sigibert I., der im Jahre 575 das Opfer eines Meuchelmordes wurde, identifiziert werden,[120] Brünhilde mit Sigiberts Königin Brunihildi und Kriemhild mit Brunihildis Schwägerin und Rivalin um die Macht, der schönen, aber furchtbar grausamen Fredegunde. Für Hagen findet man eine historische Entsprechung in den Geschichtschroniken des Gregor von Tours und des Paulus Diaconus aus dem 6. bzw. 8. Jahrhundert, in einem *patricius* und hervorragenden Feldherrn unter dem Merowingerkönig Gunthram; Gregor nennt ihn Heunius, Paulus Egnius. Sogar für den Zwerg Alberich, den Hüter des Nibelungenhortes, eine ausgeprägt mythische Gestalt, meint man ein Urbild in der Merowingergeschichte zu finden: Alte Chroniken erzählen, daß der erste Merowinger Chlodio ei-

[118] Karl Wilhelm Göttling, a. a. O., S. 48ff.

[119] Als erster hat Karl Ludwig Ernst die Nibelungensage aus der frühen merowingischen Geschichte hergeleitet: *Über die Entstehung der mittelalterlichen Gedichte, welche die deutsche Heldensage behandeln* (1839).

[120] Eine andere, hartnäckige Hypothese (zuerst formuliert von Franz Josef Mone [*Quellen und Forschungen zur Geschichte der teutschen Literatur und Sprache*, I, 1830] und A. Giesebrecht [*Über den Ursprung der Siegfriedsage,* 1837]) verbindet Siegfried mit dem Germanen Arminius (Hermann), der in der berühmten Schlacht im Teutoburger Wald im Jahre 9 n. Chr. drei römische Legionen unter dem Feldherrn Varus besiegte und später von seinen eigenen Angehörigen ermordet worden sein soll.

nen Sohn namens Albero hatte, der gegen seine Sippe revoltierte und dem aufgrund seiner Geschicklichkeit, in die Wälder zu entkommen, magische Kräfte zugeschrieben wurden.[121]

Was diese Schriften auszeichnet, ist ein patriotisch hochgestimmter, pseudowissenschaftlicher Stil, eine unkritische Auswertung der historischen Quellen und ein skrupelloses Zurechtlegen des Materials für den Zweck, gewagte und anregende, aber auch phantasievolle Kombinationen und vor allem eine totale Unkenntnis der Art des Verhältnisses zwischen dem Epos als Kunst, als jahrhundertealtem Gesang und Sage in ständiger Verwandlung, und der Geschichte als eines seiner Ursprungselemente. Der entfernte Zusammenhang mit den gewaltsamen und dramatischen Ereignissen einer dunklen Völkerwanderungszeit, den der Leser des *Nibelungenlieds* ahnen kann, bedeutet zweifellos viel für das Erleben des Epos, aber darüber hinaus eigentlich nichts. Der historisch-dokumentarische Wert des *Nibelungenlieds* ist minimal; streng genommen ist nur eine Reihe von Namen historisch authentisch. Die Nibelungensage ist in jedem Stadium ihrer Tradition ein Werk von Dichtern, die eigensinnig und willkürlich den tradierten Stoff geformt und umgeformt haben. Das Epos ist, mit einem von Thomas Carlyle geliehenen Bild, wie „ein Spiegelsaal, wo in einem bleichen Lichtschein jeder Spiegel konvex oder konkav nicht nur ein reelles Objekt, sondern auch dessen Schatten in anderen Spiegeln reflektiert, die ihrerseits das gleiche tun, bis in solchen Spiegelungen das ganze riesige Werk sich mit dunklen und dunkleren Gestalten füllt, in einer konturlosen, grotesken und chaotischen Landschaft, die in allen Richtungen in eine entlegene Ferne verschwindet, sich in einem äußersten Dunkel auflöst".[122]

Die einfache Identifikation der Heldensage mit der deutschen Geschichte ist natürlich unvereinbar mit der romantischen Eposdoktrin, wie sie vor allem von den Brüdern Grimm vertreten wird. Die Vorstellung Göttlings vom schrittweisen Wachstum des Epos wird von Jacob Grimm scharf zurückgewiesen: was im Epos untrennbar miteinander

---

[121] S. Emil Rückert, *Oberon von Mons und die Pipine von Nivella.* Vgl. auch Gaston Paris, *Poèmes et légendes du Moyen-Age*, S. 78f. – Alberich, dessen Name ‚König der Alben' bedeutet, kommt auch an anderen Stellen in der mittelalterlichen Heldendichtung vor. U.a. ist er – unter der französischen Namenform Auberon – eine der Hauptpersonen in einer altfranzösischen *chanson de geste* von dem tapferen Ritter Huon de Bordeaux am Hof von Charlemagne; Auberon ist hier König im Feenreich. Aus dieser beliebten Chanson heraus macht Oberon, über eine Unzahl von Übertragungen, den Schritt in die moderne europäische Literatur. Eine englische Übersetzung aus der Mitte des 16. Jahrhunderts liefert Edmund Spenser das Motiv zu seinem Epos von *The faeri Queene* und versieht vor allem Shakespeare mit dem Vorbild zum Elfenkönig in *Ein Mittsommernachtstraum.* Zweihundert Jahre später legt der deutsche Dichter Christoph Martin Wieland eine Prosaübersetzung der altfranzösischen epischen Dichtung seiner humoristischen Verserzählung *Oberon* zugrunde. Vgl. John Evert Härd, *Eine deutsche Ballade in europäischer Tradition.*

[122] Thomas Carlyle, *Critical and Miscellaneous Essays. The Nibelungen*, S. 4.

verflochten und voller Leben ist, Etzel mit Kriemhild, die Burgunder mit dem Schatz, kann nicht, schreibt Grimm, aus gotischen und fränkischen Ereignissen, getrennt durch Ort, Zeit und Inhalt, in die Dichtung eingeflossen sein; das Gedicht ist aus einem Guß.[123] Für Jacob und Wilhelm Grimm ist die zeitlose Heldensage primär und ihre Beziehung zu historischen Persönlichkeiten und Geschehnissen sekundär, man soll nicht die Geschichte im *Nibelungenlied,* sondern die Nibelungen in der Geschichte suchen: „Die Geschichte wandert mit festen Schritten auf der Erde, die geflügelte Sage hebt und senkt sich; daß sie dem Stoff der Geschichte dauerhafte Gestalt verleiht, ist eine Gunst, die sie nicht allen Völkern erweist".[124]

Eine Position zwischen den Polen Göttling und den Brüdern Grimm – jedoch näher der Grimmschen – nimmt der Historiker und Dichter Ludwig Uhland, der führende Vertreter der „schwäbischen Romantik", ein. Das Nibelungenepos kann, sagt Uhland, nicht als historische Urkunde gelesen werden. Jeder Vergleich mit der Geschichte bringt offenbare geographische und chronologische Widersprüche an den Tag. Wichtiger ist die Tatsache, daß das, was die eigentliche Substanz des Epos bildet, von der Geschichte weder gestützt noch dementiert wird, es bewegt sich unberührt zwischen den historischen Relationen wie ein Geist durch Wände und Riegel. Das Epos ist Dichtung, ist das in Poesie transponierte Leben des Volkes. Die individuellen, charakteristischen epischen Gestalten sind keine porträtgleichen Abbilder historischer Originale, sondern ein Werk des poetischen Triebs, der Ideen, Anschauungen und allgemein-menschliche Verhältnisse in sichtbaren und lebendigen Gestalten dargestellt hat.[125]

Auf der anderen Seite, hebt Uhland hervor, kann das Geschichtliche, das durch das *Nibelungenlied* hindurchleuchtet, nicht nur als Nomenklatur abgetan werden. Das Epos hat es immer gegeben, und es ist immer durch die Geschichte gewandert. Großartige, dramatische Ereignisse im Leben des Volkes haben unmittelbar nach ihrem Eintreffen poetische Form im Epos erhalten, „die Poesie der Sage ist in sie eingedrungen und selbst durch sie verjüngt worden". Aber umgekehrt existiert die faktische Geschichte auch in der Poesie der Sage.[126]

Von Ludwig Uhland liegt auch eine ziemlich ausführliche Interpretation des *Nibelungenlieds* vor, betrachtet in dessen Zusammenhang mit

---

[123] Jacob Grimm, *Über K. W. Göttling, Über das Geschichtliche im Nibelungenlied.*

[124] Jacob Grimm im Vorwort zu seiner *Deutschen Mythologie.*

[125] Ludwig Uhland, *Geschichte der altdeutschen Poesie*, S. 128 und 136.

[126] Ludwig Uhland, a. a. O., S. 137. – Die gleiche Trennungslinie wie zwischen den Brüdern Grimm und Ludwig Uhland existiert auch in der allerersten Zeit der romantischen Nibelungenrezeption. Sie verläuft zu dieser Zeit zwischen Ludwig Tieck, nach dem die Geschichte völlig in der Poesie des Epos aufgelöst wird, und August Wilhelm Schlegel, der geneigt ist, dem Epos eine gewisse historische Authentizität zuzuerkennen.

Ludwig Uhland, 1787–1862

dem germanischen Heldenepos. Die Deutung ist vor allem deshalb von Interesse, weil sie für die Darstellung der Thematik im *Nibelungenlied* in den späteren literaturwissenschaftlichen Handbüchern in hohem Grad zur Norm wurde und als Schablone in einer nationalistisch demagogischen Agitation ausgenützt werden konnte (vgl. unten S.167–174).

Uhland betont die Treue als einen „Grundtrieb des germanischen Lebens" und des *Nibelungenlieds*: „Das ganze deutsche Epos ist eine Poesie der Treue".[127] Die Treue kommt zum Ausdruck in den mildesten, edelsten Taten wie auch in der gewaltsamen Blutrache, und sie prägt die Charaktere und die Handlung. Die Rache Kriemhilds wird als ein Akt der Treue gegen Siegfried dargestellt, wobei die Gewaltigkeit der Rache das Ausmaß der Liebe und der Treue ahnen läßt: „welche Liebe, die einen solchen Haß gebären konnte!"[128] Im Falle Hagens schafft die fanatische Treue Untreue. Hagen ist „der getreueste zugleich und der ungetreueste Mann; der getreueste, stets wachsam für die Macht und die Ehre des Königshauses, dem er als Verwandter und Dienstmann verbunden ist, aber aus eben dieser Treue der ungetreueste gegen jeden, der jenes Haus verdunkeln oder gefährden möchte".[129] Das *Nibelungenlied* zeigt laut Uhland, wie die Treulosigkeit, wenn sie sich in die Sinne der Menschen einnistet, wie ein schleichendes, tödliches Gift wirkt.

---

127 Ludwig Uhland, a. a. O., S. 347.
128 Ludwig Uhland, a. a. O., S. 340.
129 Ludwig Uhland, a. a. O., S. 308.

14

Interpretationen

Die folgenden drei ausgewählten und zusammengefaßten Interpretationen des *Nibelungenlieds* – die des Schotten Thomas Carlyle, des Deutschen Wilhelm Dilthey und des Franzosen Ernest Tonnelat – sind insofern von besonderem rezeptionshistorischem Interesse, als die Interpreten drei unterschiedliche europäische Kulturtraditionen repräsentieren, innerhalb derer sie ein hohes Ansehen als starke und selbständige Forscherpersönlichkeiten genießen. Ihre jeweiligen Deutungen folgen auch keinem Muster, sondern sind Früchte eines intensiven Studiums und tiefer persönlicher Erlebnisse des Epos.

Thomas Carlyles Studie über das *Nibelungenlied* wurde in der Juli-Nummer der Zeitschrift *Westminster Review* von 1831, formell als Anmeldung von Karl Simrocks Übersetzung ins Neuhochdeutsche, der auf 45 Seiten jedoch nicht mehr als eine Zeile gewidmet wird, publiziert. Der Aufsatz wurde – soweit man das überblicken kann – von der deutschen Nibelungenforschung völlig ignoriert, was umso auffallender ist, als er nicht nur ein Stück hervorragender essayistischer Kunst darstellt, sondern vor allem auch der erste eigentliche Versuch ist, das *Nibelungenlied* strikt aus seinen eigenen Bedingungen heraus zu analysieren und seine eigene Idee zu finden.

Carlyle beschreibt in seinem Essay einleitend die Entwicklung der Nibelungenstudien in Deutschland – wie die Forschung mit der Zeit nicht nur dem Nibelungenepos gegolten hat, sondern auch dessen Verzweigungen in anderer frühzeitlicher germanischer und deutscher Heldendichtung, und wie dabei „ein ganzes System alter teutonischer Fiktion und Mythologie" hervortritt, „hier und dort ein reelles, wenn auch schwaches und unsicheres Licht darauf werfend, was einmal ein totales Vorzeitdunkel war". In dieser chaotischen Sagentradition, die unter den Händen vieler Bearbeiter angewachsen und verfälscht worden ist und durch ständige Anpassung an den einfachsten Geschmack des Volkes fast jeden poetischen Wert verloren hat, ist das *Nibelungenlied* für Carlyle ein strahlender Mittelpunkt, *a fair garden of poesy* mitten in wildem Gestrüpp.

Ganz abgesehen von seinem Wert als literarischer Text der Frühzeit, als wichtigstes Dokument alter deutscher Kunst, hat das *Nibelungenlied* laut Carlyle einen künstlerischen Eigenwert, der es auch für moderne

Leser der Poesie interessant macht: das Werk hat eine Absicht und eine Bedeutung, einen inneren Zusammenhang und eine kompositorische Abgeschlossenheit, und es wird lebendig durch einen Geist der Musik – „das sind die höchsten Kriterien für echte Poesie". „Wenn man dazu bedenkt", schreibt Carlyle, „in welcher intellektuellen Umgebung sich die Dichtung uns offenbart, so ist es doppelt wert, gepriesen zu werden und unsere Bewunderung hervorzurufen." Das *Nibelungenlied* unterscheidet sich von anderen überlieferten Heldensagen „wie gegossenes oder skulptiertes Metall von grob bearbeitetem, formlosem, fast wie Shakespeare von seinen zeitgenössischen Dramatikerkollegen".

Einen Shakespeare will Carlyle den unbekannten Dichter trotz allem nicht nennen, „aber eine tiefe, poetische Seele hat er gehabt, in der ein wunderbares, sinnvolles Universum abgebildet war, das sich wie himmlische Firmamente und ewige Harmonien über der kleinen Szene wölbte, wo die Menschen ihre kurze Zeit hindurch leben und leiden". Im *Nibelungenlied* lebt ein hohes Prinzip und eine Idee, um die seine verschiedenen Teile sich zu einer Einheit gruppieren. Und wie bei Shakespeare findet Carlyle, daß die Voraussetzung und Grundsubstanz dieser Poesie kombiniert ist mit einem genuinen Gefühl des Dichters für die passende Ausdrucksform.

Carlyle charakterisiert die sprachliche Form im *Nibelungenlied* als einfach und klar. Die Tatsache, daß Reimwörter und Epithete oft wiederholt werden, zeugen nicht von Armut, sondern eher von Echtheit und einer Art naiver Unschuld. Die Kombination einer leichten, melodischen Versform mit einer düsteren, schicksalsschweren Handlung übt auch eine eigenartige Wirkung auf den Leser aus: „Darin, daß die strengsten Nachrichten in hellen, tanzenden Tönen vorgebracht werden, liegt ein eigentümlicher Reiz, tiefe Ströme von Trauer und Unversöhnlichkeit werden an der Oberfläche zu leichten Wellen, wie Seen im Sommer. Es ist wie ein freundliches Lächeln, in welchem eine Unendlichkeit an Geduld, Liebe und heroischer Kraft offenbar wird." Ein anderer Effekt ist, daß die Personen und deren Geschichte, so lebendig sie auch für den Leser sein mögen, doch weit entfernt von ihm scheinen: „Es ist, als betrachteten wir die Szene durch ein umgekehrtes Teleskop, wodurch alles weit entfernt scheint, die Figuren werden zu Miniaturen zusammengepreßt, klar und wirklich, aber dünn und elfengleich, und in der gleichen Weise verschönert wie sie verkleinert sind, mit deutlicheren und leuchtenderen Farben, ohne Schatten und triviale Züge".

Über Carlyle ist gesagt worden, daß er mit den frühzeitlichen Epikern wahlverwandt sei: er hat den gleichen Trieb wie sie, die Geschichte zu poetisieren und das Vergangene dem Leser gegenwärtig und lebendig zu machen. Die Wahlverwandtschaft ist sicher ein wesentlicher Grund seines Enthusiasmus für das *Nibelungenlied*. So erfaßt er kongenial einen künstlerischen Wesenszug des epischen Dichters und weiß ihn zu schätzen, nämlich das Vermögen, mit einem scheinbar unbedeutenden Detail in der Personenbeschreibung etwas menschlich Besonderes aufzufangen; wie wenn der Dichter Brünhilds Dienerin Hagen von Tronje beschreiben läßt:

Der dritte der gesellen, der ist sô gremelîch,
(unt doch mit schoenem lîbe, küneginne rîch)
von swinden sînen blicken, der er sô vil getuot.
er ist in sînen sinnen ich waene, grimme gemuot.

Carlyle übersetzt die Strophe so:

The third of those companions, He is of aspect stern,
And yet with lovely body, Rich queen, as ye might discern;
From those **his rapid glances,** *For the eyes nought rest in him,*
Me seems this foreign Recke, Is of temper fierce and grim.

und gibt folgenden Kommentar: „Solche kleinen bildhaften Besonderheiten bedeuten mehr um ein Objekt zu verdeutlichen, besonders einen Menschen, als seitenlanges Zählen und Messen. Wir hören später nie von diesem stolzen, aufrechten Hagen und allen seinen wilden Taten und Leiden, ohne an diese *swinden blicke* zu denken, die einen ruhelosen, tiefen und kühnen Geist offenbaren."

Das *Nibelungenlied* hat, hebt Carlyle (wie vor ihm August Wilhelm Schlegel) hervor, den Charakter eines Dramas: seine 39 *âventiuren* könnten genauso viele Szenen in einer Tragödie sein. Die Katastrophe wird schon in der Einleitung dunkel prophezeit – „ein Schatten eines sich abzeichnenden bösen Schicksals fällt über das verzauberte Nibelungenland" – und mit jedem Schritt, der unternommen wird, deutlicher spürbar. „Der Streit zwischen zwei Frauen ist wie ein Funke böser Passion, der in kurzer Zeit in Verbrechen umschlägt; ein abscheulicher Mord geschieht; und nun verbreitet sich die Sünde wie ein wildes Feuer, bis es alle umzingelt, Schuldige wie Unschuldige, und ein ganzes Geschlecht hinwegfegt." Der böse Trieb, der die Katastrophe auslöst, ist die Selbstbehauptung und Intoleranz:

> The subject is that old story of Precedence, which indeed from the time of Cain and Abel downwards, has wrought such effusion of blood and bile both among men and women; lying at the bottom of all armaments and battle-fields, whether Blenheims and Waterloos, or only plate-displays, and tongue-and-eye skirmishes, in the circle of domestic Tea: nay the very animals have it; and horses, were they but the miserablest Shelties and Welsh ponies, will not gaze together till it has been ascertained, by clear fight, who is master of whom, and a proper drawing-room etiquette established.

Die Katastrophe ist die unabwendbare Konsequenz der Sünde. Angeführt von Hagen gehen die Nibelungen ihrem unausweichlichen Untergang entgegen in das immer dichter werdende Dunkel einer endlosen Nacht.

Aber die Tragödie schafft auch menschliche Größe. Hagen selbst wird in diesem schicksalsschweren Geschehen zu einem tragischen Helden: stark, tatkräftig, hilfreich und ohne jede Hoffnung trotzt er bis zuletzt seinen Feinden. Ein solcher Held hat Carlyles volle Sympathie: „Wenn Sünde irgend verziehen werden kann, dann in diesem Fall: durch seine Treue, Unverwegenheit und heroische Standhaftigkeit hat er seine Schuld beglichen. Wohl wissend, was ihm bevorsteht, geht er seinem Schicksal entgegen und nimmt es auf sich. Die immer häufigeren Warnungen läßt er unbeachtet, wie Dinge, die ihre Bedeutung verloren haben. Ungeachtet unserer Liebe zu Siegfried können wir nicht umhin, Mitleid zu empfinden und dem trotzigen Hagen in seiner äußersten Not Respekt zu zollen."

Abschließend nimmt Carlyle Stellung zur Frage des Wertes des *Nibelungenlieds* als historischer Quelle. Er gesteht ihm einen gewissen historischen Quellenwert zu, meint aber, daß das Epos in erster Linie Dichtung ist: „ein schönes Regenbogenland über dem Abgrund, der Frühzeit und Gegenwart trennt"; und er faßt sein Urteil über den Dichter zusammen mit den Worten: „wer er auch gewesen ist, er verdient unsere Dankbarkeit und Liebe". Den oft gemachten Vergleich mit Homer weist er zurück: „Der deutsche Sänger ist eine verhältnismäßig einfache Natur", er läßt Homers Bildung und Begabung vermissen und hat nie wie jener die Tiefe des Lebens erfahren, nicht „das Schicksal erforscht", sondern „mit treuherziger Demut das Universum so genommen wie er es vorgefunden hat", seine Kunst der Personencharakteristik ist ziemlich schwach entwickelt und sein rhetorisches Talent glänzt durch Abwesenheit. Trotz allem war er aber ein wahrer Dichter, stellt Carlyle fest, mit einer „edlen Seele", mit „dem Herzen und dem Gefühl eines Poeten und mit einem klaren Blick für das Schöne und Wahre", und beseelt vom „Geist der Ritterlichkeit, Liebe und heroischen Tapferkeit" – *a true old Singer, and taught of Nature herself!*.

★

Als Carlyle seine romantisch dithyrambische Betrachtung über das *Nibelungenlied* schrieb, war die Romantik in Deutschland bereits ins Biedermeier und in eine empirisch-historische Forschungstradition übergegangen. Diese beherrscht die deutsche Literaturforschung bis weit ins 20. Jahrhundert hinein. Um die Jahrhundertwende bildet sich jedoch eine Gegenbewegung, ausgehend von einer Reihe Schriften des Ideenhistorikers Wilhelm Dilthey.

Dilthey unterscheidet scharf zwischen Naturwissenschaften und Geisteswissenschaften. Erstere arbeiten mit Experimenten und Berech-

Hagen und Volker. Undatiertes Ölgemälde von Alexander Rothaug (1870–1946)

Thomas Carlyle, 1795–1881

nungen, letztere beschreiben Erlebnisse: die Naturwissenschaften *erklären*, die Geisteswissenschaften *verstehen.* Die eigentliche Aufgabe des Literaturwissenschaftlers besteht darin, *nachverstehend*, kongenial mit dem Dichter, das Werk zu deuten zu versuchen, das der Dichter aus einer erlebten Wirklichkeit heraus gestaltet hat. Dilthey verleiht der Interpretation wieder den Stellenwert, den sie in der Literaturforschung vor der Epoche des Positivismus inne hatte, und er liefert auch Argumente für ihre – relative – Objektivität und Wissenschaftlichkeit. Eine Dichtung, sagt Dilthey, ist eine Objektivation des Geistes, und Verständnis bedeutet, daß der Leser diese Objektivation zu seiner eigenen macht; denn der Geist versteht nur das, was er selbst geschaffen hat. Die Interpretation des Erlebnisses ist also eine persönliche Kunst, für die jedoch generelle Methoden und Regeln aufgestellt werden können, m. a. W. eine Hermeneutik. Dadurch, daß der Interpret andere, frühere Aussagen über die Dichtung berücksichtigt und auch die eigene Interpretation der weiteren Kritik ausliefert, wird der subjektive Faktor reduziert, sie erhält den Charakter einer *opinio communis.*

Dilthey hat seine Analysemethode in einer Reihe berühmter Interpretationen literarischer Werke, unter ihnen auch des *Nibelungenlieds*,[130] praktisch vorgeführt. Seine Nibelungeninterpretation ist die er-

[130] Wilhelm Dilthey, *Das nationale Epos.*

ste tiefgehende Deutung des Epos in Deutschland seit der von August Wilhelm Schlegel, mehr als hundert Jahre nach Schlegel.

Es gibt mehrere Berührungspunkte zwischen den Auslegungen Schlegels und Diltheys. Beide sind der Auffassung, daß das *Nibelungenlied* an poetischer Kraft alles in der modernen deutschen Literatur übertrifft und der griechischen Ilias in nichts nachsteht. Beide beachten auch den epischen Traditionszusammenhang. Sie betrachten das *Nibelungenlied* nicht in erster Linie als ein Kunstprodukt aus der deutschen Ritterzeit, sondern als ein überliefertes Stück germanischer Sagenwelt: „wie losgerissen aus einem Urgestein inmitten späterer Formationen" (Dilthey). Wie Schlegel, wenn auch mit größerer Emphase, behauptet Dilthey, daß das *Nibelungenlied* den deutschen Volkscharakter widerspiegele. Er stellt das Epos in dieser Hinsicht mit Schöpfungen von Bach, Händel, Beethoven, Kant und Goethe auf eine Stufe:

> Sie vergegenwärtigen dem Deutschen wie dem Ausland, was deutscher Geist sei. Sie zeigen, wie weit er zu gelangen vermöge. Jede Zeit orientiert sich an ihnen. Durch sie alle gehen gemeinsame Züge des deutschen Wesens. Wie eine Last bricht aus dem Nibelungenlied die Schwere des deutschen Wesens.[131]

Und weil Charakter und Ethik des deutschen Volkes, so Dilthey, im Grunde, in der „Tiefe seiner germanischen Natur", in Ritter- und Völkerwanderungszeit dieselben bleiben (auch A. W. Schlegel sah hier nur einen Gradunterschied), bedeutet die ritterliche Verkleidung des *Nibelungenlieds* keinen inhaltlich-ethischen Konflikt zwischen der älteren und der jüngeren Dichtung. In beiden sind die Heldengestalten trotz aller individuellen Besonderheiten Manifestationen des „germanischen Typs", gekennzeichnet von einer gewaltigen persönlichen Kraft und der kompromißlosen Bindung an die Gemeinschaft untergeordnet: die Helden handeln wie sie müssen, aus Treue und Pflichtgefühl.

In dieser Hinsicht hat das Epos eine Bedeutsamkeit, meint Dilthey, die weit über jede poetische Wirkung hinausgeht: das Nationalbewußtsein des deutschen Volkes zu stärken. Deshalb wollen auch Dilthey und Schlegel (s. unten S. 138f.), daß die nationale Heldendichtung in den Schulen gelesen wird: „Bis in die geringsten Volksschulen hinab sollten die höchsten Eigenschaften, heroischer Geist, Bewußtsein der Verantwortlichkeit, Anerkennung der festen Bindungen des Lebens durch sie den jungen Seelen eingepflanzt werden".[132]

In einem Punkt gehen die Deutungen Schlegels und Diltheys auseinander: während Schlegel den Charakter des *Nibelungenlieds* als Schicksalsdrama betont, hebt Dilthey die psychologische Grundlage hervor

---

[131] Wilhelm Dilthey, a. a. O., S. 145f.

[132] Wilhelm Dilthey, a. a. O., S. 147.

und sieht darin ein großes Verdienst.[133] Es sind die psychologischen Bindungen zwischen den Menschen, die sich überschneidenden Loyalitäten, die nach Dilthey dem Werk seine Spannungsstruktur geben: die kompromißlose Loyalität in einer Richtung führt zu Treuebruch und Betrug in einer anderen. Die Idee, die das innere Thema des *Nibelungenlieds* bildet, ist, daß Treuebruch und Verrat den Charakter des Menschen auflösen und die Katastrophen des Daseins auslösen (vgl. Uhland, oben S. 109). Dilthey meint, daß dieses Grundmotiv den Zusammenhang des Epos von der ersten bis zur letzten Strophe konstituiert. Die Folgen der Treulosigkeit werden, je näher die schließliche Katastrophe rückt, von einer irrationalen, bösen, widerwärtigen Macht verstärkt. Die beiden Hauptpersonen des Epos, Hagen und Kriemhild, verlieren alle menschlichen Züge und werden zu dämonischen Gestalten, so furchterregend und unaufhaltsam wie zerstörerische Naturkräfte.

★

Diltheys Interpretation, die, wenn sie auch eine seit der germanischen Zeit ungebrochene epische Sagentradition voraussetzt und berücksichtigt, doch im wesentlichen von der eigenen Themenstruktur des *Nibelungenlieds* ausgeht, wurde 1907 geschrieben, aber erst im Jahre 1933 veröffentlicht, und sie hatte keinen Einfluß auf die Nibelungenphilologie, deren Kurs seit den Tagen der Brüder Grimm und Karl Lachmanns feststand. Seit dem Ende der Romantik wurden die Nibelungenstudien institutionalisiert betrieben, im Rahmen der neuen akademischen Disziplin Germanistik, was sicher entscheidend dazu beigetragen hat, Inhalt und Zielsetzung zu konservieren. Im Zentrum der Diskussionen stand die Vorgeschichte des *Nibelungenlieds*, vor allem Karl Lachmanns „Liedertheorie" – die Debatte zwischen den Gelehrten war hier heftig und teilweise gehässig – und das Verhältnis zwischen den drei Haupthandschriften. Der Text des *Nibelungenlieds* diente hauptsächlich als Materialquelle für sprachgeschichtliche, philologische und motivvergleichende Untersuchungen.

Die erste kraftvolle Attacke gegen diese einseitige Forschung kam im Jahre 1926, bezeichnenderweise nicht aus der deutschen Germanistik, sondern von einem Forscher, der in einer textexplikatorischen Tradition geschult war, dem Franzosen Ernest Tonnelat.[134]

---

[133] August Wilhelm Schlegel will für seinen Teil die Psychologie, „das ängstliche Motivieren", aus der Poesie verbannen: „Als Wissenschaft schon taugt die Psychologie nicht viel, aber in der Poesie ist sie der wahre Tod" (*Vorlesungen über schöne Literatur und Kunst*, I, S. 98).

[134] Ernest Tonnelat, *La chanson des Nibelungen.* Vor Tonnelat hatte der Österreicher Josef Körner (*Das Nibelungenlied*, 1921) die Forderung nach einer stärkeren Beachtung des *Nibelungenlieds* als individuelles, autonomes Kunstwerk erhoben und selbst eine Analyse

Die Erforschung der Quellen eines Werkes kann niemals, betont Tonnelat, mehr sein als eine Einführung in das Werk selbst. Es ist zwar interessant zu erfahren, woher Goethe die Stoffelemente zu seinem *Faust* genommen hat, wie er ein einfaches Puppenspiel in ein Drama voller Passion und Gedanken transponiert hat; aber das Drama selbst ist das Entscheidende, und alle Forschung über seine Entstehung hat nur den Zweck, die Originalität des vollendeten Werkes deutlicher zu zeigen.

Wenn dieses Prinzip als selbstverständlich betrachtet wird, wenn es sich um ein Werk von Goethe handelt, warum dann nicht auch – so Tonnelat – beim *Nibelungenlied*?

Seine Erklärung ist, daß die zeitgenössische Nibelungenforschung noch immer in der romantischen Vorstellung von der organischen Entwicklung des Epos befangen sei, mit dem Unterschied – seit Andreas Heusler –, daß das vollkommene Epos nicht mehr an den Anfang, sondern an das Ende verlegt werde. Man stellt sich das Epos wie eine Pflanze vor, schreibt Tonnelat, die, ohne daß die Veränderungen jemals merkbar waren, zu einem mächtigen Baum herangewachsen ist. Die Entstehung des Epos zu studieren wäre also das gleiche wie das Studieren des Epos selbst.

Tonnelat glaubt nicht, daß ein literarisches Meisterwerk kollektiv geschaffen werden kann, durch das bewußte oder unbewußte Zusammenwirken vieler Generationen. Er hält das *Nibelungenlied* für das Werk eines genialen Dichters auf der Grundlage einer sehr alten poetischen Erzählung: „Auf die gleiche Weise, wie das Puppenspiel von Faust in Goethes formenden Händen in ein Drama von fast unendlicher Komplexität und Reichtum verwandelt wurde, so hat ein Spielmann des 13. Jahrhunderts aus einem einfachen Poem ein Werk von wunderbarer Weite und Vielheit geschaffen".[135]

Das *Nibelungenlied* zeichnet sich laut Tonnelat aus durch eine solide Konstruktion, Ordnung und Klarheit, und durch ein Gleichgewicht in den Proportionen. Die einmalige Größe des Dichters in seiner Zeit tritt vor allem in der Gestaltung der Charaktere hervor. Die Intrige ist von den Charakteren abhängig, die Menschen sind keine Spielbälle eines blinden Schicksals, sondern gestalten selbst den Lauf der Dinge, treiben ihn absichtlich einer Katastrophe zu. In der Schilderung der Ereignisse und Menschen wählt der Dichter sorgfältig, durchdacht und konsequent seinen Weg: er verwirft Traditionselemente, die nicht in seine eigene Konzeption hineinpassen und führt neue ein, er ersetzt übernatür-

---

von Stil und Komposition des Werkes vorgenommen. Auch bei H. Lichtenberger, *Le Poème et la Légende des Nibelungen* (1891), liegt das Hauptgewicht auf einer textimmanenten Analyse des österreichischen Ritterepos.

[135] Ernest Tonnelat, *La chanson des Nibelungen*, S. 5.

liche Erklärungen durch psychologische und entlarvt heimliche Laster und Absichten geschickt im Dialog. Überall stellt er seine gründliche Kenntnis des Menschenherzens unter Beweis. Es ist, bemerkt Tonnelat, ein ergänzender Zug im intellektuellen Porträt dieses klarsichtigen und besonnenen Dichters, daß er nicht das Bedürfnis hat, aus der Anonymität hervorzutreten:

> Er ist frei von literarischer Eitelkeit und macht sich nicht beim Publikum lieb Kind; er ist ein redlicher und bescheidener Arbeiter, der gewissenhaft die Aufgabe erfüllt, die er sich gestellt hat, und der wahrscheinlich nicht ahnt, daß er ein Genie ist.[136]

Tonnelats großes Werk, voller Esprit, Originalität und Gelehrsamkeit, nimmt in der Nibelungenforschung einen hohen Rang ein. Zweifellos hat es auch nach und nach die Richtung, die diese Forschung genommen hat, beeinflußt, ohne zu einer unmittelbaren Überprüfung ihrer Resultate zu führen, denn dazu war die Zeit noch nicht reif. In dem Ausmaß, wie die zeitgenössische deutsche Germanistik – angeführt von (dem Schweizer) Andreas Heusler – überhaupt auf Tonnelats Schrift reagierte, geschah dies durch eine deutliche Distanzierung von seiner These – und auch mit einer leichten, aber merkbaren Irritation über das Eindringen eines Franzosen ins eigene Revier.

---

[136] Ernest Tonnelat, a. a. O., S. 170.

15

Das Hortmotiv in der Nibelungensage und im *Nibelungenlied*

Nach dem zweiten Weltkrieg ändert sich die Sachlage radikal, als die Richtlinien, Prinzipien und Methoden der germanistischen Forschung einer rücksichtslosen Revision unterworfen werden. 1949 plädiert der bekannte Germanist Friedrich Maurer für das folgende neue Programm der Nibelungenphilologie:

> Mir scheint die Aufgabe zu sein, das Gedicht, so wie es uns vorliegt, als ein einheitliches Werk zu deuten, nicht aus der Geschichte des Stoffs und seinen verschiedenen Gestaltungen heraus. Es ist zu versuchen, das Werk aus einer geschlossenen Haltung des Dichters heraus zu deuten. Wenn es eine große und echte Dichtung ist, muß das möglich sein. Solange das nicht gelingt, solange wir gezwungen sind, immer wieder für bestimmte Züge auf „das alte Heldenepos", die alte heldische Auffassung und dgl. zurückzugreifen, die zu den Idealen der Zeit und des Gedichts im Widerspruch stehen, solange scheint mir der Dichter abgewertet und zu schlecht behandelt. Wenn er ein echter Dichter war, dann hat er sich nicht von seinem Stoff [...] Auffassungen aufzwingen lassen, die seiner eigenen Auffassung widersprechen.[137]

Seit den fünfziger Jahren sind es diese neuen Prinzipien, die für die Nibelungenforschung gelten. Richtungweisend ist nicht mehr das alte Heldenepos, sondern die hochmittelalterliche Ritterdichtung. Die Entstehungsgeschichte des *Nibelungenlieds* ist immer noch von Interesse,[138] der Unterschied gegen früher besteht darin, daß das Interesse nicht vorrangig auf die Schichtung von Erzählelementen im *Nibelungenlied* gerichtet ist, sondern darauf, durch eine „werkimmanente" Analyse zu erforschen, wie der letzte Dichter den tradierten Stoff behandelt hat. Ernest Tonnelat hatte 1926 das *Nibelungenlied* auf eine unhistorische Art und Weise gelesen und gedeutet – „als bestehe kein Unterschied zwischen einer mittelalterlichen und einer modernen Dichtung" – und war

[137] Friedrich Maurer, *Das Leid im Nibelungenlied*, S. 84, Anm. 2.

[138] Zu einer rezeptionshistorischen Analyse, und dann besonders im Hinblick auf die Ausnutzung und Wirkung des *Nibelungenlieds* für politische Zwecke, gelangt die Forschung erst um 1970; s. unten S. 156f., Anm. 192.

dafür kritisiert worden.[139] Diese Kritik besteht auch nach 1950. Die Grundthese ist, daß das *Nibelungenlied* aus der Zeit- und Gesellschaftsperspektive des Dichters interpretiert werden muß.[140]

Was dagegen die Einstellung zum Dichter betrifft, so stimmt man in der Regel Tonnelat zu. Man sieht in diesem (im allgemeinen, Ausnahmen kommen vor) nicht mehr wie Andreas Heusler nur einen Verwalter einer mächtigen Tradition, talentiert, aber allzu schwach, den gewaltigen übernommenen Stoff zu bewältigen, sondern eine starke Persönlichkeit, einen genialen Dichter, der den Stoff nach einem selbständigen und konsequent durchgeführten Plan gestaltet hat.[141] Diesem Plan gilt nun unser Interesse.

Etwas pauschal könnte man sagen, daß zwei Grundprinzipien die moderne deutsche Nibelungenforschung steuern. Das eine ist ein Standpunkt, der von den Philologen des Positivismus zu einer literaturwissenschaftlichen Doktrin hochstilisiert wurde, nämlich daß das richtige Verständnis einer Dichtung nur dann erreicht wird, „wenn in unsrer Seele genau die Vorstellungsassoziationen erzeugt werden, welche der Urheber derselben in der Seele derjenigen hat hervorrufen wollen", für die der Text geschrieben wurde.[142]

Das zweite, die Forschung steuernde Grundprinzip fußt auf der Prämisse, daß das *Nibelungenlied* seinen eigentlichen Ursprung nicht in einer alten Sagentradition, sondern in der Idee eines hochmittelalterlichen

---

139 Friedrich Neumann. *Das Nibelungenlied in der gegenwärtigen Forschung*, S. 2f. – Auch Josef Körner (s. S. 117f., Anm. 134) wird von Neumann kritisiert, weil er keinen mittelhochdeutschen Maßstab an seine Interpretation des Epos angelegt habe.

140 Vgl. z. B. Gottfried Weber, *Das Nibelungenlied*, S. 2f.: „Das Ziel meines Bemühens ist: zu ermitteln, was nun der Inhalt der tatsächlichen Perspektive des Nibelungenlieddichters, der von der eigenen Gegenwart her seinen Ausgang nahm, denn in concreto gewesen ist. Es gilt, die Dichtung so zu verstehen, wie sie m. E. damals von den Zeitgenossen erfahren wurde". Denselben Standpunkt vertritt Werner Hoffmann, *Das Nibelungenlied*, S. 9: das *Nibelungenlied* erlaubt mehrere Interpretationen und es gilt, diejenige zu finden, die der wahrscheinlichen Intention des Dichters am nächsten kommt.

141 Die Urteile werden dabei meist nicht wie bei Andreas Heusler aufgrund einer eingehenden und vergleichenden Analyse gefällt, sondern ausschließlich durch subjektive Einfühlung. – Irritierend weit in Sachen phantasievoller und schwärmerisch germanisierender Idolbildung geht Gottfried Weber in seiner obengenannten Schrift (die zu den Standardwerken der Nibelungenliteratur gezählt wird). In Anlehnung an die ältere Forschung sieht Weber im *Nibelungenlied* einen germanischen Grundcharakter, den er aber nicht, wie bisher üblich, aus den Quellen des Werkes ableitet, sondern aus der Persönlichkeit des Dichters: in Webers Vision ist der Dichter eine Kraftnatur, der in einer Zeit des Niedergangs eine germanische, männlich-heroisch-pessimistische Anschauung bewahrt; er ist sich der dunklen Schicksalsmächte bewußt, die das Dasein steuern; er ist kritisch gegen die Wurzellosigkeit und den leeren Optimismus der Ideologie des Rittertums und verhält sich abwartend gegenüber dem Christentum, das vom germanischen Menschen noch nicht assimiliert worden ist.

142 Vgl. Hermann Paul, *Methodenlehre*, S. 178.

Dichters habe, und daß das Werk deshalb als eine kompositionale Einheit studiert und verstanden werden müsse, als eine synchrone Struktur und nicht als eine Kompilation teilweise heterogener Erzählelemente. Deshalb wird die Überlieferungsgeschichte des Epos prinzipiell aus dem Blickfeld entfernt und die Untersuchung auf die Inhaltsstruktur des Textes begrenzt; die „werkimmanente Analyse“ soll die Dichterkonzeption direkt offenlegen.[143]

Beide Prinzipien sind diskutabel. Das *Nibelungenlied* ist heute eine andere Dichtung als vor 800 Jahren, und was der Dichter mit seinem Werk sagen wollte, ist für moderne Leser nicht von ausschlaggebender Bedeutung. Die werkimmanente Analyse, die die Perspektive umkehrt und die eigene Deutung zur Intention des Dichters macht, läßt, von anderen Komplikationen ganz zu schweigen, den wichtigen Aspekt außer acht, ob man tatsächlich von der Vorgeschichte des *Nibelungenlieds* als einer direkt die Gestaltung und den Inhalt beeinflussenden Kraft absehen kann, ob man nicht damit rechnen muß, daß der Dichter einen Kompromiß gewagt hat zwischen seiner Ideekonzeption und der Version der Quellen und manchmal der Erzähltradition gefolgt ist, auch wenn die Folge Inkonsequenzen in der Intrige waren.

Diese letzte Frage ist in einer Diskussion über Bedeutung und Funktion des Hortmotivs im *Nibelungenlied* aktualisiert worden. Da dieses Motiv nicht nur der Anlaß für eine interessante Deutungsproblematik ist, sondern auch durchgehend mit dramatischen Höhepunkten in der Handlung des Epos einhergeht, ist eine ausführlichere Behandlung wohl nicht fehl am Platz.

In den nordischen Versionen der Nibelungensagen hat das Hortmotiv zweifelsohne eine archetypisch-symbolische Funktion, nämlich die, die ins Verderben führende Macht des Goldes, der Habgier, über die Menschen zu veranschaulichen.

Die *Reginsmál*, die *Fáfnismál* und Snorres *Edda* berichten folgendes über die Geschichte des Nibelungenhortes, ehe er in Sigurds Hände geriet:

Die Götter Odin, Höne und Loke gelangen während einer Wanderung an eine Stromschnelle, wo der Zwerg Andvari in der Gestalt eines Hechtes lebt. Die Götter erblicken einen Otter, der am steilen Flußufer sitzt und einen Fisch verzehrt. Loke erschlägt den Otter mit einem Stein.

---

[143] Abweichungen von dieser Tendenz kommen vor; vgl. z.B. Walter Johannes Schröder, *Das Nibelungenlied. Versuch einer Deutung*, S. 60, nach dem die enge Bindung des Dichters an die Sagentradition die notwendige Voraussetzung für seine Neuschöpfung bilde; ferner Gernot Müller, *Symbolisches im Nibelungenlied*, S. 40: „Indessen ist die Gestaltung des Heldenepos weitgehend auch von der Vorgeschichte her geprägt und aus der Perspektive der Entstehungszeit allein nicht zu fassen.“

Am gleichen Abend kommen die Götter zu einem Bauern namens Hreidmar, bei dem sie übernachten. Es stellt sich heraus, daß der Otter, den Loke getötet hatte, der Sohn Hreidmars war, der Tiergestalt angenommen hatte. Die Götter werden gefangengenommen und man bietet ihnen an, sich mit Gold freizukaufen. Loke wird ausgesandt, um Gold zu beschaffen. In einem Netz, das er von der Göttin Ran geliehen hat, fängt er den Zwerg Andvari und zwingt ihn, seine Schätze herzugeben, unter diesen auch den magischen Ring Andvaranautr, den der Zwerg sich bis zuletzt weigert herzugeben, weil er durch ihn seine Reichtümer um ein vielfaches vermehren kann.[144] Der Zwerg spricht einen Fluch aus, daß das Gold jedem, der es besitzt, den Tod bringen soll.

Loke kommt zu Hreidmar. Sie füllen den Otterbalg mit dem Gold, stellen ihn auf die Füße und überziehen ihn mit Gold. Hreidmar sieht noch ein Schnauzhaar hervorstehen, das muß Odin mit dem Ring bedecken.

Als sich die Götter entfernt haben, wird Hreidmar des Goldes wegen von seinem Sohn Fafne getötet. Regin, der Bruder Fafnes, fordert die Hälfte des Schatzes, wird aber von Fafne, der sich einen „Schreckenshelm", der alles Lebende erschreckt, aufgesetzt hat, weggejagt. Fafne begibt sich mit dem Gold auf die Gnitaheide, verwandelt sich in einen Drachen und bewacht das Gold, indem er sich darauf legt.

Regin verdingt sich bei König Hjalprek, dem Ziehvater Sigurds, als Schmied. Er nimmt sich Sigurds an, schmiedet ihm ein hervorragendes Schwert und spornt ihn dazu an, Fafne zu erschlagen. Sigurd tötet den Drachen und nimmt sein Gold. Sterbend prophezeit Fafne Sigurd, daß auch er das Opfer des Goldes werden soll:

Mein Schreckenshelm
Scheuchte die Menschen,
Da den Hort ich hütete;
Der allerstärkste
Glaubt ich einzig zu sein,
Nicht fand ich Männer gleich mir
[– – –]
Gift schnob ich,
Als auf dem Gold ich lag,
Dem funkelnden Vatererbe;
[– – –]

[144] Der Ring, der den Reichtum seines Besitzers mehrt, kommt auch sonst in der nordischen Mythologie vor. Snorre nennt Odins Goldring Draupnir, von welchem jede neunte Nacht acht neue Ringe tropfen. Ähnliche Eigenschaften hat der Ring, den Saxo Grammaticus in seiner Version des Baldermythos erwähnt. – *Der einzige Ring* John R. R. Tolkiens vereint Eigenschaften bei Draupnir und Andvaranautr (das Motiv, daß der Ring seinen Träger moralisch korrumpiere, dürfte Tolkien von Richard Wagners Nibelungendrama übernommen haben).

Ich rate dir, Sigurd,
Den Rat nimm an
Und reit heim von hinnen:
Das gleißende Gold
Und der glutrote Schatz –
Es bringt der Hort dich zur Hel.

Alle seine Besitzer werden im folgenden Opfer der Verwünschung durch den Ring: Sigurd, Gunnar, Hogne und Atle.

Im *Nibelungenlied* ist das Hortmotiv lange verborgen. Eine entscheidende Bedeutung kommt ihm erst in den Schlußszenen zu, in der Auseinandersetzung zwischen Hagen und Kriemhild. Es ist umstritten, ob es eine symbolische Bedeutung hat und wenn ja, welche.

Die dämonische Herkunft des Schatzes wird nur leicht angedeutet. Schon vor dem Beginn der eigentlichen Erzählung hat Siegfried ihn von den Königssöhnen Nibelung und Schilbung[145] und dem Zwerg Alberich (‚Elfenkönig'), der vielleicht der ursprüngliche Besitzer ist, erstritten. Alberich hütet den Schatz für Siegfried, dem er einen Treueeid zu schwören gezwungen war. Nach dem Tode Siegfrieds übergibt er ihn Kriemhild. Sie verwendet ihn zur Werbung von Anhängern für die Rache, die sie plant. Um diese zu verhindern, versenkt Hagen eigenmächtig den Hort im Rhein und verstärkt damit den Haß Kriemhilds noch mehr.

Im zweiten Teil des *Nibelungenlieds* steht der Schatz im Vordergrund von dem Augenblick an, als die Burgunder am Hofe der Hunnen angelangt sind. Schon beim Willkommensgruß klagt Kriemhild Hagen an und fordert den Schatz, der ihr gehört:

„hort der Nibelunge, war habt ir den getân?
der was doch mîn eigen, daz ist iu wol bekant.
den soldet ir mir füeren in das Etzelen lant."

Als nach dem blutigen Kampf zwischen Hunnen und Burgundern von letzteren nur Hagen und Gunther am Leben sind und Kriemhilds Todfeind Hagen gefesselt vor ihr steht, scheint sie bereit zu sein, ihn mit dem Leben davonkommen und nach Burgund heimkehren zu lassen, wenn er ihr nur den Nibelungenhort zurückgibt:

„Welt ir mir geben widere daz ir mir habt genomen,
so muget ir noch wol lebende heim zen Burgonden komen."

---

[145] Nibelung und Schilbung sind eindeutig mythische Gestalten; vor einem nordisch-schwedischen Hintergrund ist es interessant, daß der Name Schilbung offenbar identisch ist mit Skilfingr in der *Edda*, einem von den Beinamen Odins, und mit scylfingas, einer Benennung des schwedischen Ynglingageschlechts in der altenglischen Dichtung *Beowulf*.

Die Szene und der Verlauf des Geschehens sind die gleichen wie in der *Edda*, mit dem Unterschied, daß dort Gunnar und Atle die Kontrahenten sind. Hagen provoziert Gunthers Tod und verhöhnt Kriemhild danach. Alles ist gekommen, wie er es wollte; wo der Hort ist, weiß jetzt nur Gott und er selbst, und dem Teufelsweib Kriemhild soll es für immer verborgen bleiben:

„Du hâst iz nach dînem willen z'einem ende brâht
und ist ouch rehte ergangen als ich mir hête gedâht.

Nu ist von den Burgonden der edel künec tôt,
Gîselher der junge, und ouch her Gernôt.
Den schaz den weiz nu nieman wan got unde mîn:
der sol dich, vâlandinne, immer wol verholn sîn."

Der Hohn macht Kriemhild rasend, sie zieht das Schwert Hagens aus der Scheide, holt zum Hieb aus und schlägt ihrem Feind den Kopf ab –

si huob ez mit ir handen, daz houpt si im ab sluoc

– worauf sie selbst, gellend schreiend, von Hildebrand niedergestochen wird.

Hält man sich strikt an den Text, ist also in der Stunde der Entscheidung die Gier Kriemhilds nach dem Hort der Nibelungen mindestens genauso stark wie ihre Rachegelüste für den Tod Siegfrieds. Das Hortmotiv scheint hier die gleiche handlungsfördernde Funktion und die gleiche symbolische Bedeutung wie in den Liedern der *Edda* zu haben. So hat auch August Wilhelm Schlegel die Dinge gesehen:

> Ich glaube also dem Dichter auch keinen ihm fremden Sinn beizulegen, wenn ich behaupte, er habe durch das Ganze den an dem von Siegfried eroberten nordischen Zauberschatz haftenden Fluch zeigen wollen. Denn dieser Schatz wird beinahe beim ersten Auftreten Siegfrieds erwähnt, und wiederum ganz am Schlusse in der letzten Rede Hagen's, der sich weigert Kriemhilden zu entdecken, wohin er ihn versteckt. So hat also die neidische Unterwelt das Zaubergold wieder an sich gerissen, nachdem alles das Unheil vollendet ist, was es zuerst über seinen Besitzer, dann über die ungerechten Räuber, und endlich über viele tausend Unschuldige gebracht hat; und gerade der liebenswürdigste aller Helden bringt durch seine Verstrickung in zauberische Künste das Verderben über die Welt.[146]

Kriemhild soll also zwei Handlungsmotive gehabt haben, die Gier nach Rache und die nach dem Hort der Nibelungen. In der älteren Forschung war diese Auffassung allgemein verbreitet. Man sah deutlich die ent-

---

146 August Wilhelm Schlegel, *Vorlesungen über schöne Literatur und Kunst*, III, S. 124.

Der Drävlestein in Uppland, einer von vielen sog. Sigurdsteinen in Schweden. Zuoberst ist zu sehen, wie Sigurd mit seinem Schwert Fafne durchbohrt, weiter unten links Andvari mit dem Ring

Wilhelm von Kaulbach: *Siegfrieds Kampf mit dem Drachen* (1883)

wicklungsgeschichtliche Ursache der Entstehung des Doppelmotivs – den Rollentausch zwischen Etzel und Kriemhild, durch welchen Kriemhild Etzels Gier nach Gold übernimmt, und ihre Rachebegierde, die sich gegen den Mörder Siegfrieds richtet – und gab sich mit dieser Erklärung zufrieden. Man zog nicht in Betracht, daß die beiden Motive schließlich zu einem Konflikt führen müssen, dazu, daß Kriemhild vor eine Wahl gestellt wird – sie kann nur in den Besitz des Schatzes kommen, wenn sie Hagen ungeschoren läßt, sie verliert ihn, wenn sie Rache übt.

Wer das *Nibelungenlied* ohne Seitenblicke auf die Textgeschichte liest, muß den Eindruck bekommen, Kriemhilds Lust auf das Gold sei ein disparates Moment, eine Abweichung vom Grundplan der Erzählung, in dem die Schuld Hagens und der Haß und die Rache Kriemhilds deutliche Spannungspole sind. Die Goldgier könnte eine Komponente in Hagens Charakter sein, aber es würde der Psychologie der Handlung zuwiderlaufen und würde die ganze Intrige gefährden, wenn sie auch Macht über Kriemhild hätte.[147]

Diese Schlußfolgerung liefert den Vertretern einer textimmanenten Analyse des *Nibelungenlieds* ein Argument für eine andere Deutung der Funktion des Hortmotivs. Wenn Kriemhilds Forderung nach dem Schatz nicht ganz einfach pathetische Rhetorik[148] ist oder ein Vorwand, um Hagen töten zu können,[149] so kann es doch nicht das Gold an sich sein, nach dem es sie so verlangt; daß ihr der Schatz so viel bedeutet, muß daran liegen, daß er eine besondere Rolle in ihrem Leben spielt. Hier stehen dann mehrere Möglichkeiten zur Interpretation offen. Der Schatz kann ein Symbol für Kriemhilds sozialen Status sein: wenn der Raub ihres Eigentums durch Hagen nach dem Ehrenkodex der Ritterzeit einen Ehrenverlust für Kriemhild bedeutete, würde die Rückgabe ihre Rehabilitierung bedeuten[150] – und eine entsprechende Demütigung für Hagen. Es kann aber auch so sein, daß Kriemhild den Goldschatz, das Geschenk Siegfrieds, immer mehr mit Siegfrieds Person identifiziert hat.[151] Ihn nicht zurückzufordern wäre dann gleichbedeutend mit einem

---

[147] Vgl. Bert Nagel, *Staufische Klassik*, S. 140: „Wenn Kriemhild, um sich an Hagen zu rächen, zwei Völker in den Untergang treibt, dann aber, als sie endlich des Todfeindes habhaft geworden ist, diesem gegen Rückgabe des ihr geraubten Hortes die Freilassung anbietet, so steht das in schroffem Gegensatz zur Gesamtkonzeption des Liedes, die die Rache für die Ermordung Siegfrieds als das ausschließliche Lebensziel Kriemhilds betont. Wenn die Schlußszene wirklich so aufgefaßt werden müßte, daß es Kriemhild nicht mehr um Rache, sondern nur noch um materielle Entschädigung geht, so läge hier ein unverzeihliches Versagen des Dichters vor."

[148] So Rolf Endres, *Einführung in die mittelhochdeutsche Literatur*, S. 143.

[149] So z.B. Werner Hoffmann, *Das Nibelungenlied*, S. 71.

[150] So Friedrich Maurer. a. a. O., S. 21ff.; Roswitha Wisniewski, *Die Darstellung des Niflungenunterganges in der Thidrekssaga*, S. 191.

[151] So schon 1915 Joseph Seemüller, *Anzeiger für deutsches Altertum* 30, S. 9.

Treuebruch.[152] Eine dritte Deutung wäre die, daß Kriemhild in Hagen die falsche Hoffnung, sein Leben retten zu können, erwecken will; Hagen erniedrigt zu sehen, wäre die vollendete Rache: „Deshalb mißversteht sie seine Worte *die wîle daz si leben, / deheiner mîner herren, / sô sol ich in niemene geben* (2368) als ein Angebot; deshalb ist sie sogleich bereit, Gunther aus dem Wege zu schaffen, und deshalb kommt sie selbst mit Gunthers Haupt zu Hagen – aber sie hat sich verrechnet. Wo sie schon zu triumphieren meint, spielt er den höchsten Trumpf aus, über den nun nichts mehr geht. Den sie nicht beugen konnte, sie kann ihn nur erschlagen.“[153]

★

Die Frage nach der Funktion des Hortmotivs hat eine prinzipielle Reichweite. Die geführte Debatte kennenzulernen, ist anregend und lehrreich. Sie stützt die These von der schöpferischen Lektüre, wodurch die Dichtung für jeden Leser zur individuellen Erfahrung und zum Eigentum wird. Die Interpretation durch den Leser ist deshalb einerseits wahr und gültig, andererseits aber nur für ihn allein wahr. In der Sachfrage, wie der Dichter meint, daß die Schlußszene mit der Konfrontation zwischen Hagen und Kriemhild gedeutet werden soll, trägt die Diskussion kaum zu einer Klärung bei. Es ist eher so, daß jeder neue Vorschlag die Unsicherheit erhöht.

Was man weiß, und wovon man ausgehen muß, wenn es einem darum geht, die Absicht des Dichters aufzuspüren, ist die Tatsache, daß die Schlußverse des *Nibelungenlieds* zu den allerältesten Erzählelementen der Sage gehören und daß der letzte Dichter sie unverändert übernommen hat, obwohl sie, ohne Symbolik gedeutet, die Konsequenz der Intrige unterbrechen. Daß der Dichter diese Problematik nicht gesehen hätte, ist sehr unwahrscheinlich. Wahrscheinlicher ist die Annahme, daß er es für wichtiger gehalten hat, die Schlußszene so zu bewahren, wie sie in der Tradition vorliegt, mit ihrer unerhörten dramatischen Kraft, als sie seinem Grundplan anzugleichen, und daß er es seinen Lesern überlassen hat, falls nötig, selbst eine vermittelnde Symbolik zu finden.

Ein solcher Entschluß zeugt von großem Kunstverstand. Andreas Heusler hat darauf hingewiesen, daß es eine deutliche Tendenz beim Dichter gibt, die Bedeutung des Motivs von Kriemhilds Begierde nach dem Schatz der Nibelungen abzuschwächen, daß er es aber an zwei Stellen mit unverhohlener Deutlichkeit stehen läßt: einmal, als Kriemhild die ankommenden Burgunder empfängt, und zum zweiten Mal in der Schlußszene. Man kann ohne Vorbehalt Heusler darin zustimmen, daß

---

[152] So Bert Nagel. a. a. O., S. 534; vgl. auch Gernot Müller, a. a. O., S. 220.

[153] Helmut Brackert, *Das Nibelungenlied*, 2, S. 269f.

die Wirkung des Motivs auf den Leser beide Male von der Art ist, daß niemand wohl wünschen kann, der Dichter hätte die Rolle Kriemhilds von der Begierde nach dem Hort befreit.[154] Es soll auch unterstrichen werden, daß, falls das Bild von Kriemhild durch die Verwirrung der Motive etwas diffus wird, andererseits das Bild von Hagen, der anderen dominanten Gestalt des Epos, sich durch die Schlußszene vervollkommnet.

Die Diskussion um die Beziehung und das Kräfteverhältnis zwischen dem letzten Dichter des *Nibelungenlieds* und seiner stofflichen Quelle, der alten Heldensage, hat von Anfang an im Zentrum der Nibelungenforschung gestanden. Je nach der herrschenden kunst- und forschungsideologischen Doktrin hat man entweder das eine oder das andere als das wichtigere betont. Nicht als „Erkenntnis", sondern als ein Kompromiß, als Synthese einer Diskusssion von über zweihundert Jahren, könnte vielleicht die folgende einfache These dienen: Die epische Tradition ist vor allem eine Kraft- und Ideenquelle für den Dichter gewesen, aber sie war darüber hinaus auch eine lebendige Kraft, die der Dichter in der Regel für seinen Zweck nutzen konnte, deren Intensität ihn aber manchmal zu Abweichungen vom selbstgewählten Weg zwang.

---

[154] Andreas Heusler, *Nibelungensage und Nibelungenlied*, S. 195.

Kriemhild. Rollenfoto aus Fritz Langs und Thea von Harbous Stummfilm *Die Nibelungen* von 1923/24

16

Die Mobilmachung des „deutschen Geistes“

Gegen die These, daß ein literarisches Werk aus der Vergangenheit, um recht verstanden zu werden, aus seinen Entstehungsbedingungen heraus interpretiert werden muß, können Einwände angeführt werden.

Erstens gibt die Zeit dem Werk eine neue inhaltliche Dimension. Wenn auch Thema und Absicht der Dichtung von so allgemeinmenschlichem und zeitlosem Charakter sind, daß sie ihren Ursprung bewahren und gleichzeitig transzendieren können, bekommt das Werk durch seine bloße Existenz in der Zeit, durch sein Alter und sein Leben in einer Tradition, eine Bedeutung, die es in seiner Ursprünglichkeit und ersten Lebenszeit nicht aufweisen konnte. Leser einer späteren Zeit erleben das Werk, um mit Friedrich Schiller zu sprechen, nicht mehr „naiv“, sondern „sentimental“:

> Das Gefühl, von dem hier die Rede ist, ist also nicht das, was die Alten hatten; es ist vielmehr einerlei mit demjenigen, welches wir für die Alten haben. Sie empfanden natürlich; wir empfinden das Natürliche. Es war ohne Zweifel ein ganz anderes Gefühl, was Homers Seele erfüllte, als er seinen göttlichen Sauhirt den Ulysses bewirten ließ, als was die Seele des jungen Werthers bewegte, da er nach einer lästigen Gesellschaft diesen Gesang las.[155]

Zweitens lebt eine Dichtung, wenn sie wirklich lebt, immer im Verhältnis zu den Menschen, von denen sie gelesen wird, und mit veränderten Relationen bekommt sie notwendigerweise eine andere Bedeutung. „Eine jede Zeit wird einen überlieferten Text auf ihre Weise verstehen müssen, denn er gehört in das Ganze der Überlieferung, an der sie ein sachliches Interesse nimmt und in der sie sich selbst zu verstehen sucht.“[156] Man macht die Dichtung zur Geschichte, petrifiziert sie, wenn man ihr Wirkungspotential auf die Vorstellungsassoziationen einengt, die sie beim ursprünglichen Publikum, der Absicht des Dichters entsprechend, hervorrief.

Selbstverständlich bedeutet dies nicht, daß es uninteressant oder unwichtig wäre, die Geschichte einer Dichtung zu kennen. Ganz im Gegenteil bereichert das wahrscheinlich in den meisten Fällen das Leseer-

---

[155] Friedrich Schiller, *Über naive und sentimentalische Dichtung*, S. 553.
[156] Hans-Georg Gadamer, *Wahrheit und Methode*, S. 280.

lebnis, in zunehmendem Maße je länger die Entstehung des Werkes zurückliegt. Die Historizität ist ein konstitutiver Teil des Werkes, ein Teil seiner Attraktion und Wirkungskraft. Sie umfaßt jedoch nicht nur den Ursprung, sondern auch und vielleicht sogar vor allem anderen die Entwicklungsgeschichte, d.h. die Deutungstradition, die ebenfalls in jedem ihrer Stadien relativ zur Zeit, zum Zeitgeist, ist.

Für das *Nibelungenlied* ist heute nicht nur die ursprüngliche Unmittelbarkeit im Kontakt mit dem Publikum, bedingt durch den gemeinsamen Referenzrahmen, verlorengegangen; das Werk hat auch durch die „Vor-Urteile“ der Kritik eine Bedeutung erhalten, die es von seiner ursprünglichen Identität abhebt, und eine Wirkung, die das rein literarische Erlebnis übersteigt und in das konkrete politische Leben hineinreicht.

Leicht modifiziert hat *das* Bild vom *Nibelungenlied* bis in unsere Zeit überlebt, das in den ersten Jahren des 19. Jahrhunderts geschaffen wurde, besonders während der Spätromantik, auch die politische Romantik genannt, als Philosophie, Kunstanschauung und Politik in einer ideologischen Symbiose vereint waren.

★

Es war das Zeitgeschehen, das der romantischen Bewegung als solcher und vor allem der romantischen Nibelungenrezeption eine deutliche politische Prägung gab.

1805 war Preußen von den Truppen Napoleons besetzt worden; sein Schicksal war in den Schlachten von Jena und Auerstädt entschieden worden; der König war auf der Flucht, und Napoleon konnte als Sieger in Berlin einziehen. Die Folge von Preußens politischem Zusammenbruch, der auch die Auflösung des 900-jährigen „Heiligen deutschen Reiches“ bedeutete, war ein nationales Erwachen, das unter den akademisch Gebildeten entstand[157] und rasch auf die breiten Schichten des Volkes übersprang.

---

[157] Ein faszinierendes Zeitbild, das das vaterländische Engagement der preußischen Universitätsprofessoren dokumentiert, vermittelt der Philosophieprofessor Friedrich Köppen in einer Schrift über das Jahr 1813: „Die Professoren der Universität Berlin bildeten einen eigenen Trupp und übten sich häufig in der Waffe, der kleine bucklige Schleiermacher, der kaum die Pike tragen konnte, auf der äußersten Linken, der baumlange Savigny auf dem rechten Flügel; der lebhafte, knirpsige Niebuhr exerzierte, daß die nur federgewandten Hände Schwielen bekamen; der ideologisch tapfere Fichte erschien bis zu den Zähnen bewaffnet, zwei Pistolen im breiten Gürtel, einen Pallasch hinter sich herschleppend. [...] Der alte Schadow führte die Schar der Künstler, Iffland die Helden der Bühne; diese wie jene meist abentheuerlich-mittelalterlich und phantastisch-theatralisch kostümiert.“ (Friedrich Köppen hier zitiert nach Lerke von Saalfeld, *Die ideologische Funktion des Nibelungenliedes*, S. 87.)

Unter dem Druck des Zeitgeistes wurde die romantische Bewegung immer politischer: Kunstphilosophie und vaterländischer Enthusiasmus vereinten sich in einer ambivalenten ideologischen Begriffsbildung. Das ästhetische Ideensystem Schellings erhält einen nationalen Anwendungsbereich. Seine These vom „Unbewußten" als einer schöpferischen Kraft in der Dichtung erklärt die Entstehung der „Volkspoesie", der damit auch ein höherer poetischer Rang als der „Kunstpoesie" zuerkannt wird. Überhaupt steht in der Spätromantik, im deutlichen Gegensatz zur individualistisch-aristokratischen Frühromantik, das „Volk" und die „Volksseele" im Mittelpunkt. Das Volk wird als ein überindividueller, biologisch-historischer Organismus aufgefaßt, die gemeinsame Geschichte als seine Lebensform und die Sprache als ein verbindendes, konstituierendes und kennzeichnendes Element.

Für den so definierten Begriff *Volk* ist der Terminus *Nation* ein beinahe synonymer Ausdruck, zwischen *Nation* und *Staat* dagegen sieht man einen grundlegenden Unterschied: die Nation ist eine ‚Gemeinschaft zwischen Menschen mit gleicher Abstammung und Sprache' (diese Definition findet sich schon bei Kant), der Staat aber hat kein organisches Leben, er bekommt seine konstitutive Form von außen und wird nur von einem politischen Regime zusammengehalten.

Eine Nation kann also leben auch wenn sie als Staat untergegangen ist. Sie lebt so lange wie es beim Volk ein Bewußtsein seiner Identität und Geschichte gibt. Deshalb ist es – so die romantisch-politische These – von größter Wichtigkeit, daß die Geschichte am Leben erhalten wird. Die wahre Geschichte des Volkes ist dabei als die Geschichte des „deutschen Geistes" zu verstehen, die man deutlicher in Kunst und Literatur als in der politischen Entwicklung verfolgen kann. Die vaterländische Gesinnung beim Volke ist folglich vor allem durch eine Darstellung der deutschen Ideen- und Literaturgeschichte aus einer bewußt national-politischen Perspektive zu wecken und zu befestigen. In diesem Geiste und mit dieser ausdrücklichen Zielsetzung verfaßt der Theologe und Philologe Ludwig Wachler 1818 seine *Vorlesungen über die Geschichte der teutschen Nationallitteratur*, mit denen eine lange und zähe Tradition nationaler und oft nationalistisch tendenziöser Literaturgeschichtsschreibung in Deutschland eingeleitet wird, die in der totalen politischen Ideologisierung der Geschichte von Kunst und Dichtung im Dritten Reich gipfelt.

Eine wirksame und treibende Kraft hinter dieser Entwicklung sind die *Reden an die deutsche Nation* (1807–08) von Johann Gottlieb Fichte, in denen die Deutschen dazu aufgerufen werden, sich auf ihre nationale Eigenart zu besinnen und in der äußeren Unfreiheit ihre geistige Souveränität zu bewahren. Ein effektives Mittel, sagt Fichte, den „deutschen Geist" zu beschwören und zu bewahren, wäre eine engagierende und begeisternde Darstellung der deutschen Geschichte, die wie Bibel und Gesangbuch ein „Volksbuch“ werden könnte.[158]

Eine solche Funktion etwa bekommt das *Nibelungenlied* während und nach den Napoleonischen Kriegen. Es erhält eine Bedeutung, die über die Wirkung von Dichtung und Fiktion hinausgeht. Das Epos wird zur „heiligen Urkunde“[159], die dem deutschen Volk eine geschichtlich-nationale Identität geben soll.[160] „Es ist selten unter den Gebildeten eines Volkes ein literarisches Werk so allgemein anerkannt und mit solcher Inbrunst gelesen worden wie das *Nibelungenlied* in den beiden ersten Dezennien des 19. Jahrhunderts“, stellt Helmut Brackert fest.[161] „Es scheint“, schreibt Friedrich von der Hagen in der Vorrede zu seiner *Nibelungenlied*-Übertragung 1807, „als sehe man in Vergangenheit und Dichtung, was in der Gegenwart schmerzlich untergeht!“; hierbei kommt vor allen Dingen das *Nibelungenlied* in Frage, kein anderes Werk kann „ein vaterländisches Herz so rühren und ergreifen, so ergötzen und stärken als dieses“, mit seiner Darstellung der „herrlichsten männlichen Tugenden“:

> Gastlichkeit, Biederkeit, Redlichkeit, Treue und Freundschaft bis in den Tod, Menschlichkeit, Milde und Großmuth in des Kampfes Noth, unerschütterlicher Standmuth, übermenschliche Tapferkeit, Kühnheit und willige Opfrung für Ehre, Pflicht und Recht; Tugenden, die in der Verschlingung mit den wilden Eigenschaften und düstern Gewalten der Rache, des Zornes, des Grimmes, der Wuth und der grausen Todeslust nur noch glänzender und mannichfaltiger erscheinen, und uns, zwar trauernd und klagend, doch auch getröstet und gestärkt zurücklassen, uns mit Ergebung in das Unabwendliche, doch zugleich mit Muth zu Wort und That, mit Stolz und Vertrauen auf Vaterland und Volk, mit Hoffnung auf dereinstige Wiederkehr Deutscher Glorie und Weltherrlichkeit.

Für die junge deutsche Philologie, die während der Befreiungskriege eine akademische Disziplin wird und deren wichtigste Triebfeder, wie offen deklariert wird, der Patriotismus ist,[162] bekommt das Nibelungenepos eine selbstverständliche und unbestritten zentrale Bedeutung:

---

158 Johann Gottlieb von Fichte, *Reden an die deutsche Nation*, S. 468.

159 Franz Josef Mone, *Einleitung in das Nibelungenlied*, S. 67.

160 Als ein aus heutiger Perspektive kurioser Beleg dafür kann dienen, daß 1815 eine „Soldatenausgabe“ des *Nibelungenlieds* herauskam, die „ein lieber und treuer Zeltkamerad“, im Tornisterformat, für „die Jünglinge, wenn sie ins Feld ziehen,“ sein sollte. Ein Beispiel dafür, wie auch die Brüder Grimm das Studium des Altdeutschen in den Dienst am Vaterland stellten, ist die an die hessischen Kriegsfreiwilligen gerichtete Dedikation ihrer Ausgabe des *Armen Heinrich*, in dem dargestellt werde, wie jugendliche Treue und Liebe bereit sei, dem Fürsten Blut und Leben zu opfern und dafür von Gott belohnt werden.

161 Helmut Brackert, *Nibelungenlied und Nationalgedanke*, S. 346.

162 Vgl. Wilhelm Grimm: „Die deutsche Alterthumswissenschaft hat den Ruhm, zu einer Zeit entstanden zu sein, wo fremde Gewalt auf Deutschland lastete. Sie wollte, soweit es bei ihr

Henrik Steffens (1773–1845) (Naturforscher und Philosoph) mahnt 1813 zum Volksaufstand gegen Napoleon. Litographie nach einem Gemälde von Arthur Kampf

> Das *Nibelungenlied* und immer wieder das *Nibelungenlied* [war] das Hauptobjekt der wissenschaftlichen Anstrengung [...], wohingegen nachmittelalterliche Sprach- und Literaturgeschichte nicht berücksichtigt wurden. Das *Nibelungenlied* war Zentrum der deutschen Literaturgeschichte, war Kristallisationspunkt des nationalen poetischen ‚Vermögens', war Ausgangspunkt und Ziel alles sprachhistorischen und mythologischen Bemühens: es war schlechthin das Identifikationsobjekt der deutschen Philologie.[163]

Eine zentrale Stellung in der deutschen Philologie hat das *Nibelungenlied* bis heute behalten, wie auch eine politische Bedeutung in einer ideologisch fixierten Bildungstradition: indem die Rezeption „bestimmte, politisch wirksame Leitbilder und Stereotype ausformt," wird sie „eine wichtige, wenngleich unheilvolle Komponente der deutschen Geschichte des 19. und beginnenden 20. Jahrhunderts;"[164] die moderne li-

---

stand, den Geist stärken, dessen Kraft langsam wächst, dessen Erfolg sicher ist. Sie wird diesen Ursprung nicht verläugnen, sondern daran fest halten, daß Sicherung und Wiederbelebung des Vaterländischen ihr letztes Ziel ist." (*Antrittsrede in der Akademie. Gehalten am 8. Juli 1841.*)

[163] Jörg Jochen Müller, *Germanistik – eine Form bürgerlicher Opposition*, S. 89f.

[164] Helmut Brackert, *Das Nibelungenlied*, 1, S. 252.

terarische Rezeptionsgeschichte des Epos ist deshalb in hohem Grade „gleichzeitig die Geschichte seines Mißbrauchs für ideologisch-politische Beeinflussung und ein Beitrag zur Ideologiegeschichte des deutschen Klein- und Mittelbürgertums".[165]

---

[165] Hildegard Labenz, *Zur Wirkungsgeschichte des Nibelungenliedes in der deutschen Literatur von 1900 bis 1933*, S. II.

17

„Mit dieser Dichtung kann man Armeen aus der Erde stampfen"

Die politische Entwicklung Deutschlands nach den Napoleonischen Kriegen lief der Volksmeinung entgegen. Die nationale Einheit, die der neuerwachten vaterländischen Bewegung als weiteres Ziel für den Freiheitskampf vorgeschwebt hatte, wurde nicht verwirklicht. Alle Bestrebungen in dieser Richtung wurden im Gegenteil während der Restauration und Reaktion brutal und effektiv unterdrückt.

In dieser Situation, als jede direkte politische Aktivität verboten ist, wendet man den Blick zurück, auf die deutsche Vergangenheit: der Sinn für das Nationale soll durch das Studium des deutschen Altertums geweckt und angefeuert werden, und als das geeignetste Medium hierfür betrachtet man das alte Heldenepos. Während der Enthusiasmus der romantischen Dichter und Denker für das *Nibelungenlied* zu dieser Zeit allgemein sinkt, verstärkt sich in der Zeit nach den Befreiungskriegen seine politisch-propagandistische Bedeutung. Diese Dichtung ist, hält einer der ersten Übersetzer fest, „Feld- und Zeltpoesie, damit kann man Armeen aus der Erde stampfen, wenn es den Verwüstern des Reichs, den gallischen Mordbrennern [...] zu wehren gilt".[166]

Bis in unsere Zeit hinein wird diese Funktion in der Regel kaum als weniger wichtig betrachtet als seine literarische, ästhetische Bedeutung. Das *Nibelungenlied* wird zu einem Nationalepos stilisiert – mit anderen Worten: es erhält eine politische Propagandafunktion.

Richtungweisend ist ein Aufsatz von August Wilhelm Schlegel, geschrieben bereits im Jahre 1812: *Aus einer noch ungedruckten Untersuchung über das Lied der Nibelungen.* Darin wird teils das Mittelalter in der gleichen Weise verherrlicht wie von Novalis in dessen *Europa*-Aufsatz, teils wird die Forderung erhoben, das *Nibelungenlied* zu einem „Hauptbuch" für die Erziehung der deutschen Jugend zu machen: „Dieß Heldengedicht muß in allen Schulen, die sich nicht kümmerlich auf den nothdürftigsten Unterricht einschränken, gelesen und erklärt werden." Schlegel motiviert diese Forderung mit der poetischen Schönheit des Epos, mit dessen historischer Wahrheit und „echt deutscher Art" und vor allem damit, daß durch die Lektüre des *Nibelungenlieds*

[166] Karl Simrock, hier zitiert nach Otfried Ehrismann, *Das Nibelungenlied in Deutschland*, S. 119.

der Jugend das Gefühl vermittelt werde, einem „selbständigen, von uralter Zeit unvermischten, glorreichen und unzertrennlichen" Volk anzugehören.[167]

> Die Geschichte der neueren Zeit [...] bietet in Absicht auf Deutschland beynahe nichts anders dar, als das traurige Schauspiel, wie das Reich seiner Auflösung allmählich entgegen gegangen: zuerst durch die unselige Religions-Spaltung, hieraus entsprungene Bürgerkriege, erst nach mehr als einem Jahrhundert durch einen Frieden beendigt, welcher dem ausländischen Einfluß Thor und Thür öffnete, und seit welchem die Reichsverfassung das Spiel jedes Mächtigen geworden. Die letzten Jahrhunderte der europäischen Geschichte zeigen uns das Aufkommen der Finanzkünste, die Vermehrung der stehenden Heere, eine wissenschaftliche Kriegskunst, eine verwickelte und ränkevolle Politik, überhaupt das Wirken der Staaten gegen einander in großen Massen, wo der einzelne nur als Ziffer gilt. Große Menschen, solche, welche das von Gott ihnen ins Leben mitgegebene Erbtheil persönlicher Kraft mit dem beharrlichsten Nachdruck ihres Willens behaupteten und anbauten, sind im Mittelalter zu Hause [...]. Alles verkleinert sich mehr und mehr, je näher wir unsern Tagen rücken. Die Geschichte jener fernen Jahrhunderte, im ächten Sinne dargestellt, ist ganz dazu gemacht, vaterländische und männliche Gesinnungen zu bilden. [...] Lernen wir nun erst das Mittelalter recht kennen, dringen wir ein in den Geist der Weisheit, Gerechtigkeit und Biederkeit, der sein Wirken bezeichnet. Es ist aber nicht genug, dessen Geschichte aus todten Urkunden diplomatisch genau zu beschreiben. [...] Die uralten Sagen werden immer die beste Einleitung und Vorbereitung zu einer wahrhaft vaterländischen Geschichte seyn. Sie enthalten zwar nur zum Theil urkundliche Wahrheit; das übrige ist nach den Gesetzen der Einbildungskraft hinzugedichtet. Aber sie offenbaren, was nicht in todten Schriftzügen aufbewahrt werden kann, die Stammesart und ursprüngliche Eigenthümlichkeit der Völker.
>
> – – –
>
> Lange habt ihr das heranwachsende Geschlecht mit süßlicher aber markloser Nahrung kläglich verzärtelt: der Erfolg ist darnach ausgefallen. Versucht es einmal anders. Führt die Jugend ins Freie hinaus, an den halb verwitterten Urfels der Sage, wo der mit Eisen geschwängerte Quell der Heldendichtung noch lebendig hervorsprudelt. Da laßt sie einen frischen Trunk thun. Das Eisen ist nicht nur das nützlichste aller Erze im Kriege und im Frieden, es ist auch dem menschlichen Körper das angemessenste; und, innerlich gebraucht, wirkt es heilsam, die erschlafften Glieder wieder neu zu stärken.[168]

---

167 August Wilhelm Schlegel, *Aus einer noch ungedruckten Untersuchung über das Lied der Nibelungen*, S. 20, S. 27f., S. 31.

168 August Wilhelm Schlegel, a. a. O., S. 33ff. und S. 22.

In den folgenden Jahrzehnten wird in zahlreichen Einführungen, Auslegungen und Kommentaren in Schulausgaben und Übersetzungen des *Nibelungenlieds* das gleiche Thema wiederholt und variiert. Es geht nicht darum, durch literarische Analysen ein wirkliches Verständnis der mittelalterlichen Dichtung zu vermitteln zu versuchen, sondern um das Entwickeln einer politisch-propagandistischen Botschaft. Ein repräsentatives Zitat sagt hier mehr als eine Beschreibung.

> Jedem Volk muß erlaubt sein, Blut von seinem Blute höher zu schätzen als fremdes, ja das Gegentheil ist Sünde. [...] Nachdem wir uns Jahrhunderte lang treuherzig und gelehrig an fremdem Tisch gesättigt und das heimische Brodt verschmäht haben, steht jetzt mit Einem Male klar, unabweisbar, die Frage vor uns, ob wir endlich uns selbst erkennen und deutsch werden wollen [...] Der Geist unsres Volkes hat seine Formen verändert, sein Wesen nicht, und leichter verstehen wir dieses, wenn es uns in ungewohnter Gestalt wieder begegnet, als in der alltäglichen [...]. Hier [im *Nibelungenlied*] zeigt sich das germanische Gemüth mit seinen widersprechenden und doch innig verbundenen Eigenschaften, Trotz und Treue, Grimm und Ergebung, Wuth und Besonnenheit, List und Gradheit, Habgier und Aufopferung, wilder Kampflust und weichem Gefühl. [...] Und fragt es sich nun, wo wir Hoffnung haben, den heiligen Funken zu finden, der auf Deutschlands ödem Herde die Flamme der Vaterlandsliebe wieder anzünde, wohin lieber möchten wir uns wenden, als an unser eigenes Herz, an unsere Vergangenheit [...] und zuerst an die Dichtung, unter deren gewaltig strömenden Worten das reinste Gold versenkt liegt, wie der Nibelungen-Hort unter den grünen Wellen des Rheinstroms.[169]

Ein Patriotismus, der sich nicht in einer gesunden, demokratischen Staatsbildung frei entwickeln darf, bekommt, wenn er aufgedämmt, mit Irrationalismus und Mystizismus geladen und durch Fiktionsheroik geformt wird, eine gefährliche und unkontrollierbare Sprengkraft. In diesem Bewußtsein schreibt Heinrich Heine 1840 das Gedicht *Deutschland*, wo hellsichtig und vorausschauend, mit bitterer Ironie, in einem parodierenden Volksballadenstil mit Anspielungen auf das Nibelungenepos, beschrieben wird, was in Deutschland geschieht und wohin diese Entwicklung führen muß:

> *Deutschland ist noch ein kleines Kind,*
> *Doch die Sonne ist seine Amme;*
> *Sie säugt es nicht mit stiller Milch,*
> *Sie säugt es mit wilder Flamme.*

---

[169] Albert Schott, *Geschichte des Nibelungenliedes* (1843), S. 179f.

Bei solcher Nahrung wächst man schnell
Und kocht das Blut in den Adern.
Ihr Nachbarskinder, hütet euch
Mit dem jungen Burschen zu hadern!

Es ist ein täppisches Rieselein,
Reißt aus dem Boden die Eiche,
Und schlägt euch damit den Rücken wund
Und die Köpfe windelweiche.

Dem Siegfried gleicht er, dem edlen Fant,
Von dem wir singen und sagen;
Der hat, nachdem er geschmiedet sein Schwert,
Den Amboß entzwei geschlagen!

Ja, du wirst einst wie Siegfried sein,
Und töten den häßlichen Drachen,
Heisa! wie freudig vom Himmel herab
Wird deine Frau Amme lachen!

Du wirst ihn töten und seinen Hort,
Die Reichskleinodien, besitzen.
Heisa! wie wird auf deinem Haupt
Die goldne Krone blitzen!

Auch andere aufgeklärte Geister sahen natürlich mit Skepsis und Unlust die Tendenz, die politischen Zeitprobleme mit Mythologie und germanischer Sagenepik zu verbinden, verhielten sich aber, aus Opportunismus oder anderen Gründen, passiv. Einige Ausnahmen sollen jedoch besonders hervorgehoben werden.

Der Philosoph Friedrich Hegel bekennt ein persönliches Unvermögen, die nordische Mythologie in ihrer „Wildheit und trüben Verworrenheit" zu schätzen und weist entschieden die Versuche zurück, der frühnordischen Sagenwelt einen Platz in der Tagespolitik zuzuweisen, ihre Relevanz für die Menschen des 19. Jahrhunderts zu behaupten: „Zwar steht uns dieß ganz nordische Wesen der Nationalität nach näher, als z.B. die Poesie der Perser [...], doch es unsrer heutigen Bildung als etwas aufdrängen wollen, das auch jetzt noch unsere tiefere heimische Mitempfindung in Anspruch nehmen dürfte und für uns etwas Nationales seyn müßte, dieser mehrfach gewagte Versuch heißt sowohl den Werth jener zum Theil mißgestaltigen und barbarischen Vorstellungen durchaus überschätzen, als auch den Sinn und Geist unserer eigenen Gegenwart völlig verkennen".[170] Für Hegel ist nicht das deutsch-germanische Mittelalter, sondern die antike Tradition die Bildungsgrundlage der abendländischen Entwicklung.

[170] *Georg Wilhelm Friedrich Hegel's Vorlesungen über Ästhetik*, III, S. 406f.

Heinrich Heine, 1797–1856

„So sah ich aus, heute Morgen, den 6ten August 1829. H. Heine." Stich von E. Mandel

Im gleichen Sinne unterstreicht der Historiker und Literaturwissenschaftler Georg Gottfried Gervinus (der selbst durch seine Schriften entscheidend dazu beigetragen hat, das deutsche Nationalgefühl zu wecken), daß, wenn schon ein Epos als Mittel zur Erziehung der Jugend dienen sollte, dann nicht das *Nibelungenlied*, sondern Homer. Gervinus ist der Meinung, daß das *Nibelungenlied* erstens die Jugend nicht attrahiere: wenn das Werk, in der Schule behandelt, das Interesse des Schülers weckt, liegt das, behauptet er, einzig und allein an der liebevollen Auslegung durch einen begeisterten Lehrer und nicht an den Qualitäten des Textes; bei Homer ist es umgekehrt: die *Ilias* ist das einzige Buch in der Welt, „dem in einem irgend sinnigen Knaben auch die Mißhandlung des ärgsten Pedanten nur wenigen Schaden thut". Weiterhin und vor allen Dingen eignen sich die Helden des *Nibelungenlieds* nicht als Erziehungsideal, und es ist unpassend, „uns [...] mit dem schönen Gedanken einer Nationalerziehung ködern und fangen" zu wollen:

> Eine Nation, die die Bibel und den Homer zu ihren Erziehungsbüchern gemacht hat, die sich am besten Mark der ganzen Mensch-

heit nähren will, eine solche Nation kann einem solchen Werke, wie die Nibelungen, keinen so bevorzugenden Rang unter ihren Bildungs- und Unterrichtsmitteln gönnen; sie bleibt trotz ewigen Widersprüchen der Klüglinge auf dem betretenen Wege mit fester Ausdauer, während die Begeisterung für unsre alten Poesien von heute und gestern ist, und aus Zeiten die von einer Deutschtümelei befallen waren, über die wir mit kaltem Blute lachen. [...] trachten wir nicht mit eitlen Lobeserhebungen einen Werth zu geben, der nicht da ist: die Folge ist immer, daß man statt der Liebe, die man bezweckt, das gerade Gegentheil hervorruft. Dem Knaben, dem werdenden Menschen, können die Helden der Nibelungen die achäischen des Homer nicht ersetzen. Die Strebsamkeit, das Feuer, das Vertrauen auf menschliche Kraft, von dem diese beseelt sind, kann allein Menschen von tüchtiger Art bilden, die Passivität dieser alten Germanen, die ihre heidnische Unruhe schon mit einer gewissen Schläfrigkeit vertauscht haben, kann uns nicht das Gechlecht schaffen, das den gegenwärtigen Zeiten gegenüber nothwendig ist. Wie auch Nationalsinn durch dies Gedicht geweckt werden soll, wäre mir ein Räthsel, und die Hoffnungen, die man darauf in dieser Hinsicht baute, konnten nur [...] in einer so begeisterten Zeit wie 1813 aufkommen.[171]

In diesem Zusammenhang sollte auch der Philologe Karl Ernst Schubarth genannt werden, der teils deutlich Abstand nimmt von der Deutschtümelei und dem überspannten Germanenkult der Zeit, teils in Thematik und Tendenz des *Nibelungenlieds* keinen Grund zur nationalen Überhebung sieht. So wie Schubarth den Dichter des *Nibelungenlieds* versteht, war dieser „ganz von der Überzeugung durchdrungen [...], daß jene große abentheuerliche Zeit, die er uns in seinem Gedicht entwickelt, und mit aller Kunst und Lebendigkeit, die ihm zu Gebote steht, im Ganzen genommen auf einem hohlen, unmenschlichen, unnatürlichen Grunde ruhe, sodaß sie alle Keime ihrer Zerstörung schon in sich selbst trage“:

So ist denn alles falsch, was uns gewöhnlich von dem Zweck und der Richtung des Nibelungenliedes angegeben wird. Und wenn man behauptet, im Nibelungen-Liede sey die Feier der germanischen Urzeit, und ihre Herrlichkeit und Großen erhalten, so ist das baare Gegentheil, nämlich die Unhaltbarkeit dieses germanischen Wesens, der eigentlich wahre Mittelpunct des Gedichts.[172]

---

171 Georg Gottfried Gervinus, *Geschichte der poetischen National-Literatur der Deutschen*, I, S. 272f.

172 Karl Ernst Schubarth, *Zur Einleitung übers Nibelungenlied*, hier zitiert nach Lerke von Saalfeld, *Die ideologische Funktion des Nibelungenliedes in der preußisch-deutschen Geschichte*, S. 104.

18

Der Nibelungenmythos – eine Offenbarung der deutschen Volksseele?

Hegels, Gervinus', Schubarths und anderer maßvoller Beurteiler (zu ihnen gehörten auch die Brüder Grimm) Ermahnung zur Besinnung, ihre Warnung davor, germanische barbarische Fiktionshelden als nationale Vorbilder aufzustellen, findet nur ein schwaches Echo in der deutschen Öffentlichkeit während der Restauration und Reaktion. Ganz im Gegenteil wird dem *Nibelungenlied* die Rolle eines Symbolarsenals in der nationalen Agitation zugedacht, die in den beiden Jahrzehnten zwischen der Revolution von 1848, welche die ersehnte politische Einigung nicht herbeiführte, und dem Krieg gegen Frankreich 1870–71, durch den das Ziel schließlich verwirklicht wurde, ihren Höhepunkt erreichte.

In der frühesten politischen Nibelungenrezeption, während und unmittelbar nach den Napoleonischen Kriegen, existierte noch eine Konsequenz und ein innerer Zusammenhang in der symbolischen Interpretation, und eine deutliche Anknüpfung an die spätromantische Epostheorie, laut der das Epos im Volke entstanden war und folglich das Leben des Volkes, die Vorstellungen und die Taten des Volkes widerspiegelte. So deutete man – wenn auch oft naiv tendenziös, um der eigenen Wunschvorstellung von der Gegenwart Relevanz zu verleihen – die Gestalten des *Nibelungenlieds* als Symbole für den deutschen Volkscharakter, dessen Reinigung und Wiederherstellung erste und heiligste Pflicht sei: Kriemhild in ihrer Häuslichkeit und Demut als ein echtes Bild deutscher Weiblichkeit, Siegfried als der junge Held, herrlich und groß in seiner Festigkeit, Verwegenheit und Unerschrockenheit, in seinem edlen Verhalten zu den Besiegten, in seiner Bescheidenheit und Achtung den Älteren gegenüber, jeder einzelne Held als gekennzeichnet von den deutschen Tugenden Treue, Freundschaft, heldischem Sinn und Tapferkeit.[173]

Dieser Zusammenhang, wenn auch nicht mit der literarischen Realität des *Nibelungenlieds*, so doch mit der geltenden schablonenhaften Deutung des Werkes, geht mit der Zeit verloren. Die Symbolik bekommt einen unstrukturierten *ad hoc*-Charakter und wird völlig von

---

173 Vgl. z. B. Karl Besseldt, *Von dem Verhältnis altdeutscher Dichtungen zur volksthümlichen Erziehung*, S. 28.

dem aktuellen politischen Zweck geprägt. Gewisse wirkungsvolle Motive im *Nibelungenlied* werden in der literarisch-politischen Agitation mit einer Symbolik schablonisiert, die sie im Epos nicht haben. So wird beispielsweise der im Rhein versenkte Nibelungenhort ein symbolisch-metaphorischer Topos für die verlorene Freiheit und für das untergegangene deutsche Reich, das einst auferstehen wird. Und als nach der gescheiterten Revolution 1848 der Ruf nach einem „starken Mann" erschallt, einem Diktator[174], der Deutschlands Fürsten und Volk zur Einheit zwingen soll, ist es in der Regel Siegfried, der diese Erlösergestalt zu symbolisieren hat.

Ein Beispiel unter vielen für eine solche, vom ursprünglichen Zusammenhang losgelöste, zweckdienliche Symbolik ist Felix Dahns Gedicht *Der Bundestag* (1856)[175], das sich gegen den politisch machtlosen deutschen Bundestag in Frankfurt am Main richtet. Es hat zum Gegenstand den Nibelungen Siegfried, der wiederauferstehen und Deutschland retten soll. Er soll die Drachen töten, die Fürsten, die auf dem Schatz, der deutschen Freiheit, brütend hocken:

Zu Frankfurt in der alten Stadt am Maine,
Da liegt ein wirres Knäul von vielen Schlangen.
Auf ihren Häuptern goldne Krönlein prangen:
Sie hüten einen Hort, um den ich weine.
Denn dort, vergraben unter grauem Steine,
Ein Kleinod liegt, zu dem wir nie gelangen:
Der deutschen Stämme und Verlangen,
Daß Recht und Freiheit endlich sie vereine.
Mit gift'gem Biß zerfleischen sich die Drachen,
Treulos und falsch, in ihrem eignen Blute,
So lang kein Ritter naht, den Schatz zu retten.
Dann aber einen sich die gift'gen Rachen!
Wann kommt der Held von echtem Siegfriedsmute,
Der auseinander schlägt die Schlangenketten?

Die politische Unruhe in Deutschland in der Mitte des 19. Jahrhunderts hatte jedoch auch andere Ursachen als nur die nationale Frage. Diese engagierte vor allem Akademiker wie Professoren, Studenten (seit 1815 organisiert in Burschenschaften) und Pädagogen. In den tieferen Schich-

---

174 Dafür an dieser Stelle nur ein bezeichnendes Beispiel aus der Tendenzdichtung der Zeit: *Komm Einz'ger, wenn du schon geboren, / Tritt auf, wir folgen deiner Spur! / Du letzter aller Diktatoren, / Komm mit der letzten Diktatur!* (Johann Georg Fischer, 1849).

175 Felix Dahn (1834–1912) , Professor der Rechte, Autor historischer Romane mit nationaler Thematik; sein bekanntestes Werk, *Ein Kampf um Rom*, das mit stark nationaler Tendenz und aus rassistischer, antisemitischer Perspektive vom Untergang des ostgotischen Reiches handelt, war im Dritten Reich geschätzter Lesestoff für die Jugend (1938 an vierter Stelle auf der Bestsellerliste mit einer Auflage von 615000 Exemplaren).

ten des Volkes war die Unruhe vor allem sozialer Natur. Die sich schnell ausbreitende Industrialisierung und die Art und Weise ihrer Durchführung stürzte viele Menschen ins Elend. Die menschliche Arbeitskraft, auch minderjährige Kinder, wurde in endlosen Arbeitstagen bei Hungerlöhnen rücksichtslos ausgenutzt, die Handwerker wurden zu Proletariern und wehrten sich verzweifelt gegen Maschinen und Warenhäuser, in den Städten erhöhte sich rasch die Zahl der Arbeitslosen. In Schlesien protestierten im Jahre 1844 die Weber in einem verzweifelten Aufstand, der brutal niedergeschlagen wurde. 1848 legen Karl Marx und Friedrich Engels ihr *Kommunistisches Manifest* vor, in welchem die nationalen Bindungen mit den Klassenbegriffen Bourgeoisie und Proletariat ersetzt werden, denn: „Arbeiter haben kein Vaterland".

In der nationalistischen Agitation ist dagegen gerade die nationale Unfreiheit die Grundursache der sozialen Katastrophe. Das Thema lautet: Deutschland ist in Räuberhänden, es herrschen die Kräfte des zynischen, krassen Materialismus und Kommerzialismus. Mit der politischen Freiheit sind der Idealismus, die ethischen Werte und die geistige Gemeinschaft des Volkes verlorengegangen. Wenn es nur gelänge, die alten Ideale, *das deutsche Wesen*, zu neuem Leben zu erwecken, und den Nibelungendrachen des Materialismus zu vernichten, dann wäre die alte, glückliche Zeit wiedergekehrt:

– – –

Was soll ich weiter sagen? Ihr wißt es, was geschah:
Der Lindwurm lag erschlagen in zuckenden Stücken da.
Wie sich im Drachenblute rot der Held den Leib gestärkt,
Das hat die Nibelungennot Euch lange schon erzählt.

Ein neuer Drache hütet des Goldes edlen Schein,
Ein neuer Drache brütet und will bestritten sein.
Das ist das Ellenkrämertum, das jetzt die Welt regiert,
Was Poesie, was Lieb' und Ruhm! Es lacht und spekuliert.

Erfroren sind die Saaten, die Völker schrei'n nach Brot,
Es wälzt sich auf Dukaten und lächelt Eurer Not;
Ob Euch das Herz im Leibe bricht, ob gar ein Volk vergeht,
Das schiert die Krämerseele nicht, die Aktien ersteht.

Herr Sigurd, hör' uns flehen: Ersteh' aus kalter Erd',
Und magst Du nicht erstehen, so leih' uns nur Dein Schwert;
Es ist zu dick das Drachenfell, ein jedes Eisen springt,
Wenn nicht Dein Zauberdegen schnell zum schwammigen Herzen dringt.[176]

---

[176] Moritz von Strachwitz (1822–1847), *Sigurd Schlangentödter* (1842).

Julius Schnorr von Carolsfeld: *Hagen versenkt den Nibelungenschatz im Rhein.* 1845

Aus einer solchen revolutionär-romantisch-idealistischen Perspektive auf die Zeitgeschichte, und im „Vertrauen auf den deutschen Geist"[177] entsteht auch Richard Wagners monumentales Musikdrama *Der Ring des Nibelungen.*[178]

Wagner bewahrt in seiner Umdichtung die mythische Symbolik der ursprünglichen (germanischen) Nibelungengedichte und paßt sie gleichzeitig der Gegenwart an. Seine These ist, daß es eine Dialektik im Mythos gibt: in seiner reinen Struktur, seiner inneren Form, ist der Mythos

[177] Richard Wagner in seiner Widmung des *Rings des Nibelungen* an König Ludwig II. von Bayern.

[178] Der Text zum *Ring* entstand in den Jahren 1848–1852, die musikalische Gestaltung war erst 1874 beendet.

Zeitgenössische Darstellungen des „Elends in Schlesien" um 1840, des „Hungers und der Verzweiflung" und „der offiziellen Abhilfe"

zeitlos, aber seine Manifestationen in der Dichtung müssen zeitgebunden sein und ein Verhältnis zur Zeit ausdrücken. Es ist die Aufgabe des Dichters, den Mythos auf eine klare und deutliche Weise zu gestalten, in Übereinstimmung mit seiner eigenen Anschauung und seinem Verständnis der Zeit, in der er lebt.[179]

Dies entspricht in gewisser Weise der romantischen Definition von Poesie (vgl. oben S. 84: Ludwig Tieck), aber es gibt zwei wichtige prinzipielle Unterschiede. Der eine ist, daß Wagner eine bewußte Tendenz in die Umgestaltung des Mythos hineinlegt; der Mythos soll geprägt werden von des Dichters „Anschauung und Deutung seiner Zeit". Während weiter die Dichtung in der romantischen Theorie „offen" war, d.h. nach einem reflektierenden Leseaakt verlangte, erstrebt Wagner ein totales, unreflektiertes Engagement bei seinem Publikum. Seine Dramen sollen kein Appell an den Verstand sein, sondern einer an das Gefühl:

> Ich muß daher meinen ganzen Mythos, nach seiner tiefsten und weitesten Bedeutung, in höchster künstlerischer Deutlichkeit mittheilen, um vollständig verstanden zu werden; nichts darf von ihm irgendwie zur Ergänzung durch den Gedanken, durch die Reflexion übrig bleiben; jedes unbefangene menschliche Gefühl muß durch seine künstlerischen Wahrnehmungsorgane das Ganze begreifen kön-

[179] Richard Wagner, *Oper und Drama*, S.88.

nen, weil es dann auch erst das Einzelnste richtig in sich aufnehmen kann.[180]

Wagner greift der nationalsozialistischen Methode, Menschen durch die Ästhetik zu manipulieren, vor und liefert teilweise auch das Muster dazu. Was er mit seinen Musikdramen erreichen will, und vielleicht vor allem im *Ring des Nibelungen*, ist, „Gewißheit durch Gefühl"[181] zu schaffen, daß das Publikum durch das totale Kunsterlebnis emotional, und damit unerreichbar für Vernunft und Intellekt, seine – Wagners – eigene Anschauungsperspektive und die ideologisch-politische Tendenz des Kunstwerkes akzeptieren soll.

---

[180] Richard Wagner in einem Brief an Franz Liszt von 1851, hier zitiert nach Dagmar Ingenschay-Goch, *Richard Wagners neu erfundener Mythus*, S. 32.

[181] Richard Wagner, *Oper und Drama*, S. 78.

Im *Ring des Nibelungen* mythisiert und allegorisiert Wagner seine eigene Zeit und deren politische und soziale Problematik. Sein kunstideologischer Ausgangspunkt ist die romantische Vorstellung, daß der Mythos wahrer ist als die Geschichte, die akzidentelle Wirklichkeit. In der Geschichte ist der Mensch dazu reduziert worden, ein unselbständiges Produkt der „Entwicklung" zu sein, der Mythos dagegen offenbart sein eigentliches Wesen und seine Bestimmung: so bist du, so fühlst und denkst du, so würdest du handeln, wenn du nicht von der zwingenden Willkür des äußeren Lebens gesteuert würdest. Der Mythos ist also zeitlos wahr, er gibt das Schema für die zyklischen Wiederholungen im menschlichen Leben und ist deshalb ein tragenderes Anschauungsfundament als die „reelle" Geschichte.

Der Ring des Nibelungen ist eine anschauliche Gestaltung der Interpretation der mythischen Wahrheit und Botschaft des germanischen Nibelungenepos durch Wagner. In der symbolischen Form der Göttersage wird ein welthistorischer Prozeß beschrieben, ein Kampf zwischen den Mächten des Dunkels und des Lichtes (die thematische Struktur ist die gleiche wie in Novalis' visionärer Schilderung der Entwicklung der europäischen Geschichte seit dem Mittelalter): In einem ursprünglichen Zustand lebten die Menschen in Harmonie mit sich selbst und der Natur. Diese glückliche Zeit ging zu Ende, als die Gier nach Gold aufkam. Das Gold korrumpiert die Menschen. Die vertrauensvolle Gemeinschaft verschwand, und an ihre Stelle traten, eine unvermeidliche Entwicklung, Gesetze und Vereinbarungen, das Staatswesen, die kapitalistische Gesellschaft, wo es keinen Platz für Liebe gibt. Unter der schonungslosen und brutalen Herrschaft des Kapitals verlieren die Menschen ihre Würde und werden versklavt. Die ursprüngliche Ordnung kann nur durch eine Götterdämmerung, durch einen Weltbrand wiederhergestellt werden, in dem die alte Welt untergeht und aus dessen Chaos eine neue, vollkommenere geboren wird.

Siegfried ist für Wagner der Vertreter der „schönen, starken Menschen", denen diese neue Welt gehört,[182] er ist „der von uns gewünschte, gewollte Mensch der Zukunft [...], der aber nicht durch uns gemacht werden kann, der sich selbst schaffen muß durch unsere Vernichtung".[183] Was ihn kennzeichnet, „ist nicht Grüblertum und philosophische Verstrickung [...], er ist vital und überlegen, ein Mensch, ‚der das Fürchten nicht gelernt hat'".[184]

Diesen heroischen Eigenschaften Siegfrieds werden im *Ring des Ni-*

---

[182] Richard Wagner, *Die Kunst und die Revolution*; hier zitiert nach Lerke von Saalfeld, *Die ideologische Funktion des Nibelungenliedes in der preußisch-deutschen Geschichte*, S. 171.

[183] Richard Wagner in einem Brief an seinen Freund Röckel von 1845; hier zitiert nach Hans Mayer, *Anmerkungen zu Wagner*, S. 146.

[184] Lerke von Saalfeld, a. a. O., S. 179.

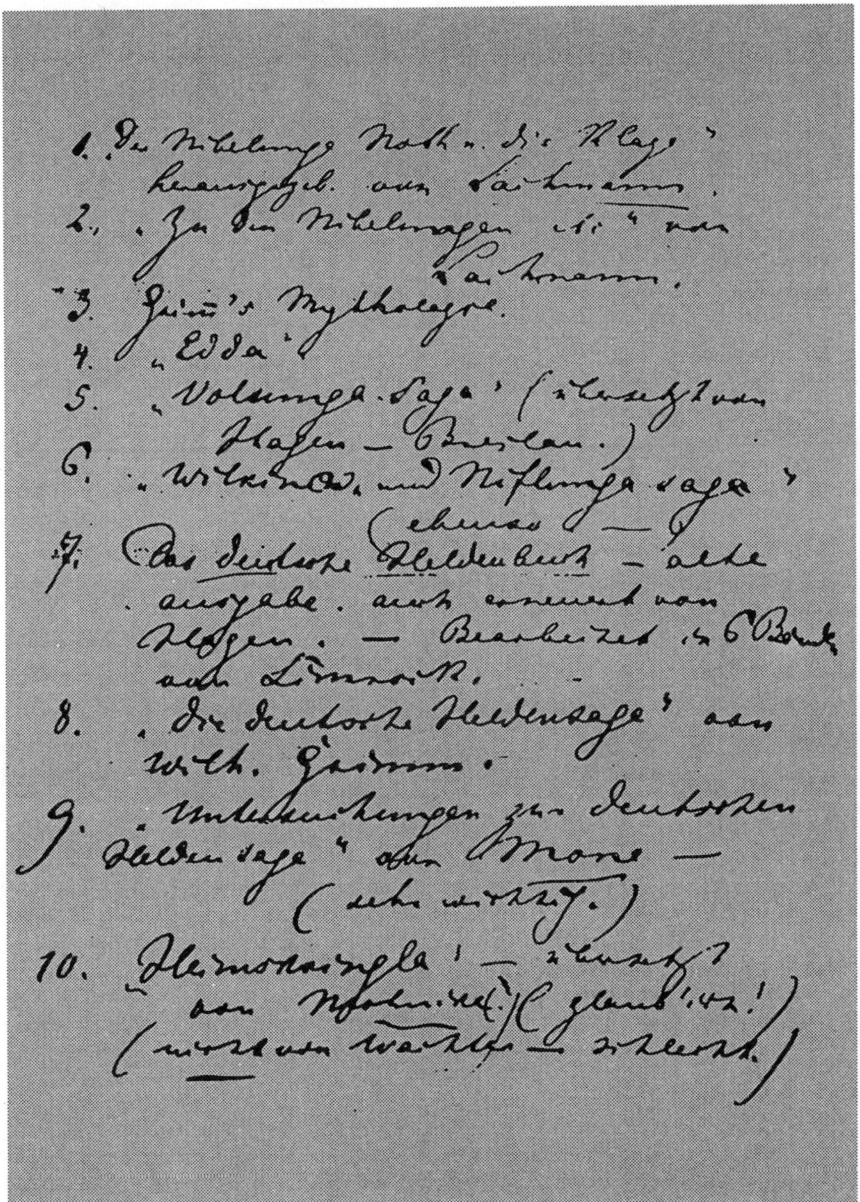

Richard Wagners (1813–1883) eigene Zusammenstellung der Literatur, die er für den *Ring des Nibelungen* benutzt hat: außer den schriftlichen Quellen *Der Nibelunge Noth* und *Die Klage, Die Edda, Die Völsungasaga, Die Wilkina und Niflunga Saga* (= die *Thidrekssaga*), und *Heimskringla* werden Werke von Karl Lachmann, den Brüdern Grimm und Franz Josef Mone genannt; die mythologische Deutung des Epos durch den letztgenannten, *Untersuchungen zur deutschen Heldensage,* wird als „sehr wichtig" bezeichnet *belungen* Brutalität und Arroganz hinzugefügt. Nicht nur das Fürchten, sondern auch das Mitleid ist Siegfried unbekannt. Falls ein Prinzip und nicht nur der Instinkt seine Reaktionen steuert, ist es ästhetischer, nicht moralischer Natur. So haßt und schmäht er den Zwerg Mimer, seinen Stiefvater, wegen dessen physischer Defekte, lange bevor er von Mimes Verrat weiß:

Seh' ich dich stehen,
gangeln und gehn,
knicken und nicken,
mit den Augen zwicken:
beim Genick möcht' ich
den Nicker packen,
den Garaus geben
dem garst'gen Zwicker!

Der Siegfried Richard Wagners ist die gleiche naive, muskelstrotzende und rücksichtslose Kraftnatur wie der Heinrich Heines im Gedicht *Deutschland* (s. oben S. 140f.). Der Unterschied liegt in der Darstellung: bei Heine bitter ironisch und warnend, bei Wagner schwärmerisch-pathetisch.

★

Als Prototyp des germanischen Helden und des visionär erlebten neuen Menschen ist die Siegfriedgestalt ein Begriff in der politisierenden Ästhetik in Deutschland Mitte des 19. Jahrhunderts.[185] Eine weitere

[185] Auch Friedrich Engels faßt in einer kleinen Betrachtung Siegfried so auf. Zwischen seiner und Wagners Interpretation gibt es eine interessante, wenn auch vielleicht nicht gerade unerwartete Übereinstimmung. Aus der gleichen sozialrevolutionären Perspektive wie Wagner sieht Engels Siegfried als Vertreter einer kommenden, visionär geschauten, jugendlich frischen und gesunden Epoche: „Was ist es, das uns in der Sage von Siegfried so mächtig ergreift? Nicht der Verlauf der Geschichte an sich, nicht der schmähliche Verrat, dem der jugendliche Held unterliegt; es ist die tiefe Bedeutsamkeit, die in seine Person gelegt ist. Siegfried ist der Repräsentant der deutschen Jugend. Wir alle, die wir ein von den Beschränkungen des Lebens noch ungebändigtes Herz im Busen tragen, wissen, was das sagen will. Wir fühlen alle denselben Tatendurst, denselben Trotz gegen das Herkommen in uns, der Siegfrieden aus der Burg seines Vaters trieb; das ewige Überlegen, die philiströse Furcht vor der frischen Tat ist uns von der ganzen Seele zuwider, wir wollen hinaus in die freie Welt, wir wollen die Schranken der Bedächtigkeit umrennen und ringen um die Krone des Lebens, die Tat. Für Riesen und Drachen haben die Philister auch gesorgt, namentlich auf dem Gebiete von Kirche und Staat. Aber das Zeitalter ist nicht mehr; man steckt uns in Gefängnisse, Schulen genannt, wo wir, statt selber um uns zu schlagen, das Zeitwort: schlagen so recht zum Spott durch alle Modi und Tempora griechisch durchkonjugieren müssen [...]. Doch ich will hinuntergehen an den Rhein und lauschen, was die abendrotumstrahlten Wellen der Muttererde Siegfrieds erzählen von seinem Grabe zu Worms und vom versenkten Horte. Vielleicht, daß eine gütige Fee Morgana mir das Schloß Siegfrieds neu erstehen läßt oder mir vorspiegelt, was seinen Söhnen im neunzehnten Jahrhundert für Heldentaten vorbehalten sind." (Karl Marx, Friedrich Engels, *Über Kunst und Literatur,* 2, S. 466f.)

Albrecht Dürer: *Ritter, Tod und Teufel.* Kupferstich, 1513

idealisierende und typisierende Profilierung erfährt sie in der ideengeschichtlich so bedeutsamen Schrift Friedrich Nietzsches *Die Geburt der Tragödie aus dem Geiste der Musik*, dem ersten, 1870 unter dem überwältigenden Eindruck der Musik Wagners und der Philosophie Schopenhauers geschriebenen philosophischen Werk des Autors.

Nietzsche ästhetisiert wie Wagner den Menschen und das Dasein: nur als ästhetisches Phänomen hat die Welt eine Existenzberechtigung, und die eigentliche metaphysische Qualität des Menschen ist die Kunst, nicht die Moral; die Moral ist kein primäres Lebensprinzip, sondern im Gegenteil ein Symptom des Verfalls.

Der Kampf zwischen zwei gegensätzlichen Tendenzen prägt laut Nietzsche die europäische Kultur. In der griechischen Mythologie seien diese zwei Tendenzen auf zwei Göttergestalten transfiguriert: Dionysos und Apoll. Dionysos ist der Gott des Rausches, der Ekstase, der Unterwelt. Er symbolisiert den Irrationalismus, das kosmische Erlebnis. Apoll repräsentiert die maßvolle Formschönheit, den Rationalismus, die reflektierende Objektivation. In der ursprünglichen Tragödie, meint Nietzsche, hielten sich die dionysischen und die apollinischen Elemente die Waage. Dieses Gleichgewicht ändert sich mit der Zeit zugunsten der apollinischen, was den Verfall des Dramas zur Folge hat.

Der Niedergang der Tragödie ist, schreibt Nietzsche, symptomatisch für die allgemeine geistige Entwicklung in Griechenland. Am deutlichsten werde die Degeneration bei dem Theoretiker und Dialektiker Sokrates merkbar, dem Gründer einer platten, oberflächlichen und optimistischen Wissenschaft, deren Wirkung bis in die moderne Zeit hineinreicht: „Unsere ganze moderne Welt ist im Netz der alexandrinischen Kultur befangen und kennt als Ideal den mit höchsten Erkenntniskräften ausgerüsteten, im Dienste der Wissenschaft arbeitenden *theoretischen Menschen*, dessen Urbild und Stammvater Sokrates ist."[186]

Nietzsche deutet die Geschichte Europas vom 16. Jahrhundert an in Analogie zu Novalis. Humanismus und Reformation betrachtet er als Äußerungen eines kulturellen Verfalls. Wie Novalis zwei Generationen früher meint er, daß eine neue Epoche der deutschen Entwicklung sich nähere, eine „tragische", „deren wichtigstes Merkmal ist, daß an die Stelle der Wissenschaft als höchstes Ziel die Weisheit gerückt wird", eine heranwachsende Generation von „Drachentötern", die mit stolzer Verwegenheit allen optimistischen „Schwächlichkeitsdoktrinen" den Rücken kehrt und die Tragödie als ihre wahre Daseinsform betrachtet.[187] In der Einleitung zu dieser Kulturepoche steht die deutsche Philosophie: Kant und Schopenhauer, aber am deutlichsten offenbart sie sich in der deutschen Musik, in deren „mächtigem Sonnenlauf von Bach

---

[186] Friedrich Nietzsche, *Die Geburt der Tragödie aus dem Geiste der Musik*, S. 118.
[187] Friedrich Nietzsche, a. a. O., S. 121.

zu Beethoven, von Beethoven zu Wagner".[188] Diese Musik ist die Wiederauferstehung und Darstellung des tragischen deutschen Mythos, wie er, deutlicher als in Wort und Bild möglich wäre, in ihr hervortritt. Und im Mythos soll der Mensch den Weg zurück zu sich selbst finden, zum Ursprung seines Wesens, zu dessen dionysischer Quelle: „wenn der Deutsche zagend sich nach einem Führer umblicken sollte, der ihn in die längst verlorne Heimat zurückbringe [...] –, so mag er nur dem wonnig lockenden Rufe des dionysischen Vogels lauschen, der über ihm sich wiegt und ihm den Weg dahin deuten will".[189]

So wird, in Nietzsches Version, Siegfried wie ein mittelalterlicher deutscher Ritter, ein Vertreter dunkler Seelenmächte, mit dem Tod und dem Teufel als Gefolgsleute, nach einem unerhörten Schlaf zu einem neuen Tag erwachen.

> Dann wird er Drachen töten, die tückischen Zwerge vernichten und Brünnhilde erwecken – und Wotans Speer wird seinen Weg nicht hemmen können![190]

---

[188] Friedrich Nietzsche, a. a. O., S. 129.
[189] Friedrich Nietzsche, a. a. O., S. 153.
[190] Friedrich Nietzsche, a. a. O., S. 157.

19

Das *Nibelungenlied* als Instrument für politisch-ideologische Indoktrinierung

Zwischen der deutschen Dichtung und Literaturgeschichtsschreibung auf der einen Seite und der politischen Entwicklung in Deutschland auf der anderen herrscht während des ganzen 19. Jahrhunderts ein starkes gegenseitiges Einfluß- und Abhängigkeitsverhältnis. Die politische Einigung war so lange und mit einem so starken propagandistischen Effekt von der Dichtung gefordert und als Vision vorweggenommen worden, daß ihr schließlicher Vollzug zu einem nicht geringen Teil als das Resultat einer literarischen Aktivität betrachtet werden muß.

Die politisch-literarische Symbiose lebt nach 1871 weiter. Der politische Systemwechsel bedeutet folgerichtig auch eine literarische Tendenzverschiebung. Nach 1871 besteht die primäre politische Aufgabe darin, das neuetablierte Kaiserreich im Bewußtsein der Staatsbürger zu verankern, und die Literatur solidarisiert sich mit dieser Aufgabe, indem sie Gegenstände wählt, die das neue Reich mit der alten Geschichte Deutschlands verbinden.[191]

Auch die Interpretation des *Nibelungenlieds* wird weitgehend dieser politischen Aufgabe untergeordnet.[192] Wie zur Zeit des Biedermeier, das

---

191 Vgl. Klaus Günther Just, *Von der Gründerzeit bis zur Gegenwart*, S. 13. Es bleibt oft unklar, schreibt Just, ob die Literatur „Geschichte als Medium der Darstellung der Gegenwart benutzt oder aber gegenwärtige Erfahrungen der Darstellung geschichtlicher Vorgänge dienstbar macht".

192 Der Darstellung der politischen Bedeutung des *Nibelungenlieds* in moderner Zeit in diesem und den beiden vorangehenden Kapiteln liegen vor allem die folgenden rezeptionsgeschichtlichen Arbeiten zugrunde: Helmut Brackert, *Nibelungenlied und Nationalgedanke* (1971); Otfried Ehrismann, *Das Nibelungenlied in Deutschland* (1975); ders., *Nibelungenlied 1755–1920* (1986); Francis G. Gentry, *Die Rezeption des Nibelungenliedes in der Weimarer Republik* (1983); Siegfried Grosse, *Zur Rezeption des Nibelungenliedes im 19. Jahrhundert* (1982); Karl Heinz Ihlenburg, *Das Nibelungenlied* (1969); Hildegard Labenz, *Zur Wirkungsgeschichte des Nibelungenlieds in der deutschen Literatur von 1900 bis 1933* (1979); Lutz Mackensen, *Die Nibelungen* (1984); Lerke von Saalfeld, *Die ideologische Funktion des Nibelungenliedes in der preußisch-deutschen Geschichte von seiner Wiederentdeckung bis zum Nationalsozialismus* (1977); Werner Wunderlich, *Der Schatz des Drachentödters* (1977). – Der Zweck dieser Untersuchungen war durchgehend – teilweise in Verbindung mit einem allgemeinen kritischen Unter-die-Lupe-Nehmen von Anteil und Verantwortung der Germanistik an der politischen Entwicklung im 20. Jahrhundert – einen politischen und ideologischen Mißbrauch des *Nibelungenlieds* zu beleuchten und zu belegen. In der rezeptionsgeschichtlichen Nibelungendiskussion der 80er Jahre bemerkt

ja ebenfalls das Gegenwärtige bewahren wollte, indem es ihm ein historisches Fundament verlieh, zieht man die historische Deutung vor: das *Nibelungenlied* wird als historische Chronik betrachtet, als eine Urkunde in der Geschichte der deutschen Nation, und die fiktiven Nibelungenhelden werden auf historische Gestalten zurückgeführt. Vor allem wird in zahlreichen publizistischen, von nationaler Hybris geprägten Darstellungen Siegfried mit Hermann dem Cherusker identifiziert, der die Römer im Jahre 9 n. Chr. besiegt hatte und dem man die Rolle des ersten politischen Führers von Germanien, dem späteren Deutschland, zuteilen will.[193]

Der Ausbruch des Weltkrieges 1914 zieht eine gewaltige Steigerung des nationalen Enthusiasmus nach sich. Die Anspielungen auf das Nibelungenthema werden in der exaltierten, hemmungslos chauvinistischen literarischen und publizistischen Agitation zu festen Bestandteilen. Der Krieg wird zum „Schicksalsweg" für Deutschland erklärt, „dem alten Weg, den schon das Nibelungenlied gegangen ist".[194] Dem „deutschen Wesen" stehe, heißt es, eine schwere Prüfung, ein „Nibelungenkampf" bevor, aber der Krieg ist gottgesandt, und das hohe Ziel, welches das Schicksal für Deutschland in Bereitschaft hält, ist nahe:

Alles war nur Vorbereitung
dessen, was durch Gottes Leistung
jetzt der Menschheit sich erfüllt.
Neue Ziele, neue Zeiten,
neue nie geahnte Weiten
werden wunderbar erfüllt.
– – –
Aber niemals stand auch reicher
unser Ziel und heldengleicher,
wie das Schicksal es beschied;
und von Nibelungentreue

---

man aber auch – als Reaktion – eine entgegengesetzte Tendenz: man stellt in Frage, ob das *Nibelungenlied* überhaupt eine wesentliche politische Bedeutung gehabt hat und sieht statt dessen eine stark politische („marxistische") Tendenz in der ideologie-kritischen Rezeptionsforschung; vgl. z.B. Werner Schröder, *Das Nibelungenlied in unserer Zeit*; Dieter Krywalski, *Paradigmawechsel in der Nibelungenforschung*.

193 Vgl. S. 106, Anm. 120. – Der Chauvinismus in diesen Publikationen ist oft genug rein rassistischer Prägung: so kann es beispielsweise von Siegfried/Hermann heißen, daß er „Germanien, wenigstens bis zur Weser, vor der Romanisierung" bewahrt habe, „vor deren Vermischung mit einer weniger edlen Rasse, vor der Bastardisierung, die unausbleiblich gewesen wäre"; die Varusschlacht „rettete mit der reinen Rasse alle ihre Vorzüge in leiblicher und geistiger Hinsicht, germanische Treue, Freiheit, Religiosität, Innigkeit, Gediegenheit, Schaffensfreudigkeit, Tüchtigkeit und Zähigkeit, kurz das, wodurch im Laufe der folgenden Jahrhunderte die Germanen in Zivilisation und Kultur an die Spitze der Völker des Erdkreises traten" (A. Beneke, *Siegfried und die Varusschlacht im Arnsberger Walde*, S. 16).

194 Hermann Bahr, am 16. August 1914 in einem offenen Brief an Hugo von Hofmannsthal.

Otto von Bismarck - Hagen von Tronje

„Es wurde jetzt einfach eine neue Mythologie erzeugt. Die geschichtliche und vorgeschichtliche Forschung wollte ein Urvolk aus Asien entdeckt haben, von dem die modernen europäischen Kulturvölker abstammen sollten, vor allem natürlich die Deutschen. Aus Tacitus und andern idealisierenden Poeten war es bekannt, daß ein vorschriftsmäßiger Deutscher, in dessen Adern noch das Blut Hermanns des Cheruskers rollte, unbedingt über blaue Augen und blondes Haar zu verfügen hätte. [...] Hermann der Cherusker, Siegfried, der grimmige Hagen, die Nibelungen – o Perspektive der Perspektiven! Aber es war nicht zu vergessen, daß die Sache noch weiter ging. Auch Fürst Bismarck gehörte [...] ganz ohne Zweifel zu den Nibelungenenkeln, wobei es nur zweifelhaft war, ob er von dem leuchtenden Helden Siegfried abstammte, der den Drachen, oder vom grimmigen Hagen, der Siegfried getötet hatte. Schließlich gewann die Hagen-Hypothese den Vorzug, obwohl es zu einer völligen Begleichung dieser hochwichtigen Streitfrage noch nicht gekommen ist." (Samuel Lublinski, *Die Bilanz der Moderne*, Berlin 1904, S. 20ff.)

töne wiederum aufs neue
höheres Nibelungenlied.[195]

Im Gegensatz zum Kriegsende 1945 bedeutete der Fall des Kaiserreichs 1918 keinen Zusammenbruch der nationalen Ideologie. In der Enttäu-

[195] Aus dem Gedicht *Erfüllung* von Richard von Kralik (1852–1934), einem österreichischen Dichter und Historiker, Verfasser mehrerer Arbeiten über die germanische Heldensage.

schung und tiefempfundenen Bitterkeit nach der Niederlage nimmt die nationalistische Agitation den gleichen radikalen, irrationalen Charakter an wie vor 1871, verbunden mit einem starken Einschlag von Antisemitismus. Ein typisches Beispiel ist Dietrich Eckarts Gedicht *Geduld* von 1918.[196] Hier ist es wieder das mythische Heldenepos, das dem deutschen Volk den Weg weist: der Kampf ist nicht zu Ende, die „deutsche Seele" kann nicht besiegt werden, deutsche Kraft, deutscher Mut und deutsche Treue bestehen bis zum Untergang der Welt. Nach der finsteren Nacht kommt ein neuer Morgen, und schon wartet ein Rächer, ein gewaltiger Nibelungenheld, auf seine Zeit (es ist sehr wohl möglich, daß Eckart sich hier auf Adolf Hitler bezieht); *das Heunenvolk, der Hölle Ausgeburt*, gierig nach Gold und Blut, sind die Juden, denen die Schuld am deutschen Unglück gegeben wird; sie soll die Rache treffen:

Uns ist in alten maeren wunders vil geseit
Von helden lobebaeren, von grôzer kuonheit.

Die Heimfahrt des Helden. Zeitgenössische Darstellungvon Bismarcks Tod 1898

[196] Vorgetragen vom Autor anläßlich einer Versammlung mit einem ‚Kampfverband' im Löwenbräukeller 1919 in München, veröffentlicht in der Zeitschrift *Auf gut Deutsch*, 1. Jahrg. Heft 40–41, S. 613ff. Dietrich Eckart (1868–1923) war eine Vordergrundfigur des frühen Nationalsozialismus, ein rabiater Antisemit und ab 1919 Mentor und wahrscheinlich einflußreichster Ratgeber Hitlers, Chefredakteur des *Völkischen Beobachters* von 1921–1923.

So hebt es an, das Lied der Nibelungen –
Wem hätte es noch nicht ins Herz gebrannt?
Ein Unbekannter, heißt es, hat's gesungen;
Ich sage nein, er ist nicht unbekannt.
Wie Donner rollt es schon seit tausend Jahren
Von Meer zu Meer, mit ewig neuer Glut,
Um immer wieder neu zu offenbaren,
Was deutsche Kraft vermag, und deutscher Mut;
Um immer wieder, immerfort aufs neue,
Der Welt zu künden, bis sie untergeht,
Daß unter Trümmern noch die deutsche Treue,
Daß noch in Flammen sie den Kampf besteht.
– – –
Kein Einzelner hat dieses Lied gesungen,
Das ganze Volk verklärte sich darin;
Des deutschen Volkes Seele hat's geschaffen,
Von ihrer eignen Größe übermannt,
Und „wunders vil geseit" von Waffen, Waffen – – –
Und diese Seele wäre unbekannt?

Glaubt man denn wirklich, was so kühn begonnen,
Verginge jemals unter schmutz'ger Not?
Die deutsche Seele, wie das Licht der Sonnen,
Besiegt die Nacht mit neuem Morgenrot!
Wohl kauert noch in all dem schweren Dunkel
An Tür und Tor der Heunen Lügenbrot,
Und ihrer Augen stechendes Gefunkel
Verrät die Gier nach Gold, die Gier nach Blut;
Doch hält die Wacht, die treue Wacht ein Großer,
Der Tronjer nicht, ein Andrer ist uns nah,
Vertraut und fremd zugleich, ein Namenloser,
Den jeder fühlt und doch noch keiner sah.
Wie ruhig gehen seine Atemzüge!
Er rührt sich nicht, er wartet stumm und still,
So langsam auch zum Kampfe mit der Lüge
Die Stunde der Vergeltung dämmern will.
Er wartet still, der Held, auf den wir bauen;
Nur manchmal klirrt das Schwert an seinem Gurt,
Dann faucht und heult es ringsum voller Grauen,
das Heunenvolk, der Hölle Ausgeburt.
Er wartet stumm, vor Augen nur das Eine:
***Die hundertfach an uns begangne Schuld** –*
Schon ist's, als käm's herauf mit hellem Scheine – – –
Geduld, Geduld!

Aufs neue werden nun auch Wagners und Nietzsches mythische, nihili-

Olaf Gulbransson, *Kronprinz Wilhelm*, 1914

Die satirische Zeichnung zeigt aus radikaler Perspektive das akademische Bürgertum – vor allem Gymnasiallehrer und Universitätsprofessoren – in seinem anachronistischen Germanenkult und seinem marktschreierischen und aggressiven Nationalismus in der Zeit vor dem Ausbruch des 1. Weltkrieges.

stische Siegfriedgestalten heraufbeschworen, wie schonungslose stilisierte Rachedämonen:

> Die Nibelungenhelden? Sie leben! Sie denken nicht, sie sind nicht von des Gedankens Blässe angekränkelt, ungehemmt von Grübeleien nach innen oder außen – vorwärts geht ihr Weg. Sie kennen nur eines, den Einsatz für ihr Ziel [...]. Jedes Ding, das sich ihnen in den Weg stellt, wird rücksichtslos vernichtet. [...] Diese Helden sind frei von sich selbst. Sind frei von dem letzten liebsten auch des Menschen. Vom Leben. Der Tod hat für sie kein Grauen. [...] Sie kennen nur den Kampf, nur Machtprobe, nur stark und schwach, niemals gut und böse. Alles ist Auskämpfen des Stärksten. Vernichten ist erlaubt. Aber auch erlaubt das Wiedervernichten. Es gibt keine Schuld, es gibt nur Sieg oder Niederlage, Hieb und Gegenhieb, Tat und Rache.[197]

So wie diese „mythischen" Nibelungendämonen, ohne Gnade, die schon die Attribute des exemplarischen nationalsozialistischen soldatischen

---

[197] A. Lämmermeyer, *Zur Beurteilung des Nibelungenliedes* (1915); hier zitiert nach Lerke von Saalfeld, a. a. O., S. 330.

Allgemeine Kriegsbegeisterung in Berlin im August 1914

Menschen an sich tragen, aus einer literarisch-philosophischen Fiktion des 19. Jahrhunderts herausgehoben und in eine extrem radikale politisch-agitatorische Vision hineingetragen wurden, knüpfen Ideologie und Propaganda der nationalsozialistischen Bewegung wesentlich an die Tendenzen in den nationalistischen Nibelungendeutungen aus der Mitte des 19. Jahrhunderts an und appellieren an das Nibelungenepos als mythisches Fundament für ihre Thesen.

In diesen Interpretationen übernimmt man die romantische These von der mythischen Wahrheit des Volksepos als Schablone, ohne sonst an die romantische Kunstphilosophie anzuknüpfen, die Grundlage und Voraussetzung der Mythostheorie darstellt. Das *Nibelungenlied* muß hier nicht nur, wie in der Vorstellung der Romantik, als eine symbolische Darstellung des deutschen Volkes in seiner historischen Entwicklung gelten, es wird ihm auch eine prognostische Bedeutung zugeschrieben, eine zeitlose symbolische Gültigkeit – was die Nibelungen zeigen, ist nichts weniger als „das deutsche Schicksal schlechthin" (Joseph Goebbels)[198] – und eine Bedeutung als verpflichtendes Lebensmuster – ein Spiegel, dem deutschen Volke vorzuhalten, damit es erkennt, „wie es war, wie es ist und wie es sein wird".[199] Als nazistisches Propaganda-

[198] *Die Tagebücher von Joseph Goebbels*, 4. Nov. 1929.
[199] Wilhelm Cramer, *Das Wiedererwachen des deutschen Heldengesanges*, S. 19.

Deutsche Reservisten auf dem Weg an die Westfront im August 1914. Forsche Parolen an den Waggons

instrument bei der ideologischen Gleichschaltung der Menschen hat das *Nibelungenlied* eine Bedeutung, die kaum überschätzt werden kann.

Vor allem gilt dies für die fundamental wichtige Fixierung des *Treue-Begriffs* zur tragenden nationalen Idee, mit dem Inhalt, den man in der nationalistischen Doktrin mit diesem Begriff verbindet.

Treue ist, mit Recht oder Unrecht, oft als ein charakteristischer Wesenszug des deutschen Volkes proklamiert worden. Im Wort *Treue* spiegelt sich, sagt bespielsweise das Grimmsche Wörterbuch, „der ganze innere Reichtum und die Tiefe der deutschen Seele“; seit der Reformation soll, wie aus der gleichen Quelle verlautet, die Treue „als allgemeiner Tugendbegriff, ohne besondere Bedeutungseinschränkung, die eigentliche Nationaltugend des deutschen Volkes“ sein. In der Regel ist es aber eine spezielle Bedeutungsvariante des Treue-Begriffs, die mit dem Ausdruck *deutsche Treue* verbunden ist, nämlich die Bedeutung ‚die Treue des Volkes gegenüber dem Fürsten, dem Staat und der Obrigkeit‘.

In seinem Buch *Die Zerstörung der Vernunft durch den Irrationalismus* analysiert Georg Lukács diese möglicherweise typisch deutsche „Untertanenpsychologie“ aus einer historisch-kritischen Perspektive.[200] Laut Lukács entstand sie beim Ausbruch der neueren Zeit, deren

[200] Georg Lukács, a. a. O., S. 48–68.

politische und soziale Umwälzungen in Westeuropa zu einer demokratischen Entwicklung, in Deutschland aber zu einer Befestigung der Kleinstaatentyranneien führten. Der Untertanengeist blieb in Deutschland durch die Jahrhunderte erhalten als Folge der besonderen ideologischen (Reformation und Romantik) und historischen Entwicklung: „Es entstanden Großstädte an Stelle der oft halbmittelalterlichen Städtchen [...]; die Kirchturmpolitik wurde von einer Weltpolitik abgelöst – die Untertänigkeit des deutschen Volkes seiner ‚Obrigkeit' gegenüber erlitt in diesem Prozess sehr geringfügige Änderungen."[201] In der Beschreibung dieser Untertänigkeit zitiert Lukács den Politologen Hugo Preuss, bekannt als Hauptverfasser der Weimarer Verfassung, eine kurze Zeit auch deutscher Innenminister:

> Das regierbarste Volk der Welt, das sind die Deutschen [...] im Sinne eines regen und rührigen Volkes von durchschnittlich hoher Tüchtigkeit und Intelligenz mit entwickelter kritischer Neigung zum Räsonieren; eines Volks jedoch, das in öffentlichen Dingen nicht gewohnt noch gewillt ist, spontan oder gegen den Willen der Obrigkeit zu handeln; das sich daher vortrefflich eingliedert und unter obrigkeitlicher Leitung fast so handelt, als ob es nur seinen eigenen Gemeinwillen ausführte. Diese Organisierbarkeit in Verbindung mit jenen tüchtigen Eigenschaften bietet dann in der Tat ein unvergleichlich gutes Material für eine Organisation, deren reinster Typus doch die militärische ist.[202]

Der Treue-Begriff, der in den patriotisch tendenziösen Nibelungendeutungen seit der Mitte des 19. Jahrhunderts als das die Helden des Epos steuernde ethische Prinzip bezeichnet wird, hat genau die politische Bedeutung ‚unbedingte Loyalität gegenüber der Obrigkeit'. Die „Nibelungentreue" wird als „Vasallentreue"[203], als die „germanische" Treue

[201] Georg Lukács, a. a. O., S. 48. – Friedrich Nietzsche beurteilt den deutschen gehorsamen Untertanengeist als einen Effekt der Geschichtsphilosophie Hegels, als entstanden aus einer Bewunderung „vor der Macht der Geschichte": „Wer [...] gelernt hat, vor der ‚Macht der Geschichte' den Rücken zu krümmen und den Kopf zu beugen, der nickt zuletzt chinesenhaft-mechanisch sein ‚Ja' zu jeder Macht, sei dies nun eine Regierung oder eine öffentliche Meinung oder eine Zahlen-Majorität, und bewegt seine Glieder genau in dem Takte, in dem irgend eine ‚Macht' am Faden zieht" (*Unzeitgemäße Betrachtungen, Zweites Stück: Vom Nutzen und Nachteil der Historie für das Leben*).

[202] Hugo Preuss, zitiert nach Georg Lukács, a. a. O., S. 48. – Der gleichen Auffassung wie bei Nietzsche, Lukács und Preuss gibt mit ironischer Pregnanz der französische Historiker und Politiker Alexis de Tocqueville (1805–1859) Ausdruck: „In Deutschland kommen keine Revolutionen vor, denn sie würden von der Polizei verboten." Auch Madame de Staël wird oft in Auslegungen über den deutschen Untertanengeist zitiert: „Die Liebe zur Freiheit ist unterentwickelt bei den Deutschen" (in *De l'Allemagne*, 1810).

[203] So beispielsweise Julius Dieffenbacher, *Deutsches Leben im zwölften Jahrhundert,* S. 38.

„Die Straße frei!" Gemälde von Willy Wildapel, gezeigt auf der Kunstausstellung „Meisterwerke der neuen deutschen Kunst" im Haus der Deutschen Kunst in München 1938

zum Führer[204] bezeichnet; sie wird als konstitutiv für die deutsche Nation erklärt:

> Es ist die Treue des deutschen Volkes, die sich in diesen Liedern ein unvergängliches Denkmal gesetzt hat. [...] Für den lieben König und Herrn wird willig geblutet, wird freudig in den Tod gegangen; für ihn wird mehr gethan als gestorben: für ihn werden starken Herzens auch die Kinder geopfert. [...] Rüdiger von Bechlarn, Kriemhilden und Etzels Mann, kämpft mit Gernot, dem Burgunden, dem liebsten seiner Freunde, den grimmen Todeskampf, denn Gernot ist seiner Herrin – zwar Bruder, aber Feind. Sie überleben einander nicht; zugleich fallen die Freundfeinde, aber die Treue ist gehalten bis in den Tod. [...] Diese Züge [...] sind das eigentliche Lebenselement des deutschen Volkes, das eigentlich schlagende Herz des deutschen Epos.[205]

---

[204] So beispielsweise Karl Bartsch (1832–1888, renommierter Professor der Germanistik und bedeutender Nibelungenforscher), *Die Treue in deutscher Sage und Poesie*, S. 161ff.

[205] Aug. Fr. Chr. Vilmar, *Geschichte der deutschen National-Litteratur*, S. 47f. – Vilmar war Professor in Theologie, Rektor eines Gymnasiums und engagierter Wegbereiter des Natio-

Die Nibelungentreue

Kriemhild bietet den Burgundern Begnadigung gegen die Auslieferung Hagens an. Gernot und Giselher entgegnen:

„Das wolle Gott verhüten", erwidert' Gernot ihr.
„Und wären unser tausend aus deiner Sippe hier,
Wir wollten lieber sterben, als daß wir einen Mann
Hier als Geisel gäben: das stünde uns wohl übel an."

„Wir müssen einmal sterben", sprach da Giselher.
„So raube uns denn niemand die ritterliche Wehr.
Hier stehen wir noch immer, wer gerne mit uns ficht!
Man findet an mir keinen, der einem Freund die Treue bricht."

Vor und während des ersten Weltkrieges wird die „Nibelungentreue" zum politischen Schlagwort, um die enge Gemeinschaft zwischen dem Deutschen Reich und Österreich-Ungarn zu charakterisieren. Reichskanzler Bernhard Fürst von Bülow im Deutschen Reichstag am 19. März 1909:

> *Meine Herren, ich habe irgendwo ein höhnisches Wort gelesen über unsere Vasallenschaft gegenüber Österreich-Ungarn. Das Wort ist einfältig! Es gibt hier keinen Streit um den Vortritt, wie zwischen den beiden Königinnen im Nibelungenliede; aber die Nibelungentreue wollen wir aus unserem Verhältnis zu Österreich-Ungarn nicht ausschließen, die wollen wir gegenseitig wahren.*

In einem Appell an das deutsche Volk zum Kriegsausbruch 1914 vergleicht der preußische Abgeordnete Franz von Liszt die deutsch-österreichische Militärallianz symbolisch mit dem Freundschaftsverhältnis zwischen dem düsteren Hagen (= Preußen) und dem munteren Spielmann Volker (= Österreich) im *Nibelungenlied* und die Nibelungentreue wird definiert:

> *diese Treue zu halten, dem Freunde Freund zu sein bis zum äußersten, dem Feinde Feind sein bis zum äußersten: das ist deutsche Art, das ist Nibelungentreue.*

> In der deutschen Treue vereint sich alles, Leidenschaft, Idealismus, Ganzheit, Wahrhaftigkeit; die Leidenschaft zur Idee ist ihr innerster Kern. [...] Steckt in Hagens Nibelungentreue, an der nicht nur er, sondern auch das Geschlecht seiner königlichen Herren zu Grunde gehen, nicht wirklich eine verhängnisvolle Starrheit von Kopf und Herz? [...] Welch köstliche Mitgift deutscher Größe ist diese Treue! Es handelt sich um das rückhaltlose Einsetzen des ganzen Menschen, das nicht dingt, nicht wägt, nicht schwankt, sondern durchhält bis zuletzt, und mag der Erdball in Trümmer gehen. [...] Es ist diese Treue, die durch allen Schicksalswandel König und Volk verband[206]

Die so definierte „Nibelungentreue" hat einen gleichzeitig eng begrenzten und sehr weiten Inhalt: die Bedeutung ‚so unverrückbar und konsequent loyal in einer Relation, daß die Folge davon Falschheit und Treulosigkeit in anderen Relationen wird'. Das ist eine Definition, die ethische Gegensätze vereint. In seiner Art ist dieser Treue-Begriff verwandt mit dem kompromißlosen, inhumanen und in seinen Wirkungen katastrophalen Gerechtigkeitspathos eines Michael Kohlhaas in Kleists bekannter Novelle.

In den literarischen Interpretationen des *Nibelungenlieds* durch Ludwig Uhland und Wilhelm Dilthey wird gerade das Paradoxe in dem absolut verstandenen Treue-Begriff als das thematisierte Problem im Epos dargestellt. Uhland und Dilthey sehen Treue und Treulosigkeit als die Spannungspole der Intrige und die dramatischen Momente der Handlung als Entladungen im Kraftfeld zwischen den beiden Polen, und sie diagnostizieren die Entwicklung zur Katastrophe als Konsequenz der Treulosigkeit, die sie als ein tödliches Gift bezeichnen, auch wenn sie der Treue entstammt.

In den politisch-propagandistischen Nibelungendeutungen wird die Spannung Treulosigkeit – Falschheit möglicherweise als ein antithetisches Thema in der Intrigenstruktur, aber nicht als unvereinbare Antithese innerhalb des Treue-Begriffs, mit der angenommenen Bedeutung, aufgefaßt. Man interessiert sich primär nicht für die Intrigenstruktur, man beurteilt sie auf jeden Fall nicht als eine bewußte Konstruktion des

---

nalsozialismus. Seine Literaturgeschichte, die ein Standardwerk war und von 1845–1911 in nicht weniger als 27 Auflagen erschien, hat entscheidend zur Entstehung und Verbreitung des „Blut und Boden"-Mythos beigetragen, der ein Grundstein der nationalsozialistischen Ideologie wurde. So heißt es z.B. bei Vilmar weiter vom Nibelungenepos, daß seine Voraussetzung die Einheit des Blutes, die Einheit des Lebens und des Willens ist, die ihren Grund in der Stammesverwandtschaft haben (S. 48). Die in Vilmars Literaturgeschichte integrierte Nacherzählung des *Nibelungenlieds* wurde schon 1925 durch das österreichische Bundesministerium für Unterricht als Schulbuch zugelassen. (Vgl. auch Sibylle Ohly, *Literaturgeschichte und politische Reaktion im neunzehnten Jahrhundert*, S. 116).

206 Gustav Roethe, *Von deutscher Art und Kultur*, S. 35. – Gustav Roethe (1859–1926), ein bekannter Germanist, war von 1921 an bis zu seinem Tode Rektor der Universität Berlin.

Dichters. Die Intrige entsteht aus den Charakteren, in denen die mythische, typisch-symbolische Wahrheit des Epos liegt. Die Charaktere sind Abdrucke der Volksseele in Idealgestalt. Die Idee, die sie symbolisieren, muß folglich auch vollkommen sein und kann nicht ihre eigene Antithese enthalten. Falschheit und Betrug existieren im *Nibelungenlied*, aber nur als die äußerste Konsequenz des Treuegedankens, sie bilden deshalb auch keinen Gegensatz dazu, sondern im Gegenteil eine qualitative Steigerung der Idee.

Es verhält sich also keineswegs so, wie behauptet worden ist, daß man in der nationalistisch indoktrinierten Nibelungendeutung die Tugend akzeptiert und das Abgrundtiefe, Grausame und Schändliche verschweigt,[207] sondern man akzeptiert ausdrücklich den schändlichen Verrat und die grausame Rache als unausweichliche Konsequenzen der absoluten Treue. Symbolfiguren für diesen Treue-Begriff ohne Humanitätskorrektiv sind Kriemhild und, vor allem, Hagen:

> So tritt uns in Hagen die ganze Wucht des naturkräftigen germanischen Kriegers gegenüber, der noch vollkommen unbeeinflußt ist von christlicher Ethik. In seinem Verhalten lernen wir kennen, was germanische Mannentreue und Freundschaft [...] bedeuten [...]. Germanische Treue dem eigenen Worte, dem geleisteten Eide gegenüber brauchte nicht dem Gefühle der Zuneigung zu entspringen, [...] sie wurde bestimmt durch den freien Willen zu handeln, wie es die Treue zum Freunde und die Achtung vor sich selber gebot. Die Tat, die aus dieser Treue heraus geboren wurde, war immer gut, selbst der Mord war geheiligt, sofern es diese sittliche Notwendigkeit verlante.[208]

> Am großartigsten ist diese Grundidee in Kriemhild und Hagen verkörpert, weil in diesen beiden Gestalten der Verrath nur eine Erscheinungsform der höchsten Treue ist.[209]

> Hagens, des Dienstmanns, Treue [ist] so groß, daß er selbst den Meuchelmord auf sich nimmt, wo es gilt, die Macht seiner Herren zu befestigen und zu vergrößern.[210]

---

207 Vgl. Helmut Brackert, *Nibelungenlied und der nationale Gedanke*, S. 349.

208 Elisabeth Gerth, *Eine Untersuchung über Rasse, Volk und Umwelt im Nibelungenlied* (1938), S. 99.

209 Johannes Scherr, *Die Nibelungen* (1860), S. 42.

210 Ernst Koch, *Die Nibelungensage* (1872), S. 77; ähnliche Charakteristiken und Urteile bei u. a. O. Vogel, *Zur Frage des Unterrichts im Altdeutschen auf höheren Schulen* (1875), S. 326; Hubert Badstüber, *Charaktere aus dem Nibelungenlied und Kudrun* (1890), S. 16; Friedrich von der Leyen, *Die deutschen Heldensagen* (1923), S. 306–309; Walter Freye, *Das Nibelungenlied* (1934), S. LV; Ilse Münch, *Die Tragik des germanischen Wesens im Drama Hebbels* (1937), S. 357; Hans Naumann, *Das Nibelungenlied. Eine staufische Elegie oder ein deutsches Nationalepos?* (1942), S. 43.

Freiburg i. Br., den 3. November 1933 | Nummer 1

Deutsche Studenten

Die nationalsozialistische Revolution bringt die völlige Umwälzung unseres deutschen Daseins.

Prof. Dr. Martin Heidegger, Rektor

An Euch ist es, in diesem Geschehen die immer Drängenden und Bereiten, die immer Zähen und Wachsenden zu bleiben.

Euer Wissenwollen sucht das Wesentliche, Einfache und Große zu erfahren.

Er verlangt, dem Nächstbedrängenden und Weitestverpflichtenden ausgesetzt zu werden.

Seid hart und echt in Euerem Fordern.

Bleibt klar und sicher in der Ablehnung.

Verkehrt das errungene Wissen nicht zum eitlen Selbstbesitz. Verwahrt es als den notwendigen Urbesitz des führerischen Menschen in den völkischen Berufen des Staates. Ihr könnt nicht mehr die nur „Hörenden" sein. Ihr seid verpflichtet zum Mitwissen und Mithandeln an der Schaffung der künftigen hohen Schule des deutschen Geistes. Jeder muß jede Begabung und Bevorzugung erst bewähren und ins Recht setzen. Das geschieht durch die Macht des kämpferischen Einsatzes im Ringen des ganzen Volkes um sich selbst.

Täglich und stündlich festige sich die Treue des Gefolgschaftswillens.

Unaufhörlich wachse Euch der Mut zum Opfer für die Rettung des Wesens und für die Erhöhung der innersten Kraft unseres Volkes in seinem Staat.

Nicht Lehrsätze und „Ideen" seien die Regeln Eures Seins.

Der Führer selbst und allein ist die heutige und künftige deutsche Wirklichkeit und ihr Gesetz. Lernet immer tiefer zu wissen: Von nun an fordert jedwedes Ding Entscheidung und alles Tun Verantwortung.

Heil Hitler!

Martin Heidegger, Rektor

Der Philosoph und Universitätsrektor Martin Heidegger ruft 1933 die deutschen Studenten dazu auf, ihr Dasein nicht länger von Lehrsätzen und Ideen prägen zu lassen, sondern in absoluter Treue dem Führer Gefolgschaft zu leisten, der „die heutige und künftige deutsche Wirklichkeit und ihr Gesetz" verkörpere.

In der nationalsozialistischen ideologischen Propaganda wird, oft mit dem Nibelungenmythos als Argument, die germanische Gefolgschaftstreue gegenüber dem Führer und die mittelalterliche Vasallenpflicht gegenüber dem Lehnsherrn zu einem lebensgestaltenden Prinzip für den „nordischen" Menschen. Dem Gehorsam wird eine mythische Dimension verliehen. Was der Mythos zeigt, ist, so Alfred Rosenberg, der Chefideologe des Nationalsozialismus, das Vollkommene, das typisch, unveränderlich Wahre[211]. Die „Nibelungentreue" ist also konstitutiv deutsch, sie ist die „organische Wahrheit des germanischen Wesens" und wird demzufolge nicht als Zwang, sondern im Gegenteil als Freiheit, als der tiefste Wille des deutschen Menschen erlebt. „Wahre Freiheit ist immer nur in einem Typus möglich", sie besteht nicht im grenzenlosen Ausschweifen des Einzelnen, sondern im Streben, es den großen Vorbildern aus der Vergangenheit gleichzutun und wie sie ihr Leben der Freiheit der Nation zu weihen.[212] Die gleiche These bildet das Hauptthema in Martin Heideggers bekannter Rektoratsrede aus dem Jahre 1933: wahre Freiheit ist nicht individuelle Zwanglosigkeit, sondern sich dem *Grundursprungsgesetz* seines *Wesens* zu unterstellen, was verpflichtende Bindungen an die Volksgemeinschaft für die Ehre und das Schicksal der Nation bedeutet.[213] Die „wahre Freiheit" besteht also mehr darin, zu gehorchen, als selbst zu entscheiden –

> *Frei sind wir alle, doch wir sehn im Dienen*
> *mehr Freiheit als im eigenen Befehle*[214]

– sie besteht darin, die Persönlichkeit, die Individualität und den eigenen Willen aufzugeben und seine Existenz völlig der nationalen Idee unterzuordnen, die in der Gestalt des politischen Führers verkörpert ist. Darin, namenlos in der Volksgemeinschaft aufzugehen, in „der heiligen Schar", die sich dem Vaterland opfert,[215] in der „marschierenden Kolonne", die nicht danach fragt, „wo und zu welchem Zweck sie eingesetzt sein mag".[216] Freiheit und Selbstverwirklichung werden durch Unter-

---

211 Alfred Rosenberg, *Der Mythus des 20. Jahrhunderts,* S. 636f.

212 Alfred Rosenberg, *Blut und Ehre,* S. 69; S. 76; S. 210; S. 157.

213 Martin Heidegger, *Die Selbstbehauptung der deutschen Universität*, S. 15ff. – So definiert auch Wilhelm Dilthey die Besonderheit des germanischen „Typs" in seiner (im gleichen Jahr, 1933, publizierten) Nibelungeninterpretation (vgl. oben S. 115ff.).

214 So der „Reichsjugendführer" Baldur von Schirach; hier zitiert nach Eugen Schmal, *Der Aufstieg der nationalen Idee*, S. 221.

215 Walter Flex: *Ich bin nicht mehr ich selbst. Ich war. / Ich bin ein Glied der heiligen Schar, / die sich dir opfert, Vaterland.* Walter Flex, Offizier und vaterländischer Dichter, fiel gegen Ende des 1. Weltkrieges. Sein Buch *Der Wanderer zwischen beiden Welten*, mit Erinnerungsbildern von der deutschen Offensive in Russland 1915, war ein Bestseller im Dritten Reich.

216 Alfred Rosenberg, *Blut und Ehre*, S. 303. – Eine zynisch aufrichtige, konzise Charakteristik der Zielvorstellungen der nazistischen Indoktrination gibt Joseph Goebbels in einer

Dieses Foto von SS-Truppen, die Reihen dicht geschlossen, zum Nürnberger Parteitag 1937, könnte Deutschland während des Nationalsozialismus symbolisieren. Im symmetrisch-ästhetischen Muster der Kolonnen ist der Mensch zu einem Stereotyp reduziert, jede Individualität ist ausgelöscht, jeder einzelne Wille ist ein Reflex des Führerwillens

werfung erreicht, das ist das Paradox der nationalsozialistischen Doktrin.

Die Totalität in der so definierten „germanischen" Treue schließt Kampfwillen bis zum äußersten ein, auch wenn jede Hoffnung auf den Sieg verloren ist, und auch das nicht nur fatalistische, sondern lustvolle Bejahen des eigenen Heldentodes in einem mythisch-apokalyptischen Untergang. Den Zorn und die grause Todeslust sah schon von der Hagen (1807) als typische Eigenschaften des deutschen Nationalcharak-

Tagebuchnotiz: worum es geht, ist, „den kleinen armseligen Menschen die stolze Überzeugung, [...] als kleiner Wurm dennoch Glied eines großen Drachen zu sein".

ters, die sich in den Helden des *Nibelungenlieds* manifestierten (s. oben S. 135). Für Vilmar war das *Nibelungenlied* „eine Poesie des Todes" und sein Grundton eines „finsteren Grauens" reflektiere einen Wesenszug des deutschen Volkes.[217] Diese Interpretation wiederholt sich fortan immer wieder und ist im Jahre 1987 noch vertreten:

> Es wäre völlig ausgeschlossen gewesen, daß dem ‚Führer' [...] ein derartiger Erfolg in der Verwirklichung seiner [...] Vernichtungsmission beschieden gewesen wäre, hätte er sich darin nicht in tiefer Übereinstimmung mit seinem Volk befunden, die dem Begriff ‚Volksgemeinschaft' eine Dimension verleiht, die alle politischen Kriterien, mit denen er in der offiziellen Sprachregelung in Verbindung gebracht worden ist, belanglos, ja obsolet macht. Ein Volk, ein Führer, angewendet auf diesen ‚Führer', gibt den Blick auf das Abgründige in uns Deutschen frei. Wenn wir ganz tief hinabblicken, nehmen wir unser Nationalepos, das *Nibelungenlied,* wahr.[218]

Kriegerische Appelle an eine solche fanatische „Nibelungentreue" verbreiten sich in der Rezeptionsphase vor dem deutsch-französischen Krieg 1870–71. Der möglicherweise älteste Beleg liegt vor in einem Gedicht von Felix Dahn[219], das anläßlich eines Gerüchts von einer russisch-französisch-italienischen Kriegserklärung gegen Deutschland zustande kam. Der Kampf zwischen Hunnen und Burgundern im *Nibelungenlied* wird hier als eine prophetische Vision von einem Europa in Flammen beim Untergang der Germanen gedeutet:

> – – –
> *Und wenn's beschlossen ist da droben,*
> *daß unser Reich versink' in Nacht,*
> *Noch einmal soll die Welt erproben*
> *des deutschen Schwertes alte Macht:*
> *Soll nicht mehr deutsches Wort erschallen,*
> *nicht deutsche Sitte mehr bestehn,*
> *So lasst uns stolz und herrlich fallen,*
> *nicht thatenlos in Schmach vergehn.*
> *Schon einmal ward so stolz gerungen*
> *von deutschen Helden, kühn im Tod:*
> *Ein zweiter Kampf der Nibelungen*
> *sei unsern Feinden angedroht:*
> *Prophetisch war die alte Sage*
> *und grauenhaft wird sie erfüllt,*
> *Wann an dem letzten deutschen Tage*
> *der Schlachtruf dreier Völker brüllt.*

---

[217] Aug. Fr. Chr. Vilmar, a. a. O., S. 80f.
[218] Erich Kuby, „ *Wie's nach dem Kriege euch geriet, steht nicht im Nibelungenlied*, S. 112.
[219] S. oben S. 145, Anm. 175.

Von Blute schäumend ziehn mit Stöhnen
empört die Donau und der Rhein:
Es wollen brausend ihren Söhnen
die deutschen Ströme Helfer sein;
Auf! Schleudert Feuer in die Felder,
von jedem Berg werft Glut ins Land,
Entflammt die alten Eichenwälder
zum ungeheuren Leichenbrand.
Dann siegt der Feind: – doch mit Entsetzen,
und triumphieren soll er nicht!
Kämpft bis die letzte Fahn' in Fetzen,
kämpft bis die letzte Klinge bricht,
Kämpft bis der letzte Streich geschlagen
ins letzte deutsche Herzblut rot,
Und lachend, wie der grimme Hagen,
springt in die Schwerter und den Tod.
Wir stiegen auf in Kampfgewittern,
der Heldentod ist unser Recht:
Die Erde soll im Kern erzittern,
wann fällt ihr tapferstes Geschlecht:
Brach Etzels Haus in Glut zusammen,
als er die Nibelungen zwang,
So soll Europa stehn in Flammen
bei der Germanen Untergang!

In ähnlichen anfeuernden Appellen werden im weiteren, bis in unsere Zeit hinein, in Zeiten der nationalen Krise, wo es gilt, den Kampfwillen und die Ausdauer des Volkes zu stärken, die fiktiven Nibelungenheroen als nationale Vorbilder heraufbeschworen, und ihr Kampf wird gesehen als ein Schicksalskampf für das Überleben des Deutschtums. Das – soweit bekannt – letzte Beispiel hierfür findet man in einer Rede von Hermann Göring vom 30. Januar 1943 an frisch einberufene junge Soldaten, wo eine Parallele gezogen wird zwischen den Burgundern in Etzels brennender Halle und den erschöpften und ausgehungerten letzten Resten der 6. Armee, eingekesselt in Stalingrad. Zynisch wird hier der befohlene, völlig aussichtslose Widerstandskampf zu einer symbolischen Metapher stilisiert:

> Aus all diesen gigantischen Kämpfen ragt nun gleich einem gewaltigen Monument der Kampf um Stalingrad heraus. Er wird der größte Heroenkampf in unserer Geschichte bleiben. [...] Wir kennen ein gewaltiges Heldenlied von einem Kampf ohnegleichen, es heißt „Der Kampf der Nibelungen". Auch sie standen in einer Halle voll Feuer und Brand, löschten den Durst mit dem eigenen Blut, aber sie kämpften bis zum Letzten. Ein solcher Kampf tobt heute dort, und noch in tausend Jahren wird jeder Deutsche mit heiligem Schauer

von diesem Kampf in Ehrfurcht sprechen und sich erinnern, daß dort trotz allem Deutschlands Sieg entschieden worden ist. – Das europäische Schicksal liegt in unserer Hand und damit auch Deutschlands Freiheit, seine Kultur und seine Zukunft. Das ist der höchste Sinn dieses Opfers, das zu jeder Stunde und an jedem Ort ebenfalls von Euch, meinen Kameraden, gefordert werden kann. Denke jeder von Euch an die Kämpfer von Stalingrad, dann wird er hart und eisern werden. Vergeßt nicht, daß zu den vornehmsten Grundtugenden des deutschen Soldatentums neben Kameradschaft und Pflichttreue vor allem die Opferbereitschaft gehört.[220]

[220] Zitiert nach dem *Völkischen Beobachter* vom 3. Februar 1943, S. 3. – Denselben Vergleich zwischen dem Untergang der Burgunder und Stalingrad zieht Alfred Rosenberg in einem Leitartikel im *Völkischen Beobachter* (5.2.1943): So wie die Könige, Ritter und Mannschaft sich im *Nibelungenlied* bis zum letzten Mann gegen die Hunnen wehrten, hielt die 6. Armee in Stalingrad stand gegen die Millionen anstürmender Horden des Bolschewismus.

20

Hagen von Tronje: Ein Würgeengel als Nationalsymbol

In der Mitte des 19. Jahrhunderts etablierten, nationalistisch-tendenziösen Standardinterpretation des *Nibelungenlieds* als Verherrlichung der Treue ist es Hagen, der als der Treueste der Treuen, ja als Symbol für das Prinzip der Treue dargestellt wird. Es dürfte schwierig sein, ein geeigneteres Beispiel für die These von der Selbständigkeit des Lesers/Interpreten gegenüber dem Autor zu finden als diese Deutung. Es war nicht die Absicht des Nibelungendichters, Hagen als Repräsentanten des Treueprinzips darzustellen; im Gegenteil, Hagen ist für ihn ausdrücklich *der vil ungetriuwe man*. An keiner Stelle in seinen vielen persönlichen Kommentaren zum Handlungsverlauf gibt es auch nur den geringsten Versuch, Hagens Untaten zu entschuldigen, und die ganze Darstellung ist davon durchdrungen, daß Hagen keinem fremden Willen untergeordnet ist, daß seine Loyalität gegenüber dem burgundischen Königshause eher ein Vorwand als eine Triebfeder seines Handelns ist.

Hagens formale Subalternrolle entspricht nicht seiner wirklichen Bedeutung im Werk. Eine naheliegende historische Parallele zum Verhältnis zwischen ihm und den recht unbedeutenden und wankelmütigen Burgunderkönigen ist das zwischen den spätmerowingischen *rois fainéants* und deren mächtigen Reichsverwesern, den *maiores domus*.

Wenn Kriemhild die zentrale, verbindende Position in der Inhaltsstruktur des *Nibelungenlieds* einnimmt, so ist Hagen doch zweifellos die Hauptgestalt des Epos. Er ist eine gleichermaßen furchterregende und faszinierende, dämonische Persönlichkeit. Er ist die Ursache allen Unglücks, wie es in der *Klage* festgehalten wird: *der vâlant, der ez allez riet* ‚der teuflische Anstifter des Ganzen'. Der Dichter verschleiert die tieferliegenden Motive seines Handelns und überläßt es dem Leser, diese selbst herauszufinden. Teilweise sind sie vielleicht machtpolitischer Art, aber in den entscheidenden Momenten sind sie Auswirkungen seines rücksichtslosen, unerbittlichen und stolzen Charakters, seiner unermeßlichen Sucht nach Selbstbehauptung.

Das Bild von Hagen ist nicht ganz eindeutig, es wechselt ein wenig im Laufe des Erzählvorgangs. Dazu kann beigetragen haben, daß Bedeutung und Funktion seiner Gestalt in den verschiedenen Traditionsschichten des Sagenstoffs verschieden waren. Die veränderten Rollen haben neue charakterisierende Züge hinzugefügt, ohne daß die älteren verschwunden wären.

In den Liedern der *Edda* wird Hogni zum mustergültigen Helden stilisiert. Trotz seiner bösen Ahnungen folgt er ohne zu zaudern seinem Bruder Gunnar an den Hof von Atle, wehrt sich mannhaft und tapfer im Kampf gegen die feindliche Übermacht und nimmt ohne Furcht sein Schicksal an:

Sieben erschlug
Mit dem Schwert Hogni,
In heiße Flamme
Flog der Achte.
So besteht ein Held
im Streite die Feinde,
Wie Hogni bestand
Der Hunnen Überzahl.
– – –
Da lachte Hogni,
Als sie zum Herz schnitten
Dem kühnen Kampfbaum;
Zu klagen vergaß er.[221]

In der Thidrekssaga, deren Kompilator, wie man fast allgemein annimmt, die gleiche Quelle benutzt hat wie der Dichter des *Nibelungenlieds*, wird Hagen als eine durch und durch schreckenerregende Gestalt, grausam, hinterhältig und gewalttätig, dargestellt. Außerdem ist er dort halbdämonischer Herkunft. Sein Bild wird sorgfältig gezeichnet und mit anschaulichem Realismus: Er ist dunkelhäutig, hat langes, schwarzes Haar, ein schmales, aschgraues Gesicht; er hat nur ein Auge und einen stechenden Blick, buschige Augenbrauen, eine große Nase und einen dunklen Bart; er ist groß und stattlich, stärker als alle anderen, der beste Reiter, ein Holmgänger und Recke; er hat einen scharfen Verstand und ein stolzes Herz; er ist unzugänglich, verschwiegen, aufbrausend, hartnäckig und ohne Gnade. Zusammenfassend sagt die Chronik, daß es von Hagen hieß, er habe wie ein Troll ausgesehen und sein Wesen habe seinem Aussehen entsprochen.

Das *Nibelungenlied* gibt ein etwas anderes, vor allem psychologisch differenzierteres und vertiefteres Bild von Hagen. Die Beschreibung seines Äußeren betont die aristokratischen Züge: Hagen ist wohlgestaltet und stattlich, breitschultrig und von aufrechter Haltung. Sein Haar ist leicht ergraut, der hastige Blick scharf und hart und sein rabenschwarzes Gewand glitzert von Edelsteinen. Er ist vorausschauend, listig und verschlagen, schlagfertig und scharfzüngig, und im Jähzorn gewaltig.

---

221 *Das Alte Atlilied*, 20 und 25.

Im Gegensatz zum Verfasser der Thidrekssaga, der die Verbindung Hagens mit dunklen Mächten durch einen einfachen Hinweis auf seine Herkunft markiert, läßt der Dichter des *Nibelungenlieds* mit der unbeirrbaren Intuition des Künstlers das Schreckenerregende und Dämonische an seiner Gestalt sich in den Reaktionen seiner Umgebung widerspiegeln. Ein deutliches Beispiel dafür liefert die Szene, in der Rüedeger die Burgunder in Bechelâren willkommen heißt: der Anblick Hagens entsetzt die Tochter Rüedegers so sehr, daß sie sich verfärbt, als sie ihm einen Willkommenskuß zu geben gezwungen wird: *gemischet wart ir varwe, bleich unde rôt.*

Es gibt viele Beispiele für Hagens totalen Zynismus und für seine unglaubliche Rücksichtslosigkeit. Am besten veranschalicht dies vielleicht der Mord an Siegfried: Siegfried beugt sich über eine Quelle, um zu trinken, Hagen legt des Helden Waffe außer Reichweite und stößt ihm aus dem Hinterhalt den Speer in den Rücken, um dann, verfolgt von dem tödlich Verwundeten, zu fliehen, und er stößt einen Jubelschrei aus, als Siegfried ins Gras niedersinkt.

Szenenfoto aus dem großen Filmwerk *Die Nibelungen* von Fritz Lang und Thea von Harbou aus dem Jahre 1923/24, das nach Fritz Langs eigenen Worten zum Ziel hatte, dem 20. Jahrhundert die Welt des Mythos wieder zugänglich zu machen und dem Joseph Goebbels das Prädikat „die deutsche Spitzenleistung [...], ein grandioses Gemälde deutscher Kraft, Größe und Schönheit" zuerkannte (Tagebuchnotiz vom 4. Nov. 1919).

Ernst Barlachs (1870–1938) expressionistisch-naturalistische Kohlezeichnungen zum *Nibelungenlied* sind völlig frei von allem falschen und idealisierenden Pathos, sie decken im Gegenteil das grauenhaft Böse, die infernalische Natur des Menschen auf.

Die Zeichnungen wurden 1936 von der Bayerischen Politischen Polizei beschlagnahmt und auf der Ausstellung „Entartete Kunst" 1937 in München als „unheroisch und lichtscheu" und als Verhöhnung „des hohen nationalen Gedankens" gebrandmarkt.

Das Bild links stellt den Tod Ortliebs dar. Man sieht Hagen, das Gesicht zu einer höhnischen, zynischen Grimasse verzogen. In seiner linken Hand hält er den Körper des Knaben, von dem er gerade mit dem Schwert in seiner Rechten den Kopf abgetrennt hat: aus der Wunde am Hals spritzt das Blut in dicken Strahlen Kriemhild entgegen; der entsetzte Etzel sieht den Kopf seines Sohnes in den Schoß der Mutter fallen. Die beiden anderen Bilder stellen die umgekehrte Entsprechung dar: wie Kriemhild dem gefangenen Hagen das abgeschlagene Haupt Gunthers entgegenhält, und wie sie dann Hagen tötet.

Daß das Bild von Hagen nicht eindeutig ist und deshalb vom Leser ambivalent empfunden wird, hängt aber wahrscheinlich weniger vom Einfluß der Texttradition ab als davon, daß der Dichter des *Nibelungenlieds* der Rolle Hagens im zweiten Teil des Epos eine andere Strukturfunktion zugemessen hat als im ersten. Der Charakter Hagens wandelt sich kaum, er ist durch die ganze Dichtung hindurch der gleiche skrupellose Übermensch im Sinne Nietzsches, der mit souveräner Rücksichtslosigkeit seine Persönlichkeit durchsetzt; aber das Licht fällt auf ihn von entgegengesetzten Seiten. Die beiden Teile des *Nibelungenlieds* bilden eine Art Spiegelstruktur. Das gleiche Grundmotiv, der Haß, der in Verrat und Mord mündet, wird doppelt gestaltet, in zwei dramatischen Konflikten, aber mit unterschiedlicher Rollenverteilung. Im ersten Teil, der Tragödie um Siegfried, sind die Kontrahenten mythensymbolisch typisiert: Siegfried eine Lichtgestalt, Hagen böse, dunkel, dämonisch. Im zweiten Teil fällt der Schatten auf Kriemhild, die als intrigante, verräterische und grausame Rächerin geschildert wird, während Hagen ihrem Verrat zum Opfer fällt und zu einem tragischen Helden wird.

Es ist also nicht widersprüchlich und inkonsequent vom Dichter, daß Hagen sowohl ein Held als auch ein Missetäter ist. Die doppelte Perspektive macht sein Porträt psychologisch komplexer und damit für den Leser interessanter.

Vielleicht verhält es sich auch so, daß die Schuld, an der Hagen trägt, ohne daß sie ihn beschwert, den Effekt der tragischen Rolle nicht schwächt, sondern vielmehr verstärkt.

Fragt man, was es ist, das den Leser an der Gestalt Hagens fasziniert und seine Bewunderung hervorruft, so muß die Antwort lauten, daß es die Art ist, wie er sein Schicksal annimmt, mit offenen Augen und herausforderndem Trotz, ohne sich unterkriegen zu lassen. Sein Kampf und sein Untergang entsprechen dem, was Schelling als das Sublime in der höchsten Potenz definiert: gegen eine absolute Macht zu kämpfen und in diesem Kampf unterzugehen.[222] Auch die absolute Bejahung der Schuld ist dieser stolzen und kompromißlosen Lebenshaltung eigen: Schuldig zu sein, ist die Ehre der großen Charaktere, sagt Hegel, und ähnlich Georg Lukács: „Durch die Schuld aber sagt der Mensch Ja zu allem, was ihm geschehen ist [...]. Die hohen Menschen [...] lassen nichts los, was ihrem Leben gehört hat: darum haben sie die Tragödie als ihr Vorrecht."[223]

Eine solche Charakteristik des „tragischen Helden" ist mit der gängigen Definition des Tragischen freilich nicht vereinbar. Danach liegt

---

[222] F. W. J. Schelling, *Philosophische Briefe*, S. 50.

[223] Georg Lukács hier zitiert nach Walter Benjamin, *Ursprung des deutschen Trauerspiels*, S. 254.

dem eigentlichen Inhalt der Tragödie eine moralische Idee zugrunde. Der tragische Held ist Träger eines ethischen Prinzips, das sich durch den Untergang des Helden nur umso deutlicher manifestiert: Der Untergang des Prinzips als Existenz bedeutet seine Offenbarung als Idee.[224] Aber diese Definition macht einen hochgradig abstrakten Eindruck. Die Ethik kann keineswegs die Voraussetzung der Tragik sein. Ethische Prinzipien sind Vernunftsprinzipien, die Tragik dagegen ist Sinnenrausch, eine irrationale Erscheinung, und demnach von ästhetischer Qualität. In der Ästhetik sind Vernunft und Gefühl gegensätzliche Begriffe. Wenn ein Autor einen tragischen Stoff gestaltet, geht es ihm um ein emotionales Erlebnis, das er im Leser wachrufen will. Je stärker dieses ist und je mehr dadurch die intellektuelle Reflexion des Lesers zurückgehalten wird, desto größer ist der künstlerische Erfolg. Einen Affekt beim Leser zu bewirken, muß immer das primäre Ziel eines Verfassers von Tragödien sein. Auch in den Fällen, in denen der Dichter bewußt eine Idee, ein ethisches Prinzip mit einem tragischen Thema verbindet, ist es nicht die zugrundeliegende Idee, sondern die konkret geschilderten Ereignisse und die menschlichen Schicksale, die den unmittelbaren tragischen Effekt hervorrufen. Es gibt viel Weltanschauung im Drama um Hamlet, aber es ist das Schicksal des Menschen Hamlet, das den Zuschauer bewegt. Die Idee wird erst sekundär durch die reflektierende Analyse offenbar.

Das *Nibelungenlied* hat eine rationale Idee zum Thema und eine starke emotionale Wirkungskraft. Diese beiden Potenzen, die rationale und die irrationale, fließen in der Rolle Hagens zusammen, jedoch nicht in der Form einer Synthese, sondern als Gegensätzlichkeit. In der Persönlichkeit Hagens liegt der Schlüssel zum Verständnis der Bedeutung des *Nibelungenlieds* und seiner Wirkung. Die Spannweite in der Deutung des *Nibelungenlieds* entspricht der Spannweite in der Deutung Hagens. Die innere Thematik des Epos ist, daß die gewaltigen dämonischen Kräfte im Menschen von Moral und Vernunft gezügelt werden müssen; sonst ist menschlicher Untergang die unausweichliche Konsequenz. In dieser thematischen Struktur ist es die Aufgabe Hagens, den ethischen Nihilismus zu repräsentieren. Aber die tragische Heldenrolle, die ihm dabei zugedacht ist, in der also auch seine Schuld eine verstärkende Komponente darstellt, hat auch eine starke emotionale Wirkung. Die starke Persönlichkeit Hagens, deren Gestaltung bedingt ist durch die Extremposition der Rolle in der Ideenstruktur und der der Dichter künstlerische Vollkommenheit verleiht, bezaubert den Leser und erschwert es ihm, Hagen als den bösen Dämon und Würgeengel zu sehen, der er eigentlich ist, als eine Inkarnation dunkler und destruktiver Triebe im Menschen.

---

[224] K. W. F. Solger, *Vorlesungen über Ästhetik*, S. 311.

In der irrationalen, suggestiven Kraft liegt die gefährliche Bedeutung der Kunst und Literatur als Instrument für politische und religiöse Indoktrination. Die Illusion, sagt Bertolt Brecht, läßt den Leser die reale Welt vergessen, die Lüge schlucken, nicht sehen, was eigentlich erzählt wird.[225] Der Affekt muß von der Vernunft in Schach gehalten werden. In Brechts „epischem Theater" wird der verführerische Effekt des Kunstwerks dadurch eliminiert, daß der Gang der Handlung im voraus angezeigt wird oder dadurch, daß die Handlung in dramatischen Augenblicken unterbrochen wird, ein Erzähler auftritt und das, was geschieht, kommentiert, interpretiert und den Zuschauer zum kritischen Nachdenken auffordert.

Die gleiche didaktische Tendenz und eine ähnliche Technik in der Durchführung gibt es im *Nibelungenlied.* Der Erzähler im Epos wendet sich oft mit persönlichen Kommentaren und Reflexionen – in der Regel in der rhythmisch stark markierten letzten Zeile der Strophe – direkt an den Leser bzw. Zuhörer. Mit Andeutungen darauf, was geschehen wird,[226] und mit Rückblicken gibt er der Schilderung eine Tiefendimension und ermöglicht es dem Leser, an der Oberfläche verborgene kausale Verflechtungen zu sehen oder zu ahnen. Der Person Hagens widmet er dabei besondere Aufmerksamkeit. Er hält sich lange auf bei seiner Unmoral und verurteilt seine Untaten, vor allem den Mord an Siegfried: „nie wieder wird ein Held eine solche Missetat begehen!" – *sô grôze missewende ein helt nû nimmer mêr begât!*

Aber die eingestreuten analytischen und moralisierenden Reflexionen reichen kaum aus, um das emotionale Engagement des Lesers zu brechen und ihn dazu zu bringen, sich vom Erzählten kritisch zu distanzieren. Der Dichter ist auch kaum bereit – woraus ihm absolut kein Vorwurf erwachsen soll –, den Affekt des Einfühlens an den Stellen zu reduzieren, wo er am stärksten ist, also in den am meisten mit Dramatik geladenen Szenen. In der Schilderung des Untergangs der Burgunder beispielsweise läßt er die epischen Kunstgriffe vermissen. Hier ist die Darstellung ohne jede entspannende, analysierende Tendenz, die Ereignisse dürfen sich unkommentiert in ihrer ganzen dramatischen Gewalt entwickeln.

In der spätromantischen Deutung, sowie in der daraus entwickelten nationalistischen, sucht man prinzipiell nicht nach einer bewußt geform-

[225] Bertolt Brecht, *Über das Lesen von Büchern,* S. 139.

[226] Diesen Andeutungen wird teilweise eine symbolische Form gegeben. Das markanteste Beispiel hierfür ist das szenisch starke Bild, das als Prolog zum ersten Teil des *Nibelungenlieds* fungiert: Kriemhild träumt, daß sie einen Falken, stark, wild und schön, abrichtet, den zwei Adler vor ihren Augen zerfleischen: *wie si züge einen valken, starc scoen' und wilde / den ir zwêne arn erkrummen / daz si daz muoste sehen*; vgl. Gernot Müller, *Zur sinnbildlichen Repräsentation der Siegfriedgestalt im Nibelungenlied,* S. 95.

ten Ideenstruktur im *Nibelungenlied*.[227] Die moralisierende Tendenz in den Erzählkommentaren wird als zeitbedingte Verweichlichung des letzten Dichters/Redakteurs und als unvereinbar mit der genuinen Form des Epos in den Wind geschlagen.[228] Wenn man sich auch darüber im klaren ist, daß ein individueller Dichter dem Epos poetische Gestalt gegeben hat, so wird das *Nibelungenlied* doch betrachtet als eine aus eigener Kraft gewachsene, „mythische“ Dichtung, als ein Strom aus der „deutschen Volksseele“. Die Wahrheit des Epos existiere in seinen Charakteren, die Prototypen des deutschen Menschen darstellen. Eine solche Deutung verstärkt natürlich den illusorischen, suggestiven Effekt unerhört und blockiert die analysierende Reflexion.

Während bis zum Ersten Weltkrieg in der Regel Siegfried zum Nationalsymbol erhoben wird, ist es in der folgenden Rezeptionsperiode, in der Zeit bis zum Ende des Zweiten Weltkrieges, vor allem Hagen, dem diese Symbolrolle zugeteilt wird. Die Charakterzüge Hagens werden zu Eigenschaften idealisiert, die als typisch deutsch bezeichnet werden: ein kühl kalkulierender Verstand, Willensstärke, unverbrüchliche Pflichttreue, „eine knorrige Unbeugsamkeit, die [...] eher die Welt oder sich selbst verdirbt als einen Schritt rückwärts thut“;[229] „Siegfried könnte sehr wohl eine Idealgestalt sein auch für ein anderes Volk als das deutsche“, aber Hagen ist typisch deutsch, sein Charakter und seine Taten „entsprechen der deutschen Wesensart“;[230] „Hagen ist eine Gestalt aus der tiefsten Tiefe der deutschen Seele [...]. Er ist das Prinzip selbst [...]. Hagen, das sind wir“.[231]

Die „Volksseele“, die Hagen repräsentieren sollte, existiert nur als Produkt einer irrationalen, nationalistischen Ideologie, in welcher der nationale Gedanke sich mit einer mystizistischen, antihumanen Untergangsphilosophie vereinigt hat. Als ein solches Produkt besitzt sie jedoch eine unbestreitbare Realität, und in Hagens Darstellung im *Nibelungenlied* bekommt sie anschauliche Form.[232] Deshalb ist die ganze

---

227 Dagegen glaubte August Wilhelm Schlegel ein ethisches Prinzip, „eine auf das Klarste überschauliche“ Komposition und „eine vollständige Weltansicht“ im Nibelungenepos zu sehen (vgl. oben S. 66f.). Die These, das *Nibelungenlied* lasse eine Grundidee vermissen und bedürfe keiner Reflexion, seine Helden seien in jeder Situation das, was sie sein müssen und deshalb vorbildlich, wird noch 1966 von Helmut de Boor (*Friedrich Hebbel: Die Nibelungen. Deutung und Dokumentation*, S. 32) vertreten.

228 Vgl. Andreas Heusler, oben S. 35f. Die Auffassung, das Epos sei mythischer Natur, ist jedoch Heusler sehr fremd.

229 O. Vogel, *Zur Frage des Unterrichts im Altdeutschen auf höheren Schulen*, S. 326.

230 Paul Ernst, *Die Nibelungen*, S. 170.

231 Joachim Fernau, *Disteln für Hagen*, S. 24 und S. 95.

232 In Nachkriegsinterpretationen des *Nibelungenlieds* wird Hagen zuweilen in eine Reihe mit Hitler gestellt, so bei Robert Minder: „Dans cette rage concentrée, dans ce sadomasochisme gigantesque, quelle figure plus hitlérienne que le Hagen du *Nibelungenlied*?“ Minder macht auch einen interessanten Vergleich zwischen Hagen und Martin Heidegger, zwi-

deutsche Nibelungeninterpretation bis zum Ende des Zweiten Weltkriegs (und teilweise auch danach) stark durchdrungen von der Sympathie des Wiedererkennens für den dunklen, dämonischen und tragischen Helden des Epos. Auch für das Destruktive und Erschreckende an Hagen bringt man leicht Verständnis auf, es wird identifiziert (unter unausgesprochener, aber deutlicher Anspielung auf Nietzsche) als ein tief liegender deutscher Wesenszug: „Wir sind und bleiben das Volk Hagens, die Blumen um unsere tiefsten Quellen sind rot von Mord".[233] Hagen ist „schuldig ohne Schuld" (Bertram) und kann für alle Missetaten Absolution erhalten – wie im Gedicht von Börries von Münchhausen:

Was immer der Tronnier begonnen,
Es deuchte mir edel und eisern gut, –
Und ich sah doch beim Odenwald-Bronnen
An seinem Speer auch Siegfrieds Blut!

– – –

Hochmütig und Freund der Gewalttat,
So reitet er durch die umdüsterte Welt,
Und um was seine Faust sich geballt hat,
Das hält sie in Treue, die niemals zerschellt.

– – –

Drum, ob auch das Herz mir erzittert,
Als Siegfried gestöhnt und als Kriemhild geweint,
Doch bist du, von Grauen umwittert,
Der Held meiner Lieder, mein Hagen, mein Freund![234]

---

schen Hagens „kreativer Begeisterung und destruktiver Gewaltsamkeit" und dem „Existentialismus", den Heidegger in der Vorlesung von 1933 (vgl. oben S. 170) vertritt, wo er den Zusammenbruch der traditionellen ethischen Werte voraussieht und als einzige bestehende äußerste Tugend den strengen Soldatengeist, eine Hingabe an die Pflicht ohne hindernde individuelle moralische Skrupel proklamiert. Minder: „Enfin, par son mélange d'élan créateur et de violence destructive, ne devait-il pas incarner aux yeux de la jeunesse allemande un certain *existentialisme* à la manière de Heidegger, le Heidegger du grand discours universitaire de 1933 qui ne laissait subsister au milieu de la ruine des valeurs traditionnelles que cette vertu suprême: ‚die Haltung', la ‚tenue transigeante et soldatique'?". (*Allemagnes et Allemands*, S. 245f.)

[233] Ernst Bertram im Gedicht *Odenwaldbrunnen* aus der Gedichtsammlung *Der Rhein* (1922). Bertram (1884–1957), bekannt vor allem für eine eigensinnige aber einflußreiche Nietzsche-Biographie (*Nietzsche. Versuch einer Mythologie*, 1918), war von 1922–1946 Professor für deutsche Literaturgeschichte an der Universität Köln. Er ist einer in der langen Reihe deutscher national dichtender und denkender Professsoren in humanistischen Fächern, die eine große Verantwortung für die irrationalen und mystizistischen Entgleisungen der deutschen Politik tragen.

[234] Börries von Münchhausen (1874–1945), *Ein Lied Volkers* (1920).

21

Rüedeger von Bechelâren: Gewissenspflicht contra politische Pflicht

Die oben zitierte These von Karl Wilhelm Ferdinand Solger – daß die Gestaltungen menschlicher Konflikte und Katastrophen in Tragödien Manifestationen von Ideen sind, die durch den Untergang des Menschen offengelegt und deutlich werden – läßt sich also nicht auf Hagen im *Nibelungenlied* applizieren. Sie ist jedoch für die Schilderung des tragischen Schicksals relevant, das einen anderen Helden des Epos ereilt, nämlich den edlen Ritter und „Markgrafen" Rüedeger von Bechelâren.

Es geht in dieser Schilderung – von der gesagt worden ist, daß sie an Tiefe und Kraft in der deutschen mittelalterlichen Literatur nicht ihresgleichen hat[235] – um die existentielle und damit zeitlos aktuelle Frage, ob die Gewissenspflicht eine höhere moralische Rechtsinstanz für den Menschen ist als die von der Gesellschaft auferlegte. Auch von der Antwort, die vom Dichter in symbolischer Form gegeben wird, kann gesagt werden, daß sie zeitlos gültig ist.

In Rüedegers Fall wird die Frage konkret durch den Konflikt, in den er gerät, zwischen der Loyalität mit den Burgundern, seinen Freunden, und den Verpflichtungen, die ihm sein Treueeid Kriemhild gegenüber und sein Vasallentum bei Etzel auferlegen.

Die lebenslängliche Freundschaft Rüedegers mit den burgundischen Königen ist der Grund, warum Etzel ihn zum Überbringer seines Heiratsantrags an Kriemhild ausersieht. In Worms zögert Kriemhild lange, ihre Heimat zu verlassen und Etzels Frau zu werden; die Erinnerung an Siegfried ist allzu stark. Ihr Widerstand ist erst gebrochen, nachdem Rüedeger, unter dem Eindruck ihrer Tränen, den Eid geleistet hat, ihr immer aufrichtig zu dienen und ihre Rechte zu wahren. Daß dieses Versprechen der erste Schritt zu dem von Kriemhild von langer Hand vorbereiteten Racheakt ist, kann Rüedeger nicht ahnen; er weiß natürlich vom Konflikt zwischen ihr und Hagen, aber nicht von dessen Tiefe.

---

[235] Friedrich Panzer, *Das Nibelungenlied*, S. 258. – Nach Andreas Heusler, a. a. O., S. 71, ist Rüedeger „die unvergleichliche Schöpfung" des vorletzten Nibelungendichters, des Verfassers der älteren *Nibelunge nôt*, dessen „Freibrief auf Unsterblichkeit". Aus rein inhaltlichen Gründen jedoch ist man versucht, dem letzten Dichter einen großen Anteil an der Gestaltung von Rüedegers Rolle und am Gewissenskonflikt, in den er gerät, zuzumessen.

Die Schilderung von Rüedegers unglücklichem Schicksal beginnt – wie erwartet ganz in der durchgehend antithetischen, kontrastiven Erzählweise des Dichters – mit der Schilderung eines Idylls. Auf ihrer Reise zu Etzel machen die Burgunder Aufenthalt in Bechelâren an der Donau, wo sie von Rüedeger mit großer Gastfreundschaft empfangen werden und wo die alten Freundschaftsbande während des dreitägigen freudvollen Beisammenseins enger geknüpft werden. Der Höhepunkt des Festes ist erreicht, als Giselher und die junge Tochter des Markgrafen miteinander verlobt werden. Beim Abschied verteilen Rüedeger und seine Frau Gotelinde kostbare Gaben unter ihren Freunden: eine Brünne für Gunther, ein kostbares Schwert für Gernot und einen prachtvollen Schild für Hagen.

Als bei Etzel der Kampf zwischen Hunnen und Burgundern ausbricht, versucht Rüedeger, sich so lange wie möglich herauszuhalten. Als Kriemhild ihn dazu auffordert, sein Versprechen, ihr beizustehen, einzulösen, entgegnet er, daß er zwar geschworen habe, ihretwegen Ehre und Leben zu opfern, aber nicht, seine Seele zu verlieren:

– – – ich swuor iu, êdel wîp,
daz ich durch iuch wâgte ēre und ouch den lîp:
daz ich die sêle vliese, des enhân ich nicht geswôrn.

Aber dieses Argument findet keine Resonanz bei Kriemhild; und sie wird auch von Etzel unterstützt, der Rüedeger an seine Vasallenpflicht erinnert. Für Rüedeger gibt es keinen Ausweg; was er auch tut, es wird sich als falsch erweisen:

„Weh mir Gottverlornem, daß dies mir widerfährt!
Dahin muß ich jetzt geben, was ich an Manneswert,
An Zucht und Treugesinnung durch Gottes Huld gewann.
O Gott, daß vor der Schande der Tod mich nicht bewahren kann!

Was ich hier unterlasse und was ich leiste jetzt,
Stets hab ich meine Ehre und höchste Pflicht verletzt.
Und unterlaß ich beides, schilt man mich allzumal.
Jetzt möge mich beraten, der zu leben mir befahl.“

Vergebens fleht Rüedeger um Verständnis und erklärt sich zu jedem Opfer bereit, um von seiner Vasallenpflicht gelöst zu werden. Kriemhild und Etzel sind unerbittlich und zwingen ihn zu dem schweren Entschluß, sein Schwert gegen seine Freunde und Anverwandten zu erheben:

Es drang in ihn der König und auch die Königin.
Darum gab sein Leben der kühne Held dahin
Und mußten viele sterben vor seiner starken Hand
Hört jetzt, wie sich Rüdeger zu jammervoller Tat verstand.

Nur Schmach und Leid erwartet' er von seiner Tat.
Gern hätte er dem König versagt, worum er bat,
Und auch der hehren Fürstin. Es fürchtete der Held,
Erschlüg er auch nur einen, so haßte ihn darum die Welt.

Drum sprach zu dem König jetzt der kühne Mann:
„Nehmt, König, alles wieder, was ich durch Euch gewann,
Das Land und die Burgen; nichts verbleibe mir.
Laßt mich auf meinen Füßen in das Elend gehn von hier."

„Wer hülfe mir", sprach Etzel, „dann noch in meinem Leid?
Bist du an meinen Feinden zu rächen mich bereit,
Dann geb ich Land und Burgen zu eigen alles dir.
Ein König, reich und mächtig, sollst du werden neben mir."

„Wie könnt ich das beginnen?" sprach Rüdeger darauf.
„Als Gäste nahm die Recken in meinem Haus ich auf,
Trank und Speisen bot ich als Freund ihnen an
Und band sie mir mit Gaben: Wie sänn auf ihren Tod ich dann?

Leicht schiene ich den Leuten erbärmlich und entehrt.
Ich habe keine Dienste ihnen je verwehrt,
Den Fürsten wie den Mannen. Daß ich den engen Bund
Schloß mit ihrer Sippe, wie reut's mich jetzt aus Herzensgrund.

Friedrich Wilhelm Gubitz:
Rüedegers Klage

Meine Tochter gab ich Giselher als Braut.
Ich hätte keinem andern sie lieber anvertraut
Nach Reichtum und nach Ehre, nach Treue und nach Zucht.
Nie wuchs am Königsstamme vollkommner eine edle Frucht."

Darauf erwidert' Kriemhild: „Laß dir zu Herzen gehn
Das Leid, edler Markgraf, das uns hier ist geschehn,
Mir und auch dem König. Gedenke auch daran,
Daß nie so schlimme Gäste ein Herr in seinem Haus gewann."

Da sprach der edle Markgraf wiederum zu ihr:
„Heut zahlt mit seinem Leben Rüdeger dafür,
Was Gutes ich von Etzel und Euch erfahren hab.
Heut muß ich dafür sterben: niemand wendet das mehr ab.

Ich weiß, noch heute werden euch ledig Burg und Land
Durch eines der Burgunden kampferprobte Hand.
In euer beider Gnade empfehl ich Weib und Kind
Und die verwaisten Recken, die dort in Bechelâren sind."

Von dem König wandte er sich voll Traurigkeit.
Seine Recken fand er nahe und bereit.
Er sprach: „Ihr meine Mannen sollt euch waffnen gehn.
Die kühnen Burgunden muß ich leider heut bestehn."

Rüedeger geht *mit grôzen sorgen* in den Kampf, nicht um zu siegen, sondern um zu sterben.

Wie grausam und ungerecht Rüedeger der Macht zum Opfer fällt, läßt der Dichter aus einer fesselnden Szene hervorgehen, die Rüedegers Kampf gegen die Burgunder vorausgeht: Er läßt Hagen, der sonst niemals Gnade vor Recht ergehen läßt oder Erbarmen zeigt, seinem Mitleid mit Rüedeger Ausdruck verleihen, indem er ihm eine Möglichkeit gibt, in der Form einer symbolischen Geste seine ritterliche Ehre zurückzugewinnen, die Freundschaft mit den Burgundern zu bekräftigen und Abstand zu nehmen von Kriemhild. Rüedeger erhebt den Schild, um den Kampf zu beginnen, da ruft Hagen der Tronjer *schallend von der Stiege her*:

„Den Schild, den Gotelinde mir gab zu tragen
Den haben mir die Hunnen zerhauen vor der Hand.
Als Freundesgabe brachte ich ihn in König Etzels Land.

Wenn mir Gott im Himmel doch gönnen wollte,
Daß ich einen solchen Schild noch tragen sollte,
Wie du ihn hast in Händen, edler Rüdeger,
Dann braucht in diesen Kämpfen ich keine Halsberge mehr."

„Wie gern wollt ich dir helfen mit meinem Schilde,
Wagt ich ihn dir zu geben vor Frau Kriemhilde.

Rüedeger reicht Hagen seinen Schild. Kohlezeichnung von Ernst Barlach

Doch nimm ihn hin, Hagen, und trag ihn in der Hand.
Ach, dürftest du ihn bringen heim in der Burgunden Land!"

Als er ihm so willig den Schild als Gabe bot,
Da wurden viele Augen von heißen Tränen rot.
Es war die letzte Gabe, die je auf Erden mehr
Einem Degen schenkte der edle Markgraf Rüdiger.

Rüedeger fällt im Kampf von Gernots Hand, durch das Schwert, das er diesem selbst geschenkt hatte – *jane wart wirs gelônet sô rîcher gâbe mêr* ‚nie wieder wurde eine solche kostbare Gabe so schlecht gelohnt'.

★

Daß das *Nibelungenlied* eine Dichtung mit einer ideellen Tendenz, mit einer humanitären Botschaft ist, wird nirgendwo deutlicher als im Rüedeger-Kapitel. Modernen Lesern gibt dieses Kapitel auch die Möglichkeit zu einer interessanten historisch-kontrastiven Analyse der Begriffe Moral und Politik in ihrem Verhältnis zueinander.

Rüedegers tragisches Schicksal dient dazu, deutlich zu machen, daß die politische Macht und der politische Gehorsam ihre moralische Legitimität einbüßen, wenn sie die Grenze, die die Humanität setzt, überschreiten.

In der idealen Rittergesellschaft, so wie sie in der zeitgenössischen höfisch-didaktischen Epik geschildert wird, wird das Leben des Ritters von zwei grundlegenden Normsystemen gesteuert und geformt: einem politischen und einem ethischen. Rüedeger im *Nibelungenlied* vertritt beide Grundsätze, den einen in seiner Eigenschaft als König Etzels Vasall, den anderen durch seine vorbildliche Lebensweise: der Dichter nennt ihn *ein vater aller tugende*.

Das politische Fundament der mittelalterlichen Gesellschaftsordnung ist das Vasallensystem. Die Vasallenpflicht des Ritters bedeutet die Verpflichtung, für materielle Vorteile seine politischen Dienste einem Fürsten, einem Lehnsherrn, zur Verfügung zu stellen. Es handelt sich um einen rechtlichen Kontrakt, eine vertraglich festgelegte Pflicht, prinzipiell ohne ethische Dimension.

Das ethische Prinzip des Rittertums ist auf einer ganz anderen Ebene angesiedelt. Es ist ein *noblesse oblige*, eine Gewissensforderung an den Ritter, auf eine moralisch vorbildliche Weise zu handeln und zu leben, nach einer inneren Vollkommenheit zu streben, die dem äußeren Glanz seines privilegierten Daseins entsprechen und es dadurch legitimieren soll. Ein Kardinalbegriff im Kanon ethischer Lebensregeln des Ritters ist *triuwe*, ein Wort mit einem umfassenderen Bedeutungsinhalt als der des neuhochdeutschen *Treue*, dem es der Form nach entspricht. In der klassischen höfischen Epik, besonders bei Hartmann von Aue, ist *triuwe* ein Ausdruck für einen allgemein ritterlichen Lebensstil und bedeutet ungefähr ‚Bereitschaft zum Dienst am Menschen', ‚Mitleid', ‚Humanität'.

In der mittelalterlichen deutschen Rittergesellschaft wird also klar unterschieden zwischen den beiden Pflichtbegriffen *triuwe* ‚Humanität', einer ethischen Verpflichtung, und dem Vasallendienst, einer rechtlich begründeten Gehorsamspflicht. Später geht diese klare Distinktion verloren, und zwar in einem Prozess, den man teilweise im Sprachgebrauch verfolgen kann: das Wort *Pflicht*, das im Deutschen ursprünglich nur in der Bedeutung ‚rechtsgültige Verpflichtung' vorkommt, erhält im 16. Jahrhundert auch die Bedeutung ‚die Pflicht zu handeln nach den Geboten von Religion und Moral';[236] zur gleichen Zeit wird *Treue* ein Ausdruck für untertänigen Gehorsam (vgl. oben S. 163f.).

Was hier entsteht, ist eine Begriffsverwirrung: der Gehorsam gegenüber der Obrigkeit, früher nur rechtlich begründet,[237] erhält eine verstärkende moralische Motivation, die ethische Pflicht, die Gewissenspflicht, wird mit der politischen Pflicht verbunden und kann sich leicht mit dieser identifizieren und damit mit ihr verwechselt werden. Als Folge davon kann also die paradoxale Situation aufkommen, daß ein Mensch gegen sein Gewissen, gegen das „moralische Gesetz", handeln aber trotzdem der Überzeugung sein kann, moralisch richtig zu handeln, weil er in Übereinstimmung mit den Forderungen der politischen Macht, der „autoritären" Moral, handelt.

Aber für das Moralgesetz gibt es, was Immanuel Kant genau aufgeklärt hat, keine Dimension, die über den einzelnen Menschen hinausgeht, keine höhere Instanz. Das Recht der politischen Obrigkeit ist das, was Kant „Hausherrenrecht" nennt, und für dessen Gültigkeit eine klare und deutliche Grenze existiert: seine legitime Macht hört dort auf, wo es mit dem ethischen Prinzip in Konflikt gerät; und da wird auch der Gehorsam unmoralisch.

Das ist auch Rüedegers Einsicht, als er vor Etzel und Kriemhild steht. Für ihn existiert keine Begriffsverwirrung, kein bequemer Ausweg. Er ist sich seiner Position im politischen System bewußt, daß es nämlich seine rechtliche und politische Pflicht ist, die Forderungen, die Etzel und Kriemhild an ihn stellen, zu erfüllen, aber er weiß auch, daß er sich dadurch der moralischen Verantwortung für seine Handlungen nicht entledigt. Als er sich schließlich der politischen Macht beugt, weiß er, daß er damit seine Seele verliert.

---

236 *Grimms Wörterbuch* VII, Sp. 1756.

237 Im sogenannten *Schwabenspiegel*, einer Sammlung von rechtlichen Regelungen aus dem Ende des 13. Jahrhunderts, wird der politische Gehorsam so definiert: *Wir sullen den herrn darumb dienen, daz si uns beschirmen. Beschirmen si uns nit, so sind wir ihnen nichts schuldig nach rechte.*

22

Dietrich von Bern: vergebliche Mahnung zur Besinnung

In der politisch-nationalistischen Interpretation des *Nibelungenlieds* wird Rüedeger von Bechelâren zu einem germanischen Helden gemacht, dessen hervorragende Größe darin liegt, daß er sich der politischen Gehorsamspflicht trotz des enormen Opfers, das ihn das kostet, unterordnet. Darin sei er, heißt es, ein wahrer Vertreter des deutschen Volkes und ein Vorbild für alle Deutschen (vgl. A. F. C. Vilmar, oben S. 165). Diese Deutung überschreitet entschieden die Grenze, die der Text setzt. Was der Text über den edeln Ritter Rüedeger erzählt, ist, daß er physisch und psychisch vernichtet wird im Konflikt zwischen Moral und politischer Pflicht. Die Forderung Kriemhilds und Etzels nach unbedingtem Gehorsam treibt ihn nicht nur in den Tod, was er als Vasall zu akzeptieren hat, sondern beraubt ihn auch seiner Menschenwürde, ohne die er nicht leben kann. Deshalb seine Verzweiflung und Bitterkeit: „Alles was meinem Leben Wert verlieh: Ehre, Treue, die Menschlichkeit, die mir Gott gab, das alles muß ich nun von mir werfen." Es ist nicht die Tendenz des *Nibelungenlieds*, in der Rüedeger-*âventiure* den blinden Soldatengehorsam zu verherrlichen, sondern im Gegenteil die Bedingungen und Grenzen der legitimen politischen Macht anschaulich abzustecken.

In der Schilderung Dietrichs von Bern wird das gleiche Problem thematisiert, durch ein Gegenbild, ein Idealbild. In Dietrichs Gestalt und Taten vereinigen sich die beiden Normsysteme der Rittergesellschaft in einer Harmonie: das politische Prinzip der Zeit, die Vasallenpflicht, wird nicht in Frage gestellt, aber es wird dem zeit- und bedingungslos gültigen Vernunfts- und Humanitätsprinzip verbunden und unterstellt.

Dietrich von Bern ist vielleicht die hervorragendste Gestalt der germanischen Heldendichtung. Es ist um seine Person ein ganzer Sagenkreis entstanden, der durch das ganze Mittelalter hindurch weiterwächst.[238] Sein realhistorischer Ursprung ist Theoderich der Große, der

[238] Über die norwegische *Thidrekssaga* (s. oben S. 32) und ihren schwedischen Ableger ist Dietrich von Bern (Bern = Verona) in das nordische Volkslied gedrungen; eine frühe Dokumentation seines Vorkommens in der nordischen Heldendichtung liegt wahrscheinlich in der Tjodrik-Strophe auf dem Rökstein in Östergötland in Schweden (9. Jahrhundert) vor: *Damals herrschte Tjodrik der Kühne, / der Häuptling der Seekrieger, / über den Strand*

das mächtige ostgotische Reich in Italien gründete und von 493 bis 526 darin herrschte, und der in der Geschichte gepriesen wird wegen seiner Staatsklugheit und seiner Toleranz gegenüber Andersdenkenden. Im Gegensatz zu den historischen Tatsachen wird er in der Sage zum tragischen Helden, der aus seinem Land vertrieben wurde und jahrzehntelang als Flüchtling und Vasall an König Etzels Hof zu leben gezwungen war. Die Verbindung zu Etzel ist der Grund dafür, daß er in der Nibelungensage auftaucht, was, wie Andreas Heusler aus guten Gründen annimmt, im Zusammenhang damit geschah, daß die Burgundersage in bayrisches Gebiet eingedrungen ist.[239] Laut Heusler war der Anlaß das Bedürfnis nach einer „königlichen Gestalt“ als Bestrafer Kriemhilds. Eine solche Rächer- und Richterrolle hat Dietrich auch in der *Thidrekssaga*.

Im *Nibelungenlied* ist Dietrichs Rolle als Vertreter eines moralischen Prinzips nachdrücklicher und deutlicher. Für keine andere der Figuren des Epos ist demzufolge die Verbindung zwischen der Rolle in der erzählten Handlung und der Symbolbedeutung in der darunterliegenden Themastruktur so klar und deutlich wie im Falle Dietrichs von Bern. Es herrscht hier eine fast absolute Symbolik: Dietrich ist gestaltete Idee, in der Schilderung seiner Person und seiner Aktionen fällt die Substruktur des *Nibelungenlieds* mit der Oberflächenstruktur zusammen. Dietrich von Bern läßt aus diesem Grunde die Zweideutigkeit vermissen, die fast alle anderen Figuren des Epos kennzeichnet, alle seine Taten sind ausschließlich Effekte des Vernunfts- und Moralprinzips, das er repräsentiert.

In der darunterliegenden Polaritätsstruktur steht dieses Prinzip im Gegensatz zu dem von Hagen und Kriemhild vertretenen. Dietrich von Bern muß also den beiden gegenüber seine Freiheit bewahren und darf keinem von ihnen ins Netz ihrer Relationen gehen. Für diese Position ist seine Autorität und moralische Integrität eine Voraussetzung. An Etzels Hof ist Dietrich von Bern die führende Persönlichkeit, Gegenstand der Hochachtung und des Respekts aller. Formell ist er der Vasall König Etzels, aber es wäre undenkbar für Etzel, von Dietrich von Bern das zu fordern, was er von Rüedeger fordert, und noch undenkbarer wäre die Durchsetzung einer solchen Forderung. Kriemhild macht einen Versuch, Dietrich für ihre Sache zu gewinnen, wird aber scharf zurechtgewiesen: „Laß diesen Gedanken fahren, mächtige Königin; es ehrt dich wenig, daß du deinen Verwandten, die guten Glaubens hierherge-

---

des Reidmeeres. / Nun sitzt er gerüstet / auf seinem gotischen Hengst, / den Schild über der Schulter, / der vornehmste der Meringer. (Übertragung von Elias Wessén.)

[239] Andreas Heusler, a. a. O., S. 50ff. – Keiner der Gesänge in der *poetischen Edda*, die zur Nibelungensage gehören, nennt Dietrich; dagegen vermeldet *der dritte Gesang über Gudrun*, daß Dietrich seine ganze Gefolgschaft beim Kampf in Atles Hof verlor.

kommen sind, nach dem Leben trachtest; und von Dietrichs Hand wird Siegfried nicht gerächt werden."

Aus den gleichen Gründen – wegen der kontrastiven Ideestruktur des Epos – hat Dietrich keinen eigentlichen Einfluß auf die Entwicklung der Ereignisse im Epos. Es ist nicht *sein* Prinzip, das die Handlung vorwärts treibt und den Sieg im *Nibelungenlied* davonträgt. Dietrichs von Bern Rolle ist es, eine vergeblich warnende und mahnende Stimme zu sein, zu zeigen, wie die Katastrophe hätte abgewendet werden können, wenn Vernunft und Besinnung anstelle der elementaren Triebe gewaltet hätten.

Eine Durchsicht der Szenen, in denen Dietrich von Bern auftritt, belegt die Symbolbedeutung seiner Rolle.

Erst in der 22. *âventiure* des *Nibelungenlieds* wird er in die Handlung eingeführt, in einem Zusammenhang, der dazu dient, seine Bedeutsamkeit zu markieren: Kriemhild, zusammen mit Rüedeger auf dem Wege nach Wien, wird an der Donau von Etzel und dessen Gefolge empfangen. Erst kommen Scharen exotischer Völker, dann Fürsten an Etzels Hof, dann Etzels Bruder Blödelin und schließlich *der künec Etzel und ouch her Dieterich.*

Sechs *âventiuren* später wird Dietrich von Bern das zweite Mal genannt, als er den Burgundern entgegenreitet, um sie zu warnen. Die Warnung ist vergeblich, die Burgunder können nicht mehr zurück; ihre Antwort hat die gleiche schicksalsschwere Bedeutung wie die Gunnars in der *Edda*: „Zu spät zum Gespräch ists: Versprochen ist alles; die Fahrt ist befohlen."[240]

Eine bezeichnende Szene folgt in der *âventiure* 31: Dietrich verbietet seinen Männern, an dem Turnier teilzunehmen, das zwischen Hunnen und Burgundern veranstaltet wird. Er weiß, daß in der geladenen Atmosphäre der kleinste Zwischenfall der Funke sein kann, der den Brand entfacht, und geht das Risiko nicht ein. In der gleichen *âventiure* weist er Kriemhilds Bitte um Beistand zurück.

Ohne zu zögern steht er jedoch auf Kriemhilds Seite, als mitten in der Festmahlzeit nach dem Turnier der Kampf zwischen Hunnen und Burgundern ausbricht und Kriemhild ihn voller Furcht anfleht: „Hilf mir, edler Ritter, von hier wegzukommen – falle ich Hagen in die Hände, ist mein Tod gewiß!" Kraft seiner Persönlichkeit gelingt es Dietrich, die Kämpfenden zu beschwichtigen, und er bedingt sich von Gunther freies Geleit für Etzel und Kriemhild aus. An einem Arm Kriemhild, am anderen den König, verläßt er den Saal, gefolgt von seinen Goten.

An dem Kampf, den Dietrich von Bern aus tiefstem Herzen verabscheut und den er mit allen ihm zu Gebote stehenden Mitteln versucht hat zu verhindern, muß er schließlich aktiv teilnehmen. Ohne daß er es

[240] *Das grönländische Atlilied*, 26.

wußte, ist Rüedeger, sein enger Freund, genötigt worden, gegen die Burgunder zu kämpfen, und er ist zusammen mit allen seinen Männern gefallen. Als die Todesnachricht Dietrich von Bern erreicht, glaubt er zuerst nicht daran: Rüedeger war der Freund der Burgunder, warum sollten sie ihn getötet haben? – das wäre *des tiuvels spot*, eine Tat, über die nur der Teufel sich freuen würde. Dietrich schickt seinen Waffenmeister Hildebrand um auszukundschaften, was geschehen ist. Gegen den Willen Hildebrands, und ohne daß Dietrich es erfährt, schließen die übrigen Goten sich Hildebrand an, gerüstet zum Kampf. Als Hildebrand Rüedegers Leiche von den Burgundern fordert, entsteht ein Wortwechsel, der in einen bewaffneten Kampf übergeht, in dem alle Goten außer Hildebrand fallen. Von den Burgundern sind nach dem Kampf nur Hagen und Gunther am Leben. Hildebrand kehrt mit der bestätigenden Botschaft zu Dietrich zurück, daß Rüedeger tot sei. In zwei Strophen erreicht das Epos einen seiner absoluten dramatischen Höhepunkte in einer Szene von ergreifender tragischer Ironie. Dietrich von Bern befiehlt Hildebrand, seine Gefolgsleute dazu aufzurufen, bewaffnet zu erscheinen, und verlangt nach seiner glänzenden Rüstung: er will selbst, in straffer und ernster Form, wie es der Schwere der Sache entspricht, den Burgundern Rechenschaft abverlangen. Hildebrand entgegnet: „Wer soll zu euch gehen? – der von euren Männern, der am Leben ist, steht vor euch: ich allein, die anderen sind alle tot."

Er sprach ze Hildebrand: „nu sagt mînen man,
daz si sich balde wâfen; wand' ich wil dar gân.
und heizet mir gewinnen mîn liehtez wîcgewant.
ich wil selbe vrâgen die helde ûz Burgonden lant."

Dô sprach meister Hildebrant: „wer sol zuo iu gên?
swaz ir habt der lebenden, die seht ir bî iu stên.
daz bin ich alterseine: die andern die sint tôt."
dô erschraht' er dirre maere, des gie im waerlîche nôt.

Dô erschraht' er dirre maere, ‚bei dieser Botschaft schrak er zusammen'. Der Kommentar des Erzählers, *des gie im waerlîche nôt*, ‚dazu hatte er allen Grund', hat deutlich den Charakter eines Understatements. Dietrich von Bern ist im Innersten getroffen. Alle Möglichkeiten, sein Reich wiederzugewinnen, sind ihm mit einem Mal zunichte gemacht. Aber es ist nicht nur und nicht einmal in erster Linie diese Einsicht, die seine Verzweiflung verursacht, sondern die Überzeugung, daß die Schuld bei ihm selbst liegt, daß seine Männer in das böse Schicksal seines Lebens einbezogen zu sein scheinen: wie hätten sie sonst von den ermüdeten und in die Enge getriebenen Burgundern besiegt werden können? – „wäre mein Unglück nicht, wäre der Tod ihnen noch fern":

„Wie kunde ez sich gefüegen", sprach aber Dietrîch,
„daz si alle sint erstorben, die helde lobelîch,

Dietrich von Bern nimmt Hagen gefangen.
Eines von sechs Wandgemälden von Karl Schmoll von Eisenwerth im Festsaal des „Cornelianum“ in Worms, ausgeführt 1912–1915, zerstört 1945

von den strîtmüeden, die doch heten nôt?
wan durch mîn ungelücke, in waere vremde noch der tôt.“

Die Verzweiflung Dietrichs geht langsam in Zorn über, er bewaffnet sich, nimmt seinen Schild in die Hand und geht auf Hagen und Gunther zu. Hagen sieht ihn kommen und bereitet sich auf einen Kampf vor: „Heute soll entschieden werden, wer der Stärkere ist“.

Wenn nun alles verlaufen wäre wie in den vielen entsprechenden Situationen im *Nibelungenlied*, hätte Dietrich von Bern rasend eine blutige Rache genommen. Aber das geschieht nicht. Dietrich wird seines Affektes Herr, er gewinnt seine innere Freiheit zurück. Statt sich einem besinnungslosen Morden hinzugeben, stellt er seinen Schild hin und bietet eine Versöhnung an: wenn Gunther und Hagen sich als Gefangene in seine Hände begeben, werde er sie, soweit es in seiner Macht steht, vor den Hunnen und Kriemhild schützen. Er bietet an, ihnen in eigener Person ein ehrenvolles Geleit zurück nach Burgund zu geben und seinerseits zu versuchen, seinen schweren Verlust zu vergessen. Gunther ist wohl bereit, das ehrenvolle Angebot anzunehmen, aber Hagen weigert sich im Namen beider. Daraufhin besiegt Dietrich erst Hagen und dann Gunther im Zweikampf und übergibt sie gefesselt an Kriemhild, mit der eindringlichen Bitte, Gnade vor Recht ergehen zu lassen und ihr Leben zu schonen. Aber auch dieser letzte Versuch Dietrichs von Bern, den wilden, primitiven Trieben Einhalt zu gebieten, ist vergebens. Kriemhild gibt ihm ihr Versprechen, hält es aber nicht, sondern nimmt grausam Rache:

sît rach sich grimmiclîche daz Etzelen wîp,
den ûz erwelten degenen nam sie beiden den lîp.

23

Schlußbetrachtung

Goethe hatte 1827 die Absicht, die im gleichen Jahr herausgegebene Übersetzung des *Nibelungenlieds* ins Neuhochdeutsche durch Karl Simrock zu rezensieren. Die Rezension kam leider nicht zustande, aber der zusammen mit Goethes übrigen nachgelassenen Schriften herausgegebene Entwurf dazu zeigt, wie die Rezension gedacht war und enthält eine Reihe treffender Beobachtungen und interessanter Gesichtspunkte.

Goethe beschreibt zuerst die philologische Forschung zum Werk und erwähnt, daß die Auffassungen der Forscher in vielen Punkten auseinandergehen. Er weist darauf hin, daß der Stoff des *Nibelungenlieds* uralt ist, aber seine Gestaltung sehr viel jünger, woraus viele disparate Züge entstanden sind, weiter, daß die Motive „grundheidnisch" sind und der christliche Kultus ohne jeden Einfluß ist: alles hängt von den Menschen und ihren Leidenschaften ab. Mitten in der größten Roheit und Härte gibt es auch Züge echter Menschlichkeit. Wahrscheinlich stammen diese Züge von dem deutschen Dichter. Die beiden Teile des Werkes unterscheiden sich voneinander: der erste hat mehr „Pracht und Prunk", der zweite mehr Kraft. Das *Nibelungenlied* allgemeiner zu verbreiten, sollte, meint Goethe, zu den Bildungsambitionen der Nation gehören. Alle sollten das Werk lesen und je nach Voraussetzung dessen Wirkung erleben, „und zwar deswegen, weil es die Einbildungskraft erhöht, das Gefühl anregt, die Neugierde erweckt und, um sie zu befriedigen, uns zu einem Urteil auffordert".[241] An ein endgültiges Urteil glaubt er nicht: „Dies Werk ist nicht da, ein für allemal beurteilt zu werden, sondern an das Urteil eines jeden Anspruch zu machen und deshalb an Einbildungskraft, die der Reproduktion fähig ist, ans Gefühl fürs Erhabene, Übergroße, sodann auch das Zarte, Feine, für ein weitumfassendes Ganze und für ein ausgeführtes Einzelne. Aus welchen Forderungen man wohl sieht, daß sich noch Jahrhunderte damit zu beschäftigen haben."[242]

Nach diesen allgemeinen, zusammenfassenden Bemerkungen gibt Goethe einen interessanten Kommentar zur formalen Struktur des *Nibelungenlieds*, zu der paarweise gereimten vierzeiligen Strophe mit einer zusätzlichen Hebung in der letzten Halbzeile. Die rhythmische Form

---

[241] Johann Wolfgang von Goethe, *Das Nibelungenlied*, S. 349.
[242] Johann Wolfgang von Goethe, a. a. O., S. 349.

vermittelt einen Effekt von behaglichem, wohltätigem „Glockengeläute“, schreibt Goethe, aber sie hat auch eine gefährliche verführerische Kraft: sie beeinflußt das Gefühl und die Einbildungskraft und hält den Verstand und die Vernunft zurück. Um diese Wirkung wenigstens einigermaßen zu neutralisieren, schlägt Goethe vor, daß auch eine Prosaübersetzung des *Nibelungenlieds* gemacht werde; dadurch würde das Epos sich von einer neuen Seite zeigen und „unmittelbar kräftig zu dem Zuhörer und dessen Einbildungskraft“ sprechen, „so daß der Gehalt in ganzer Kraft und Macht vor die Seele träte und dem Geiste von einer neuen Seite zur Erscheinung käme“.[243]

Der innere Gehalt des *Nibelungenlieds*, die Botschaft für Vernunft und Ethik, von der Goethe befürchtete, daß sie hinter dem bestechenden Glockenklang des Versrhythmus zurückstehen müsse, ist aus anderen als formtechnischen Gründen in der modernen, zweihundert Jahre alten Deutungsgeschichte des Epos nur selten zum Ausdruck gekommen. In einer übergreifenden Rückschau wird es ganz offenbar, daß die Ursachen kunstideologischer und politischer Art zugleich sind – jedoch im Wechsel der Zeiten mit verschiedenem Gewicht –, und daß der Grund in der Rezeption durch die Romantik zu sehen ist, in der romantischen Auffassung vom *Nibelungenlied* als dem letzten Glied einer langen Entwicklungskette, deren ältestes man entschieden für das interessanteste hielt. Das *Nibelungenlied* faszinierte die spekulativen, von der Vorzeit schwärmenden romantischen Kunstideologen nicht in erster Linie als hochmittelalterliche Ritterdichtung, sondern als eine letzte Manifestation der alten germanischen, in ihren ältesten Schichten – wie man glaubte – mythischen Heldensage. Was man im *Nibelungenlied* suchte, sind Spuren des Mythos, keine moderne Tendenz.

Daß eine solche – bewußte – Tendenz trotz allem im Ritterepos vorlag und daß diese eine individuelle Behandlung des alten Sagenstoffes durch einen Dichter indizierte, war die vorherrschende Auffassung in der älteren romantischen Schule, deren Hauptvertreter August Wilhelm Schlegel war. Diese Auffassung wurde von Jacob und Wilhelm Grimm kategorisch zurückgewiesen. Für die Brüder Grimm ist das *Nibelungenlied* ein Produkt der kollektiven, unbewußten Schaffenskraft des Volkes, und damit eine Äußerung der „Volksseele“.

In der Rezeptionsgeschichte des *Nibelungenlieds* ist diese Meinungsverschiedenheit zwischen Früh- und Spätromantik von größter Bedeutung. Die These der Brüder Grimm bedeutet, daß nicht nur der ursprünglichen Heldensage, sondern auch dem *Nibelungenlied* eine mythische Wahrheit zugeschrieben wird – keine universelle Wahrheit,

[243] Johann Wolfgang von Goethe, a. a. O., S. 350.

wie im ursprünglichen Epos, sondern eine nationale historisch-mythische. Wenn das *Nibelungenlied* eine Äußerung der deutschen Volksseele – ein Begriff, der in der Spätromantik nicht wie Hegels „Volksgeist" eine spekulative, sondern eine historisch-biologische Bedeutung hat – sein soll, muß das Werk auch eine Spiegelung der Volksseele sein: was das Epos in symbolischen Bildern und Gestalten ausdrückt, ist folglich die Wesensart und der Charakter des deutschen Volkes, sein Leben und sein Schicksal in der Geschichte.

Die (spät)romantische Vorstellung von der Bedeutung des *Nibelungenlieds* als nationales Symbol, begründet in einer Idee und einer Weltanschauung und ohne eigentlichen Zusammenhang mit der literarischen Wirklichkeit des Epos, erhält im weiteren, bis zum Ende des Zweiten Weltkrieges, eine fast autorisierte Gültigkeit auf dem Gebiet, wo das *Nibelungenlied* vor allen Dingen rezipiert wird, nämlich im Literaturunterricht in der Schule – jedoch in einer so vergröberten Form und vor allem mit einer so extrem politisch-propagandistischen Anwendung, daß die Brüder Grimm dies mit größter Sicherheit abgelehnt hätten. Sie und ihre romantischen Glaubensgenossen können für diese Entwicklung nicht verantwortlich gemacht werden, sie haben aber teil daran. Der Weg von ihrem schwärmerischen Idealisieren des „Volkes" bis zu einer irrationalen politischen Ideologisierung war nicht lang, und ihre Deutung des *Nibelungenlieds* als ein „Volksepos", ein poetisch-mythischer Ausdruck der „Volksseele", wirkte in der gleichen Weise, trug zu einer Mythologisierung des politischen Bewußtseins bei. Das *Nibelungenlied* wurde schon während der Napoleonischen Kriege von der nationalen Bewegung mit Beschlag belegt und blieb auch in Zukunft ein Mittel für die nationale und ideologische Erziehung der Jugend. Die Textauslegungen und Kommentare in den Schulausgaben und den literaturhistorischen Handbüchern münden seit dem späten 19. Jahrhundert regelmäßig in Apotheosen des Deutschtums und vaterländische Appelle, das *Nibelungenlied* wird als ein mythisches Muster interpretiert, der Kampf und die bedingungslose Soldatentreue als das Hauptthema des Epos und damit als Lebenselement in der deutschen Nation, der Heldentod der Burgunder als ein verpflichtendes Vorbild.

Lerke von Saalfeld hat in ihrer materialreichen, aber in den Analysen oft allzu stark politisch tendenziösen Untersuchung der ideologischen Funktion des *Nibelungenlieds* in der modernen deutschen Geschichte die Frage gestellt, ob die Ausnutzung des *Nibelungenlieds* für nationalpolitische Interessen eine notwendige, durch den Inhalt des Textes bedingte Rezeption war, oder ob das Epos auch „für eine demokratische Tradition beerbbar gewesen wäre". Sie beantwortet die erste Frage mit einem Ja und die zweite mit einem Nein, mit Hinweis auf die „politische Substanz" des Textes, darauf, daß das *Nibelungenlied* eine Vasallengesellschaft mit ihren Werturteilen schildere: „Alle Versuche, das Nibelungenlied zeitadäquat zu aktualisieren, indem die Normen einer vergangenen Gesellschaftsordnung auf die Gegenwart übertragen werden, mußten und sollten deshalb eine restaurative Wirkung erzielen".[244]

Gegen diese Antworten kann man viel einwenden, eigentlich schon gegen die alternative Fragestellung und gegen die Prämisse. Es geht nicht darum, das *Nibelungenlied* „zeitadäquat zu aktualisieren", sondern darum, das Werk aus der das Verständnis fördernden Distanz, die der Zeitabstand schafft, zu lesen. Die literarische Deutung ist nicht hart gebunden an die Entstehungsbedingungen des Textes, sondern relativiert diese. Die Deutung ist, um mit Hans-Georg Gadamer zu sprechen, eine Verschmelzung der Horizonte zweier Positionen, dem der Dichtung und dem des Interpreten. An welcher Stelle die Horizonte verschmelzen werden, wechselt notwendigerweise je nach Deutungsperspektive und je nach Ambitionsgrad und Bereitschaft des Lesers, die Botschaft des Textes zu verstehen. In der Deutung des *Nibelungenlieds* durch die Romantik liegt der „Erlebnishorizont" den Interpreten entschieden näher als dem Text. Die nationale Ideologisierung des *Nibelungenlieds* hat also ihre Voraussetzung und ihren Ursprung nicht im Text des Epos, sondern in einem „Vor-Urteil", einer von Zeit und „Zeitgeist" sehr stark beeinflußten Deutung des Textes. In einer anderen Epoche als der Romantik und mit einer anderen politischen Entwicklung als der deutschen im 19. Jahrhundert hätte das Bild vom *Nibelungenlied* anders ausgesehen. Die Frage der Applizierbarkeit des *Nibelungenlieds* auf die eine oder andere politische Anschauung ist keine, die im Text selbst zu finden ist, sondern in der Deutung des Textes, und da jede Deutung perspektivisch, zeitgebunden, ist, wechselt naturnotwendig die Antwort; sie ist eigentlich ein Teil der Perspektive.

Die „Wahrheit" einer Dichtung ist zwar die spezifische Wahrheit jeden Lesers – das Werk lebt in seinen Deutungen. Das bedeutet aber nicht, daß die Deutung der subjektiven Willkür überlassen ist. Das aktive Lesen kann als ein „ständiges Schaffen von Hypothesen" (Sartre) charakterisiert werden, aber die Hypothesen müssen kritisch mit dem Text verglichen werden. Das Engagement des Interpreten darf ihn nicht dazu verleiten, aus dem Text herauszulesen, was der eigenen vorgefaßten Meinung entgegenkommt aber der „totalen Bedeutungskohärenz" des Textes widerspricht.[245]

Wer versucht, die Botschaft des *Nibelungenlieds* voraussetzungslos und aufmerksam hinter der gewaltigen, affektgeladenen Dramatik der

---

[244] Lerke von Saarfeld, *Die ideologische Funktion des Nibelungenliedes in der preußisch-deutschen Geschichte von seiner Wiederentdeckung bis zum Nationalsozialismus*, S. III.

[245] Hans-Georg Gadamer, *Mythopoietische Umkehrung in Rilkes Duineser Elegien*, S. 194f.

Handlung zu erfassen, macht die Erfahrung, daß die Botschaft nicht politischer Natur ist. Daß der Rahmen der äußeren Handlung die mittelalterliche Feudalgesellschaft ist, ist ohne eigentliche Relevanz für die Interpretation. Man kann den Dichter gewiß nicht zum Revolutionär machen, aber es ist auch nicht sein Anliegen, das politische System und die Normen der Zeit zu verteidigen; im Gegenteil, er stellt diese in einer wesentlichen Hinsicht in Frage.

Auch die gängige Bezeichnung „Heldenepos“ trifft nicht das Substantielle im *Nibelungenlied*, den tieferen Sinn. Die Heroik ist in hohem Grade im Epos vertreten, sie ist unübertroffen stark und ergreifend dargestellt, wird aber niemals als ein tragender Wert an sich verherrlicht. Das tragische Ende des Heldenkampfes ist nicht wie in der romantisch-nationalistischen Sehweise eine „düsterlodernde Herrlichkeit furchtbaren Unheils und Untergangs“,[246] sondern *jâmer unde nôt*, Klage und Verzweiflung.

Der Wahrheit am nächsten kommt man, wenn man das *Nibelungenlied* mit Ernest Tonnelat als „un poème humain“, eine Dichtung über Humanität mit einem archetypischen Thema, interpretiert. Was das Epos in starken symbolischen Bildern veranschaulicht, ist der ständige Kampf zwischen guten und bösen Kräften im Leben. Das *Nibelungenlied* ist ein warnendes Menetekel. Die zeitlos gültige Botschaft ist, daß die Grundlage für die menschliche Koexistenz auf tönernen Füßen steht und leicht einstürzen kann. Der Untergang ist nicht nur möglich, sondern vielleicht auch wahrscheinlich. Schicksalhaft und unvermeidlich ist er nicht, aber die Voraussetzung für den Bestand der Welt ist, daß Vernunft und Besinnung stärkere Mächte sind als die irrationalen, dämonischen Triebe im Menschen.

---

[246] Josef Nadler, *Literaturgeschichte des Deutschen Volkes*, I, S. 150.

Literaturverzeichnis

Andersson, Theodore M., *The Epic Source of Niflunga saga and the Nibelungenlied.* In: *Arkiv för nordisk filologi* 88, 1973, S. 1–154.

Armstrong Wahl, Marianne, *Rolle und Charakter. Studien zur Menschendarstellung im Nibelungenlied.* Göppingen 1979.

Arndt, Karl Friedrich Ludwig, *Glossar zu dem Urtexte des Liedes der Nibelungen und der Klage. Zunächst zum Gebrauch für Schulen beabsichtigt.* Lüneburg 1815.

Backenmüller, Gerd, *Untersuchungen zur Gestalt Hagens von Tronje in den mittelalterlichen Nibelungendichtungen.* Diss. Bonn 1961.

Badstüber, Hubert, *Charaktere aus dem Nibelungenlied und der Kudrun.* In: *Jahresbericht des öffentlichen Stiftsgymnasiums der Benedictiner zu St. Paul 1890.*

Bartsch, Karl, *Die Treue in deutscher Sage und Poesie.* In: Karl Bartsch, *Gesammelte Vorträge und Aufsätze.* Freiburg/Tübingen 1883.

Bartsch, Karl, *Untersuchungen über das Nibelungenlied.* Wien 1865.

Batts, M. S., *Die Tragik des Nibelungenliedes.* In: *Doitsu Bungaku* 16, 1960, S. 42–48.

Bauer, Ludwig, *Das Lied der Nibelungen ein Kunstwerk.* In: *Morgenblatt für gebildete Stände* 1830, S. 104–108, 111–113, 121–123.

Bekker, Hugo, *The Nibelungenlied: A Literary Analysis.* Toronto 1971.

Beneke, A., *Siegfried und die Varusschlacht im Arnsberger Walde. Ein Beitrag zur neunzehnten Jahrhundertfeier.* Leipzig 1909.

Benjamin, Walter, *Das Kunstwerk im Zeitalter seiner technischen Reproduzierbarkeit. Nachwort.* In: W. Benjamin, *Schriften*, 1, Frankfurt am Main 1955, S. 366–405.

Benjamin, Walter, *Ursprung des deutschen Trauerspiels.* In: W. Benjamin, *Schriften*, 1, Frankfurt am Main 1955, S. 141–365.

Benz, Richard, *Die deutsche Romantik. Geschichte einer geistigen Bewegung.* Stuttgart 1956.

Bergmann, Arnold, *Die Bedeutung des Nibelungenliedes für die deutsche Nation.* Karlsruhe 1924.

Berndt, Helmut, *Das 40. Abenteuer. Auf den Spuren des Nibelungenliedes.* Oldenburg/Hamburg 1968.

Bertau, Karl, *Deutsche Literatur im europäischen Mittelalter.* I–II. München 1972.

Bertau, Karl/Rudolf Stephan, *Zum sanglichen Vortrag mittelhochdeutscher strophischer Epen.* In: *Nibelungenlied und Kudrun.* Hrsg. v. Heinz Rupp. Darmstadt 1976, S. 70ff.

Besselt, Karl, *Von dem Verhältnis altdeutscher Dichtungen zur volksthümlichen Erziehung; letzte Vorlesung über das Nibelungenlied, gehalten zu Königsberg in Preußen.* Königsberg o. J. [1814].

de Boor, Helmut, *Friedrich Hebbel: Die Nibelungen. Deutung und Dokumentation.* Frankfurt am Main/Berlin 1966.

Bostock, J. K., *The Message of the Nibelungenlied.* In: *Modern Language Review* 55, 1960, S. 200–212.
Bowra, Maurice C., *Heldendichtung. Eine vergleichende Phänomenologie der heroischen Poesie aller Völker und* Zeiten. Stuttgart 1964.
Bowra, Maurice C., *Poesie der Frühzeit.* München 1967.
Brackert, Helmut, *Beiträge zur Handschriftenkritik des Nibelungenliedes.* Berlin 1963. (*Quellen und Forschungen zur Sprach- und Kulturgeschichte der germanischen Völker.* N. F., Bd. 11).
Brackert, Helmut, *Nibelungenlied und Nationalgedanke. Zur Geschichte einer deutschen Ideologie.* In: *Medieaevalia litteraria. Festschrift für Helmut de Boor zum 80. Geburtstag.* Hrsg. v. H. Hennig u. H. Kolb. München 1971.
Brecht, Bertolt, *Über das Lesen von Büchern.* In: B. Brecht, *Über Klassiker.* Ausgewählt von Siegfried Unseld. Frankfurt am Main 1965. (*Sammlung Insel* 2).
Bumke, Joachim, *Höfische Kultur. Literatur und Gesellschaft im hohen Mittelalter.* 1–2. München 1986.

Carlyle, Thomas, *Critical and Miscellaneous Essays. The Nibelungen.* In: *Westminster Review* XXIX, 1831.
Cramer, Wilhelm, *Das Wiedererwachen des deutschen Heldengesanges. Drei an W. Jordans Siegfriedsage sich anschließende Vorträge.* Mühlheim a. d. Ruhr 1872.
Curschmann, Michael, *‚Nibelungenlied' und ‚Nibelungenklage'. Über Mündlichkeit und Schriftlichkeit im Prozess der Episierung.* In: *Deutsche Literatur im Mittelalter – Kontakte und Perspektiven. Hugo Kuhn zum Gedenken.* Hrsg. v. Ch. Cormeau. Stuttgart 1979, S. 85–119.

Das Nibelungenlied in den Augen der Künstler vom Mittelalter bis zur Gegenwart. Ausstellung in der Staatlichen Bibliothek Passau vom 2.5.1986 bis 12.6.1986. Verfasser des Katalogs: Jörg Kastner. Passau 1986.
Das Nibelungenlied zweisprachig. Hrsg. und übertragen von Helmut de Boor. Bremen 1959. (*Sammlung Dieterich* Bd. 250).
Der Nibelunge Noth und Die Klage. Nach der ältesten Überlieferung hrsg. v. Karl Lachmann. Berlin/Leipzig 1927.
Dichter über ihre Dichtungen. Hrsg. v. R. Hirsch u. W. Vordtiede. Bd. 9/I–III: *Ludwig Tieck.* Hrsg. v. U. Schweikert. München 1971.
Dieffenbacher, Julius, *Deutsches Leben im 12. Jahrhundert. Kulturhistorische Erläuterungen zum Nibelungenlied und zur Kudrun.* Leipzig 1899.
Die Nibelungen. Bilder von Liebe, Verrat und Untergang. Hrsg. v. Wolfgang Storch. München 1987.
Die Tagebücher von Joseph Goebbels. Sämtliche Fragmente. Hrsg. v. Elke Fröhlich im Auftrag des Instituts für Zeitgeschichte und in Verbindung mit dem Bundesarchiv. Teil 1. *Aufzeichnungen 1924–1941.* München/New York/London/Paris 1987.
Dilthey, Wilhelm, *Das nationale Epos.* In: *Von deutscher Dichtung und Musik. Aus den Studien zur Geschichte des deutschen Geistes.* Leipzig/Berlin 1933.
Dilthey, Wilhelm, *Der Aufbau der geschichtlichen Welt in den Geisteswissenschaften.* Leipzig/Berlin 1927. (*Wilhelm Diltheys Gesammelte Schriften.* Bd. 7).

Dürrenmatt, Nelly, *Das Nibelungenlied im Kreis der höfischen Dichtung*. Diss. Bern 1945.

Edda. Erster Band: *Heldendichtung*. Übertragen von Felix Genzmer. Mit Einleitungen und Anmerkungen von Andreas Heusler. Jena 1912.

Ehrismann, Otfried, *Das Nibelungenlied in Deutschland. Studien zur Rezeption des Nibelungenlieds von der Mitte des 18. Jahrhunderts bis zum Ersten Weltkrieg*. München 1975. (*Münchner Germanistische Beiträge* 14).

Ehrismann, Otfried, *Nibelungenlied 1755–1920. Regesten und Kommentare zu Forschung und Rezeption.* Gießen 1896. (*Beiträge zur deutschen Philologie*. Bd. 62).

Ehrismann, Otfried, *Vom Wirtshaus nach Walhall. Aspekte der Mittelalterrezeption in Deutschland.* In: *The Medieval Legacy. A Symposium.* Odense 1982.

Eis, Gerhard, *Die Hortforderung*. In: *Germanisch-Romanische Monatsschrift* 38, 1957, S. 209–223.

Emmel, Hildegard, *Das Verhältnis von êre und triuwe im Nibelungenlied und bei Hartmann und Wolfram.* Diss. Frankfurt am Main 1936.

Endres, Rolf, *Einführung in die mittelhochdeutsche Literatur. Probleme des Studiums. Blick auf die Geschichte. Nibelungenlied. Tristan.* Frankfurt am Main/Berlin/Wien 1971.

Ernst, Ludwig, *Über die Entstehung der mittelalterlichen Gedichte, welche die deutsche Heldensage behandeln.* Rostock 1839.

Ernst, Paul, *Die Nibelungen. Stoff, Epos und Drama.* In: P. Ernst, *Ästhetische Abhandlungen vornehmlich zur Tragödie und Novelle.* Berlin 1915, S. 157–178.

Falk, Walter, *Das Nibelungenlied in seiner Epoche. Revision eines romantischen Mythos.* Heidelberg 1974.

Fechter, Werner, *Das Publikum der mittelhochdeutschen Dichtung.* Frankfurt am Main 1935.

Fechter, Werner, *Siegfrieds Schuld und das Weltbild des Nibelungenliedes.* Hamburg 1948.

Fernau, Joachim, *Disteln für Hagen. Bestandsaufnahme der deutschen Seele.* München/Berlin 1966.

Fichte, Johann Gottlieb, *Reden an die deutsche Nation.* In J. G. Fichte, *Ausgewählte Werke in sechs Bänden.* Hrsg. v. Fritz Medicus. Bd. 5. 1962, S. 365–610.

Freye, Walter, *Das Nibelungenlied. Übertragung von Simrock mit gegenübergestelltem Urtext in zwei Teilen.* Berlin/Leipzig 1934.

Gadamer, Hans-Georg, *Ästhetik und Hermeneutik.* In H.-G. Gadamer, *Kleine Schriften.* II. Tübingen 1967.

Gadamer, Hans-Georg, *Dichten und Deuten.* In: H.-G. Gadamer, *Kleine Schriften.* II. Tübingen 1967.

Gadamer, Hans-Georg, *Mythopoietische Umkehrung in Rilkes Duineser Elegien.* In: H.-G. Gadamer, *Kleine Schriften.* II. Tübingen 1967.

Gadamer, Hans-Georg, *Wahrheit und Methode. Grundzüge einer deutschen Hermeneutik*. Tübingen 1975.

Gentry, Francis G., *Die Rezeption des Nibelungenliedes in der Weimarer Repu-*

blik. In: *Das Weiterleben des Mittelalters in der deutschen Literatur.* Hrsg. v. James F. Poag u. Gerhild Scholz-Williams. Königstein 1982, S. 142–156.
Gentry, Francis G., *Triuwe and vriunt in the Nibelungenlied.* Amsterdam 1975.
Gerth, Elisabeth, *Eine Untersuchung über Rasse, Volk und Umwelt im Nibelungenlied.* Frankfurt am Main 1938. *(Frankfurter Quellen und Forschungen zur germanischen und romanischen Philolopie).*
Gervinus, Georg Gottfried, *Geschichte der poetischen National-Literatur der Deutschen.* I–III. Leipzig 1833–1838.
Giesebrecht, A., *Über den Ursprung der Siegfriedsage.* In: *Germania. Neues Jahrbuch der Berlinischen Gesellschaft für deutsche Sprache und Altertumskunde.* Hrsg. von F. H. von der Hagen. Bd. 2, 1837, S. 203–234.
Goethe, Johann Wolfgang von, *Das Nibelungenlied. Übersetzt von Karl Simrock..* In: *Goethes Werke.* Hamburger Ausgabe in 14 Bänden. Bd. XII. Hamburg 1960, S. 348f.
Göttling, K. W., *Über das Geschichtliche im Nibelungenlied.* Rudolfstadt 1814.
Grimm, Jacob, *Deutsche Mythologie.* I–II. Göttingen 1854.
Grimm, Jacob, *Gedanken über Mythos, Epos und Geschichte.* In J. Grimm, *Kleinere Schriften.* 4. Berlin 1869, S. 74–85.
Grimm, Jacob, *Gedanken wie sich die Sagen zur Poesie und Geschichte verhalten.* In: J. Grimm/W. Grimm, *Schriften und Reden.* Ausgewählt u. hrsg. v. Ludwig Denecke. Stuttgart 1985, S. 39–44.
Grimm, Jacob, *Rede auf Lachmann.* In: *Aus den kleineren Schriften von Jacob Grimm.* Hrsg. v. Ludwig Speidel. Berlin 1911, S. 109–136.
Grimm, Jacob, *Über das Nibelungen liet.* In: J. Grimm, *Kleinere Schriften.* 4. Berlin 1869, S. 1–6.
Grimm, Jacob, *Über K. W. Göttling, Über das Geschichtliche im Nibelungenlied.* In: *Wiener Allgemeine Literaturzeitung* 1814, Dec., S. 1601–1608.
Grimm, Jacob, *Von Übereinstimmung der alten Sagen.* In: *Neuer literarischer Anzeiger* 2, 1807, S. 568–571.
Grimm, Wilhelm, *Antrittsrede in der Akademie. Gehalten am 8. Juli 1841.* In: W. Grimm, *Kleinere Schriften.* I. Berlin 1881, S. 505–507.
Grimm, Wilhelm, *Besprechung von Der Nibelungen Lied, hrsg. durch Friedrich von der Hagen.* In: W. Grimm, *Kleinere Schriften.* Hrsg. v. Gustav Hinrichs. I. Berlin 1881, S. 61–91.
Grimm, Wilhelm, *Die deutsche Heldensage.* Darmstadt 1957.
Grimm, Wilhelm, *Über die Entstehung der altdeutschen Poesie und ihr Verhältnis zu der nordischen.* In: W. Grimm, *Kleinere Schriften.* Hrsg. v. Gustav Hinrichs. I. Berlin 1881.
Grosse, Siegfried, *Zur Rezeption des Nibelungenliedes im 19. Jahrhundert.* In: *Kunsterfahrung und Kulturpolitik im Berlin Hegels.* Hrsg. v. O. Pöggeler u. A. Gethmann-Siefert. Bonn 1982, S. 309–331.

Härd, John Evert, *Eine deutsche Ballade in europäischer Tradition.* In: *Sprache als lebendiger Kulturspiegel. Festschrift für Astrid Stedje.* Hrsg. v. M. Todtenhaupt u. I. Valfridsson. Umeå 1994, S. 97–108.
von der Hagen, Friedrich, *Der Nibelungen Lied.* Berlin 1807.
von der Hagen, Friedrich, *Die Nibelungen, ihre Bedeutung für die Gegenwart und für immer.* Breslau 1819.

Hass, Hans-Egon, *Das Problem der literarischen Wertung.* In: *Studium Generale. Zeitschrift für die Einheit der Wissenschaften im Zusammenhang ihrer Begriffsbildungen und Forschungsmethoden,* 12, 1959, S. 727–756.
Haym, Rudolf, *Die romantische Schule. Ein Beitrag zur Geschichte des deutschen Geistes.* Darmstadt 1961.
Hebbel, Friedrich, *Die Nibelungen. Ein deutsches Trauerspiel in drei Abteilungen.* Berlin/Leipzig/Wien/Stuttgart o. J.
Hegel, Georg Wilhelm Friedrich, *Vorlesungen über die Ästhetik.* Hrsg. v. H. G. Hotho. Berlin 1843. (*Georg Wilhelm Friedrich Hegel's Werke.* Zehnter Band.)
Heidegger, Martin, *Die Selbstbehauptung der deutschen Universität. Rede, gehalten bei der feierlichen Übernahme des Rektorats der Universität Freiburg i. Br. am 27.5.1933.* Breslau 1933.
Heine, Heinrich, *Die romantische Schule.* München 1964.
Heinzle, Joachim, *Das Nibelungenlied. Eine Einführung.* München/Zürich 1987. (Artemis Einführungen. Bd. 35).
Heusler, Andreas, *Nibelungensage und Nibelungenlied. Die Stoffgeschichte des deutschen Heldenepos.* Dortmund 1921.
Hoffmann, Werner, *Clemens Brentano.* Bern 1966.
Hoffmann, Werner, *Das Nibelungenlied.* München 1969.
Hoffmann, Werner, *Das Siegfriedbild in der Forschung.* Darmstadt 1979.
Hoffmann, Werner, *Mittelhochdeutsche Heldendichtung.* Berlin 1974.
Huss, Hermann, *Über den ethischen Werth des Nibelungenliedes.* In: *Zeitschrift für österreichische Gymnasien* 1870, S. 831–856.

Ihlenburg, Karl Heinz, *Das Nibelungenlied. Problem und Gehalt.* Berlin 1969.
Ingenschlag-Goch, Dagmar, *Richard Wagners neu erfundener Mythos. Zur Rezeption und Reproduktion des germanischen Mythos in seinen Operntexten.* Bonn 1982.

Jansson, Sven B. F., *Runinskrifter i Sverige.* Stockholm 1984.
Jauss, Hans Robert, *Literaturgeschichte als Provokation.* Frankfurt am Main 1970.
Just, Klaus Günther, *Von der Gründerzeit bis zur Gegenwart. Geschichte der deutschen Literatur seit 1871.* Bern/München 1973.

Kämmerer, Max, *Der Held des Nordens von Friedrich de la Motte-Fouqué.* Diss. Rostock 1900.
Kant, Immanuel, *Kritik der Urteilskraft und Schriften zur Naturphilosophie.* Darmstadt 1983. (*Immanuel Kant. Werke in zehn Bänden. Hrsg. v. Wilhelm* Weischedel, Bd. 8).
Karlsson, Ingemar/Arne Ruth, *Samhället som teater. Estetik och politik i Tredje riket.* Stockholm 1983.
Kayser, Otto, *Die Nibelungensage bei Hebbel und Wagner.* In: *Hebbel-Jahrbuch* 1962, S. 143–159.
Kluckhohn, Paul, *Das Ideengut der deutschen Romantik.* Tübingen 1961.
Koch, Ernst, *Die Nibelungensage nach ihren ältesten Überlieferungen erzählt und kritisch untersucht.* Grimma 1872.
Koch, Ernst, *Richard Wagners Bühnenfestspiel „Der Ring des Nibelungen“ in*

seinem Verhältnis zur alten Sage wie zur modernen Nibelungendichtung betrachtet. Leipzig 1875.
Körner, Josef, *August Wilhelm Schlegels Nibelungenstudien.* In: *Neue Jahrbücher für Wissenschaft und Jugendbildung* 4, 1928, S. 74–90.
Körner, Josef, *Das Nibelungenlied.* Leipzig/Berlin 1921.
Körner, Josef, *Nibelungenforschungen der deutschen Romantik.* Darmstadt 1968.
Korff, Hermann August, *Geist der Goethezeit. Versuch einer ideellen Entwicklung der klassisch-romantisschen Literaturgeschichte.* I–IV. Leipzig 1964.
Krywalski, Dieter, *Paradigmawechsel in der Nibelungenforschung.* In: *Blätter für den Deutschlehrer* 28, 1984 (Teil I); 29, 1984 (Teil II).
Kuby, Erich, *„Wie's nach dem Kriege euch geriet, steht nicht im Nibelungenlied".* In: *Die Nibelungen. Bilder von Liebe, Verrat und Untergang.* Hrsg. v. Wolfgang Storch. München 1987, S. 112f.
Küpper, P., *Die Zeit als Erlebnis bei Novalis.* Köln/Graz 1959.
Kuhn, Hans, *Kriemhilds Hort und Rache.* In: *Festschrift, Paul Kluckhohn und Hermann Schneider gewidmet zu ihrem 60. Geburtstag 1948.* Tübingen 1948, S. 84–100.
Kuhn, Hugo, *Zugang zur deutschen Heldensage.* In: H. Kuhn, *Dichtung und Welt im Mittelalter.* Stuttgart 1959, S. 181–195.

Labenz, Hildegard, *Zur Wirkungsgeschichte des Nibelungenliedes in der deutschen Literatur von 1900 bis 1933.* Diss. Halle a. S. 1979.
Lachmann, Karl, *Über die ursprüngliche Gestalt des Gedichts von der Nibelungen Noth.* Berlin 1816.
Lämmerhirt, H., *Rüdiger von Bechlarn.* In: *Zeitschrift für deutsches Altertum und deutsche Literatur* 41, 1897, S. 1–23.
Lämmermeyer, Anton, *Zur Beurteilung des Nibelungenliedes.* In: *Zeitschrift für den deutschen Unterricht* 33, 1919, S. 550–555.
Laveleye, E. de, *La saga des Nibelungen dans les Eddas et dans le Nord Scandinave.* Paris 1866.
von der Leyen, Friedrich, *Die deutschen Heldensagen.* München 1923.
Lichtenberger, H., *Le poème et la légende des Nibelungen.* Paris 1891.
Linke, Hansjürgen, *Über den Erzähler im Nibelungenlied und seine künstlerische Funktion.* In: *Germanisch-Romanische Monatsschrift* 10, 1960, S. 370–385.
Lukács, Georg, *Die Zerstörung der Vernunft durch den Irrationalismus.* Neuwied/Berlin 1962.

Mackensen, Lutz, *Die Nibelungen. Sage, Geschichte, ihr Lied und sein Dichter.* Stuttgart 1984.
Marx, Karl/Friedrich Engels, *Über Kunst und Literatur.* Bd. 2. Berlin 1968.
Maurer, Friedrich, *Das Leid im Nibelungenlied.* In: *Angebinde John Meier zum 65. Geburtstag 14. Juli 1949.* Lahr 1949.
Mergell, Bodo, *Nibelungenlied und höfischer Roman.* In: *Euphorion. Zeitschrift für* Literaturgeschichte 45, 1950, S. 305–336.
Minder, Robert, *Allemagnes et Allemands.* Tome 1. Paris 1948.
Mone, Franz Joseph, *Einführung in das Nibelungen-Lied zum Schul- und Selbstgebrauch bearbeitet.* Heidelberg 1818.

Mone, Franz Joseph, *Quellen und Forschungen zur Geschichte der teutschen Literatur und Sprache*. I. Heidelberg 1830.

de Monge, Léon, *Études morales et littéraires. Épopées et romans chevaleresques*. I. *Les Nibelungen. La Chanson de Roland. Le poème du Cid*. Paris/Bruxelles 1887.

de la Motte-Fouqué, Friedrich, *Der Held des Nordens*. Wien 1816.

Müller, Gernot, *Allerneueste Nibelungische Ketzereien. Zu Heinz Ritter-Schaumburgs Die Nibelungen zogen nordwärts*. Münster 1981. In: *Studia neophilologica* 57, 1985, S. 105–115.

Müller, Gernot, *Symbolisches im Nibelungenlied. Beobachtungen zum sinnbildlichen Darstellen des hochmittelalterlichen Epos*. Diss. Heidelberg 1968.

Müller, Gernot, *Zur sinnbildlichen Repräsentation der Siegfriedgestalt im Nibelungenlied*. In: *Studia neophilologica* 47, 1975, S. 88–119.

Müller, Jörg Jochen, *Germanistik – eine Form bürgerlicher Opposition*. In: *Literaturwissenschaft und Sozialwissenschaften 2. Germanistik und deutsche Nation 1806–1848. Zur Konstitution bürgerlichen Bewußtseins*. Unter Mitarbeit v. R. Behm, K.-H. Götze, U. Schulte-Wülwer u. J. Strippel hrsg. v. J. J. Müller. Stuttgart 1974.

Münch, Ilse, *Die Tragik des germanischen Wesens im Drama Hebbels*. In: *Zeitschrift für Deutschkunde* 1937, S. 356–367.

Muth, Richard von, *Einleitung in das Nibelungenlied*. Paderborn 1887.

Nadler, Josef, *Literaturgeschichte des Deutschen Volkes. Dichtung und Schrifttum der deutschen Stämme und Landschaften*. Erster Band: *Volk (800–1740)*. Berlin 1939.

Nagel, Bert, *Staufische Klassik. Deutsche Dichtung um 1200*. Frankfurt am Main 1965.

Naumann, Hans, *Das Nibelungenlied – eine staufische Elegie oder ein deutsches Nationalepos?* In: *Dichtung und Volkstum* 42, 1942, S. 41–59.

Naumann, Hans, *Stand der Nibelungenforschung*. In: *Zeitschrift für Deutschkunde* 1927, S. 1–17.

Neindorf, Wedis, *Irrationale Kräfte im Nibelungenlied*. Diss. Frankfurt am Main 1960.

Neumann, Friedrich, *Das Nibelungenlied in der gegenwärtigen Forschung*. In: *Deutsche Vierteljahrsschrift für Literaturwissenschaft und Geistesgeschichte* 5, 1927, S. 130–171.

Neumann, Friedrich, *Das Nibelungenlied in seiner Zeit*. Göttingen o. J. [1967].

Neumann, Friedrich, *Schichten der Ethik im Nibelungenlied*. In: *Festschrift für Eugen Mogk*. Halle 1924.

Nietzsche, Friedrich, *Die Geburt der Tragödie aus dem Geiste der Musik*. Augsburg 1984.

Novalis, *Die Christenheit oder Europa*. In: Novalis: *Werke in einem Band*. Hrsg. v. Hansjoachim Mähl u. Richard Samuel. München/Wien 1982. (*Die Bibliothek deutscher Klassiker*. Bd. 22).

Novalis, *Vermischte Bemerkungen*. In: Novalis: *Werke in einem Band*. Hrsg. v. Hansjoachim Mähl u. Richard Samuel. München/Wien 1982. *(Die Bibliothek deutscher Klassiker*, Bd. 22).

Ohly, Sibylle, *Literaturgeschichte und politische Reaktion im neunzehnten Jahrhundert. A. F. C. Vilmars ‚Geschichte der deutschen National-Literatur'.* Göppingen 1982. *(Göppinger Arbeiten zur Germanistik 361).*

Panzer, Friedrich, *Das Nibelungenlied. Entstehung und Gestalt.* Stuttgart/Köln 1955.

Paris, Gaston, *Poèmes et Légendes du Moyen-Age.* Paris o. J. [1900].

Paul, Hermann, *Methodenlehre.* In: *Grundriß der germanischen Philologie.* Hrsg. v. H. Paul. Erster Band. Straßburg1901.

Reuchel, Helga, *Untersuchungen über Stoff und Ziel der Fornaldarsaga.* Bühl-Baden 1933. (*Bausteine zur Volkskunde und Religionswissenschaft*, Heft 7).

Roethe, Gustav, *Von deutscher Art und Kultur.* Berlin 1915.

Rosenberg, Alfred, *Blut und Ehre. 2. Gestaltung der Idee. Reden und Aufsätze von 1933–1935.* München 1936.

Rosenberg, Alfred, *Der Mythus des 20. Jahrhunderts. Eine Wertung der seelisch-geistigen Gestaltenkämpfe unserer Zeit.* München 1930.

Rosenfeld, Hans-Friedrich, *Die Rosenheimer Fragmente der Handschrift Q des Nibelungenliedes.* In: *Das bayerische Inn-Oberland* 46, 1987, S. 27–110.

Rückert, Emil, *Oberon von Mons und die Pipine von Nivella. Untersuchungen über den Ursprung der Nibelungensage.* Leipzig 1836.

Saalfeld, Lerke von, *Die ideologische Funktion des Nibelungenliedes in der preussisch-deutschen Geschichte von seiner Wiederentdeckung bis zum Nationalsozialismus.* Diss. FU Berlin 1977.

Sacker, Hugh, *On Irony and Symbolism in the Nibelungenlied.* In: *German Life and Letters* 14, 1960/61, S. 271–281.

Samuel, Richard, *Die poetische Staats- und Geschichtsauffassung Friedrich von Hardenbergs (Novalis). Studien zur romantischen Geschichtsphilosophie.* Frankfurt am Main 1925.

Sartre, Jean-Paul, *Qu'est-ce que la littérature?* Paris 1948.

Schelling, Friedrich Wilhelm Joseph, *Philosophische Briefe.* In: Friedrich Wilhelm Joseph Schelling: *Werke,* 3. Stuttgart 1982.

Schelling, Friedrich Wilhelm Joseph, *Werke. Auswahl in drei Bänden.* Hrsg. v. Otto Weiss. Leipzig 1907.

Scherer, Wilhelm, *Geschichte der deutschen Literatur.* Berlin 1920.

Scherer, Wilhelm, *Jacob Grimm.* Berlin 1921.

Scherr, Johannes, *Die Nibelungen. In Prosa übersetzt, eingeleitet und erläutert.* Leipzig 1860.

Schiller, Friedrich, *Über naive und sentimentalische Dichtung.* In: Friedrich Schiller, *Werke in drei Bänden.* Zweiter Band. Unter Mitwirkung von G. Fricke hrsg. v. Herbert G. Göpfert. Wien/München 1982. (*Die Bibliothek deutscher Klassiker,* Bd. 14).

Schlegel, August Wilhelm, *Aus einer noch ungedruckten Untersuchung über das Lied der Nibelungen.* In: *Deutsches Museum* 1, 1812, S. 9–36.

Schlegel, August Wilhelm, *Rezension des ersten Bandes der Zeitschrift Altdeutsche Wälder der Brüder Grimm.* In: *Heidelbergische Jahrbücher der Literatur 1815.*

Schlegel, August Wilhelm, *Vorlesungen über schöne Literatur und Kunst.*

Teil I–III. Heilbronn 1884.(*Deutsche Literaturdenkmäler des 18. und 19. Jahrhunderts* 17–19).
Schlegel, Friedrich, *Fragmente.* In: Friedrich Schlegel: *Werke in einem Band.* Hrsg. v. Wolfdietrich Rasch. Wien/München 1982. (*Die Bibliothek deutscher Klassiker,* Bd. 23).
Schlegel, Friedrich, *Geschichte der europäischen Literatur.* In: *Kritische Friedrich-Schlegel-Ausgabe.* Elfter Band, zweite Abteilung: *Wissenschaft der europäischen Literatur. Vorlesungen, Aufsätze und Fragmente aus der Zeit von 1795–1804.* Hrsg. v. Ernst Behler. München/Paderborn/Wien 1958.
Schlegel, Friedrich, *Geschichte der Poesie der Griechen und Römer.* Ersten Bandes erste Abtheilung. Berlin 1798.
Schlegel, Friedrich, *Gespräch über die Poesie.* In: Friedrich Schlegel: *Werke in einem Band.* Hrsg. v. Wolfdietrich Rasch. Wien/München 1982. (*Die Bibliothek deutscher Klassiker,* Bd. 23).
Schlegel, Friedrich, *Reise nach Frankreich.* In: *Kritische Friedrich-Schlegel-Ausgabe.* Siebenter Band: *Studien zur Geschichte und Politik.* Hrsg. v. Ernst Behler. München/Paderborn/Wien 1966.
Schlegel, Friedrich, *Über das Studium der Griechischen Poesie.* In: *Kritische Friedrich-Schlegel-Ausgabe.* Erster Band: *Studien des klassischen Altertums. Hrsg. v. Ernst Behler.* München/Paderborn/Wien 1979.
Schlegel, Friedrich, *Über Goethes Meister.* In: Friedrich Schlegel: *Werke in einem Band. Hrsg. v. Wolfdietrich Rasch. Wien/München 1982. (Die Bibliothek deutscher Klassiker.* Bd. 23).
Schmal, Eugen, *Der Aufstieg der nationalen Idee.* Berlin/Leipzig o. J. [1933].
Schneider, Hermann, *Der heutige Stand der Nibelungenforschung.* In: *Forschungen und Fortschritte* 18, 1942, S. 150–152.
Schopenhauer, Arthur, *Parerga und Paralipomena.* I–II. Leipzig 1916.
Schott, Albert, *Geschichte des Nibelungenliedes.* In: *Deutsche Vierteljahresschrift* 1843. Zweites Heft, S. 174–242.
Schröder, Walter Johannes, *Das Nibelungenlied. Versuch einer Deutung.* In: *Beiträge zur Geschichte der deutschen Sprache und Literatur* 76 (Halle), 1954/55, S. 56–143.
Schröder, Werner, *Das Nibelungenlied in unserer Zeit.* In: *Hohenemser Studien zum Nibelungenlied.* Unter Mitarbeit v. Irmtraud Albrecht hrsg. v. Achim Masser. Dornbirn 1981, S. 9–18.
Schröder, Werner, *Die Tragödie Krimhilts im Nibelungenlied.* In: *Zeitschrift für deutsches Altertum und deutsche Literatur* 90, 1961, S. 41–80, 123–160.
Schulte-Wülwer, Ulrich, *Das Nibelungenlied in der deutschen Kunst des 19. und 20. Jahrhunderts.* Gießen 1980. *(Kunstwissenschaftliche Untersuchungen des Ulmer Vereins, Verband für Kunst- und Kulturwissenschaften,* Bd. IX).
Schwietering, Julius, *Der Wandel des Heldenideals in der epischen Dichtung des 12. Jahrhunderts.* In: *Zeitschrift für deutsches Altertum und deutsche Literatur* 64, 1927, S. 135–144.
Sengle, Friedrich, *Zur Überwindung des anachronistischen Methodenstreits in der heutigen Literaturwissenschaft.* In: *Historizität in Sprach- und Literaturwissenschaft. Vorträge und Berichte der Stuttgarter Germanistentagung 1972.* In Verbindung mit Hans Fromm u. Karl Richter hrsg. v. Walter Müller-Seidel. München 1974.

Shaw, George Bernhard, *Ein Wagner-Brevier. Kommentar zum Ring des Nibelungen.* Frankfurt am Main 1976.

Sonderegger, Stefan, *Die Brüder Grimm-Philologie, historische Sprachwissenschaft und Literaturgeschichte.* In: *Die Brüder Grimm. Dokumente ihres Lebens und Wirkens.* Hrsg. v. D. Hennig und B. Lauer. Kassel o. J., S. 43–61.

Sonderegger, Stefan, *Gesprochene Sprache im Nibelungenlied.* In: *Hohenemser Studien zum Nibelungenlied.* Unter Mitarbeit v. Irmtraud Albrecht hrsg.v. Achim Masser. Dornbirn 1981, S. 186–205.

Steig, Reinhold, *Brentano und die Brüder Grimm.* Stuttgart 1914.

Strich, Fritz, *Die Mythologie in der deutschen Literatur von Klopstock bis Wagner.* Bd. 1–2. Halle a. S. 1910.

Stuhrmann, I., *Die Idee und die Hauptcharaktere der Nibelungen.* Paderborn/Münster 1886.

Thorp, Mary, *The Study of the Nibelungenlied. Being the History of the Study of Epic and Legend from 1755 to 1937.* Oxford 1940.

Tieck, Ludwig, *Minnelieder aus dem schwäbischen Zeitalter, neu bearbeitet und herausgegeben.* Berlin 1803.

Tonnelat, Ernest, *La Chanson des Nibelungen. Étude sur la Composition et la Formation du Poème épique.* Paris 1926. (*Publications de la Faculté des lettres de l'université de Strasbourg. Fascicule 30*).

Tonnelat, Ernest, *La légende des Nibelungen en Allemagne au XIXe siècle.* Paris 1952.

Uhland, Ludwig, *Schriften zur Geschichte der Dichtung und Sage.* Hrsg. v. W. H. Holland und A. von Keller I. Stuttgart 1865.

Vilmar, Aug. Fr. Chr., *Geschichte der deutschen National-Litteratur.* Marburg 1901.

Vogel, O., *Zur Frage des Unterrichts im Altdeutschen auf höheren Schulen.* In: *Zeitschrift für das Gymnasialwesen* 29, N. F. 9, 1875.

Volkelt, Johannes, *Ästhetik des Tragischen.* München 1897.

Wachinger, Burghart, *Die ‚Klage' und das Nibelungenlied.* In: *Hohenemser Studien zum Nibelungenlied.* Unter Mitarbeit v. Irmtraud Albrecht hrsg. v. Achim Masser. Dornbirn 1981, S. 90–101.

Wachinger, Burghart, *Studien zum Nibelungenlied. Vorausdeutungen, Aufbau, Motivierung.* Tübingen 1960.

Wachler, Ludwig, *Vorlesungen über die Geschichte der teutschen Nationallitteratur.* Erster Theil. Zweyte berichtigte und vermehrte Auflage. Frankfurt am Main 1834.

Weinrich, Harald, *Für eine Literaturgeschichte des Lesers.* In: *Methoden der deutschen Literaturwissenschaft. Eine Dokumentation.* Hg. von Viktor Zmegac. Frankfurt am Main 1971, S. 325–339.

Zacher, Julius, *Briefwechsel über das Nibelungenlid von C. Lachmann und Wilhelm Grimm.* In: *Zeitschrift für deutsche Philologie* 2, 1870, S. 193–215, 343–365, 515–528.

Zeune, August, *Das Nibelungenlied. Die Urschrift nach den besten Lesarten neu bearbeitet, und mit Einleit und Wortbuch zum Gebrauch für Schulen versehen.* Berlin 1815.

Namenregister

Bildnachweis

S. 16:	Klaus Schulz, *Deutsche Geschichte und Kultur. 500 Bilder aus 2.000 Jahren*, Königstein im Taunus 1987, S. 29.
S. 17:	Völkischer Beobachter, 28./29.10. 1934.
S. 25:	Josef Nadler, *Literaturgeschichte des Deutschen Volkes. Dichtung und Schrifttum der deutschen Stämme und Landschaften*, Erster Band: Volk (800-1740), Berlin 1935, S. 13.
S. 33:	Heinz Rupp (Hrsg.), *Nibelungenlied und Kudrun*, Darmstadt 1976, S. 70ff.
S. 39:	Das Nibelungenlied übersetzt von Gotthart Oswald Marbach. Mit Holzschnitten nach Originalzeichnungen von Eduard Bendemann und Julius Hübner, Leipzig 1840.
S. 38:	Wolfgang Storch (Hrsg.), *Die Nibelungen. Bilder von Liebe, Verrat und Untergang*, München 1987, S. 148.
S. 40ff., 44–50:	Das Nibelungenlied übersetzt von Gotthart Oswald Marbach. Mit Holzschnitten nach Originalzeichnungen von Eduard Bendemann und Julius Hübner, Leipzig 1840.
S. 52:	Das Nibelungenlied. In den Augen der Künstler vom Mittelalter bis zur Gegenwart. Ausstellung in der Staatlichen Bibliothek Passau vom 2.5.1986–12.6.1986.
S. 53:	Bayerische Staatsbibliothek, München.
S. 55:	Willy Andreas / Wilhelm von Scholz (Hrsg.), *Die Großen Deutschen. Neue deutsche Biographie*, Erster Band, Berlin 1935, S. 71; in: Stiftsbibliothek St. Gallen.
S. 56:	Staatsbibliothek Preußischer Kulturbesitz, Berlin.
S. 63ff.:	Wolfgang von Storch (Hrsg.), *Die Nibelungen. Bilder von Liebe, Verrat und Untergang*, München 1987.
S. 66:	L. Denecke / K. Schulte Kemminghausen, *Die Brüder Grimm in Bildern ihrer Zeit*, Kassel 1980, S. 86.
S. 71, 79:	Gerda Bächli, *Rückblende. Eine deutsche Kulturgeschichte 1750–1950*, Stockholm 1969, S. 73.
S. 85:	Fredrik Böök, *Romantiken i Tyskland och England*; in: Bonniers illustrerade litteraturhistoria, av professorerna Claes Lindskog, Otto Sylwan, Fredrik Böök, III., Stockholm 1929, S. 45.
S. 87:	Friedrich Baron de la Motte-Fouqué, *Der Held des Nordens. Band I: Sigurd der Schlangentödter*, Wien 1816.

S. 92: L. Denecke / K. Schulte Kemminghausen, *Die Brüder Grimm in Bildern ihrer Zeit*, Kassel 1980, S. 69.
Gabriele Seitz, *Die Brüder Grimm. Leben - Werk - Zeit*, München 1984, S. 99.

S. 93: Jacob und Wilhelm Grimm, *Altdeutsche Wälder (Bd. 1)*, Kassel 1815.

S. 95: L. Denecke / K. Schulte Kemminghausen, *Die Brüder Grimm in Bildern ihrer Zeit*, München 1984, S. 87.

S. 96: Hugo Moser, *Karl Simrock. Universitätslehrer und Poetischer Germanist und Erneuerer von "Volkspoesie" und älterer "Nationalliteratur". Ein Stück Literatur-, Bildungs- und Wissenschaftsgeschichte des 19. Jahrhunderts*, Bonn 1976.

S. 99: L. Denecke / K. Schulte Kemminghausen. *Die Brüder Grimm in Bildern ihrer Zeit*, München 1984, S. 88.

S. 104f.: *Das Nibelungenlied als Volksbuch*. In neuer Verdeutschung von Heinrich Beta. Mit Holzschnitten von F.W. Gubitz und unter dessen Leitung verfertigt, Berlin 1840.

S. 109: Fredrik Böök, *Romantiken i Tyskland och England*; in: Bonniers illustrerade litteraturhistoria, av professorerna Claes Lindskog, Otto Sylwan, Fredrik Böök, III., Stockholm 1929, S. 141.

S. 114: Wolfgang von Storch (Hrsg.), *Die Nibelungen. Bilder von Liebe, Verrat und Untergang*, München 1987, S. 211.

S. 115: Thomas Carlyle, *Selected Writings*, London 1988.

S. 126: Sven B.F. Jansson, *Runinskrifter i Sverige*, Stockholm 1984, S. 154.

S. 127: Das Nibelungenlied. In den Augen der Künstler vom Mittelalter bis zur Gegenwart. Ausstellung in der Staatlichen Bibliothek Passau vom 2.5.1986-12.6.1986.

S. 131: Wolfgang von Storch (Hrsg.), *Die Nibelungen. Bilder von Liebe, Verrat und Untergang*. München 1987, S. 253.

S. 136: Gabriele Seitz, *Die Brüder Grimm. Leben-Werk-Zeit*, München 1984, S. 127.

S. 142: Gerda Bächli, *Rückblende. Eine deutsche Kulturgeschichte 1750–1950*, Stockholm 1969.

S. 147, 151: Wolfgang von Storch (Hrsg.), *Die Nibelungen. Bilder von Liebe, Verrat und Untergang*. München 1987, S. 164.

S. 153: Heinrich Theissing, *Die Zeit im Bild*, Darmstadt 1987, S. 20.

S. 159: H.-A. Jacobsen / H. Dolliger (Hrsg.), *Hundert Jahre: Deutschland 1870–1970. Bilder, Texte, Dokumente*. Mit einem

Geleitwort von R. von Weizsäcker und einem Nachwort von W. Brandt, München 1969.

S. 161: Golo Mann, *Wilhelm II.*, München/Bern/Wien 1964, S. 58.

S. 162f.: Fragen an die deutsche Geschichte. Ideen, Kräfte, Entscheidungen von 1800 bis zur Gegenwart. Historische Ausstellung im Reichstagsgebäude in Berlin, Katalog, herausgeg. vom Deutschen Bundestag, Bonn [12]1986/87, S. 232f.

S. 165: Völkischer Beobachter, 10.7.1938.

S. 177: Wolfgang von Storch (Hrsg.), *Die Nibelungen. Bilder von Liebe, Verrat und Untergang*. München 1987, S. 272.

S. 178f., 189: © Ernst und Hans Barlach Lizenzverwaltung, Ratzeburg 1996.

S. 196: Wolfgang von Storch (Hrsg.), *Die Nibelungen. Bilder von Liebe, Verrat und Untergang*. München 1987, S. 220.